U0917316

本书由浙江省重点智库全面从严治党研究中心资助

中国特色社会主义话语权研究

许徐琪◎著

天津出版传媒集团
天津人民出版社

图书在版编目（CIP）数据

中国特色社会主义话语权研究 / 许徐琪著. -- 天津：天津人民出版社，2023.1
ISBN 978-7-201-18571-2

Ⅰ. ①中… Ⅱ. ①许… Ⅲ. ①中国特色社会主义－新闻语言－研究 Ⅳ. ①D616②G210

中国国家版本馆CIP数据核字(2023)第011339号

中国特色社会主义话语权研究
ZHONGGUO TESE SHEHUIZHUYI HUAYUQUAN YANJIU

出　　版　天津人民出版社
出 版 人　刘　庆
地　　址　天津市和平区西康路35号康岳大厦
邮政编码　300051
邮购电话　(022)23332469
电子信箱　reader@tjrmcbs.com

策划编辑　王　康
责任编辑　林　雨
装帧设计　明轩文化·王烨

印　　刷　天津久佳雅创印刷有限公司
经　　销　新华书店
开　　本　710毫米×1000毫米　1/16
印　　张　15.75
插　　页　2
字　　数　220千字
版次印次　2023年1月第1版　2023年1月第1次印刷
定　　价　95.00元

序
新荷初露尖尖角

人生之旅往往有许多不可测的或然性，而在或然性中又伴随着某种必然性。比如，我在北大哲学系研究生毕业后，本来是想当老师的，但却被分配到党的研究机关工作。此后就一直在党的研究机关打转转，与做老师无缘。但是我毕竟是学林中人，不知什么时候可能就会与高校发生“碰撞”，从这方面说，此生不可能与老师完全绝缘。1995 年，我调至中央党史研究室工作，没想到 1999 年被中国人民大学聘任为博士生导师，招学生了，这样我就成了名副其实的老师。

2006 年中国青年政治学院暨中央团校成立马克思主义学院和马克思主义研究中心，邀请我去指导业务，带带硕士生（该单位刚成立，没有博士点）。此后一个时期，我就成了有双重身份的“老师”。许徐琪就是 2011 年我在中国青年政治学院招的硕士生，这样她就成了我的学生。

小许在读研究生期间，给我的印象很好：人很聪敏，有悟性，实在，又年轻、靓丽、活泼，富于朝气。这正好印证了中央团校的校训：实事求是、朝气蓬勃。小许在硕士学习期间，功课非常努力，勤学好问，只用了两年时间就提前完成学业，取得了硕士学位，而且硕士论文被评为优秀论文。她参加工作以后又考上中央党校的博士，后来顺利通过论文答辩，获得了博士学位。在此期间，小许一直与我保持联系。

小许的这本书是在她的博士论文的基础上修改、完善而成的。对她的博士论文的写作过程，我比较清楚。她征求过我的意见，我也讲了一些看法供她参考。她在完成博士论文之前就已经发表了许多相关的文章,其中有一篇被中国社科院的一个内刊转载,还有几篇发表在核心刊物上,这对于一个博士生来说很不容易。她一有成果,就会兴高采烈地向我电告。对于她的成长,我感到很高兴。我一直是把学生当作自己的孩子看待的,师生情也是一种亲情。看到自己的学生凭着刻苦努力取得成就,并且不断进步,这怎能不使我感到欣慰呢?!

前几天,小许跟我说,她要出书,请我为她作序,我欣然接受了。因为小许是我带的硕士生中第一个出版个人专著的,尽管不是她的硕士论文,但硕士论文是其博士论文的根基,何况对她这篇博士论文的情况我还是清楚的!再者,这本专著是小许学术生涯的启航之作。我对她说过,做学问是苦差事,但深入进去了就会乐在其中。我希望她启了航,就在学术的汪洋大海中航行下去,有了第一,继续第二、第三……能在学术上进一步发展,取得更多成就。给她的这本书作序,就是要给她加油!

中国特色社会主义话语权是一个非常好的选题。改革开放四十多年来,中国共产党带领全国各族人民,走出了一条中国特色社会主义道路。中国人民在这条道路上形成了中国特色社会主义理论体系,确立了中国特色社会主义制度、发展了中国特色社会主义文化,这一切成就的取得无疑证明了中国特色社会主义的成功。从新中国成立算起,我们用七十年的时间在努力追赶发达国家几百年的现代化进程,尽管目标还没完全达到,但取得的成就已让人为之惊叹。中国特色社会主义在国际上的影响力正与日俱增,国外许多学者也纷纷为中国特色社会主义点赞,并且他们关于中国共产党、中国道路、中国模式等有关中国特色社会主义的研究著述在不断涌现,也可以说,对中国特色社会主义的研究已经成为一门显学。仅此就足以说明,中国特色社会主义话语权是一个非常值得研究的课题。

同时,我们也要看到,当前国际形势对我们的不利因素不少,我们自身也还有许多的不足、短板和缺陷。因此,我们一定要保持异常清醒的头脑,更要谦虚谨慎、戒骄戒躁,进一步思考如何发展中国特色社会主义事业,做好做强中国特色社会主义这个大课题的研究！特别是国际话语权的研究！

小许的第一部个人著作出版了！我相信，青年学子相互切磋，一定能在推进中国特色社会主义话语权的研究上一个新台阶，结出新的硕果！

石仲泉

于北京万寿路甲15号院

2021年5月19日

前　言

习近平在纪念马克思诞辰200周年大会的讲话中指出:“马克思主义极大推进了人类文明进程,至今依然是具有重大国际影响的思想体系和话语体系。”①作为马克思主义中国化伟大成果的中国特色社会主义,是中国共产党进行改革开放和社会主义现代化建设的成功的政治话语。在这一政治话语指导下取得的一系列举世瞩目的伟大成就,极大地增强了中国特色社会主义在国内的认同度,开启了社会主义现代化建设的新模式,促进了世界现代化路径的多样发展,打破了“历史终结论”的谎言,促进了全球话语体系的多元发展,为提升中国特色社会主义话语权提供了条件和可能。如果能在全球话语体系中,以有效的方式把中国特色社会主义阐释好,赢得国际国内的普遍认同,让中国特色社会主义焕发出更加强大的生命力,这将是中国特色社会主义为人类社会发展做出的一项伟大贡献。

新自由主义纵然历史悠久、派别众多、理论深厚、影响深远,但由于其表里不一、强行霸道的本质特征,终究经不起实践和时间的考验,在世界历史发展的残酷现实中开始面露衰色。“面对世界经济复苏乏力、局部冲突和动荡频发、全球性问题加剧的外部环境”②,中国特色社会主义则呈现出“风景这边独好”。菲律宾前众议长德贝内西则把中国特色社会主义称之为“国家发展的一个很好的解决方案”。一些西方国家正在寻求一套不同于新自由

---

① 习近平:《在纪念马克思诞辰200周年大会上的讲话》,《人民日报》,2018年5月5日,第2版。

② 习近平:《决胜全面建成小康社会 夺取新时代中国特色社会主义伟大胜利——在中国共产党第十九次全国代表大会上的报告》,人民出版社,2017年,第2页。

主义的发展理论,越来越多的国家欢迎中国走出去,希望能从繁荣崛起的中国分享到他们所渴望的利益。

中国自古以来就有“美美与共、天下大同”的优秀传统,再加之改革开放和社会主义现代化建设的成功,已经把中国特色社会主义打造成一张靓丽的中国名片,所以,当今中国已经完全具备了与世界分享发展成果的能力与实力。正如党的十九大报告指出的:“中国特色社会主义进入新时代,意味着近代以来久经磨难的中华民族迎来了从站起来、富起来到强起来的伟大飞跃,迎来了实现中华民族伟大复兴的光明前景;意味着科学社会主义在21世纪的中国焕发出强大生机活力,在世界上高高举起了中国特色社会主义伟大旗帜;意味着中国特色社会主义道路、理论、制度、文化不断发展,拓展了发展中国家走向现代化的途径,给世界上那些既希望加快发展又希望保持自身独立性的国家和民族提供了全新选择,为解决人类问题贡献了中国智慧和中国方案。”①

90多年前闻一多先生曾说过:“我要修葺这历史的舞台,预备排演历史的将来。我们将来的历史是首歌,还歌着海晏河清的音乐。”现如今,这已不是遥不可及的梦想。自从党的十八大以来,在以习近平同志为核心的党中央坚强领导下,中国特色社会主义取得了全方位、开创性的历史性成就,伟大成就的取得促使新时代的中国日益走向世界舞台的中央,促使中国特色社会主义产生世界性影响,中国特色社会主义在各个领域的话语权也将不断提升。因此,中国必须抓住这个历史机遇,与其他国家一起探索人类社会更为顺畅的发展道路。历史和实践都已证明,中国特色社会主义这一具有中国特色的正能量话语不仅应在全球话语体系中占有一席之地,更应发挥其国际性影响力。

但是就目前形势来看,中国特色社会主义话语权的提升在国内、国际两

① 习近平:《决胜全面建成小康社会 夺取新时代中国特色社会主义伟大胜利——在中国共产党第十九次全国代表大会上的报告》,人民出版社,2017年,第10页。

个范围仍然存在着诸多问题和挑战。集中表现在:话语主体的能力有待提高,包括中国共产党的长期执政能力、干部队伍建设水平有待提高,反腐败斗争形势依然严峻。话语内容有待创新发展,包括"中国实践—西方解读"现象有待改变、智库建设尚未成熟、国际议题设置能力不足。话语平台的效用有待发挥,包括高质量的旗舰型媒体比较缺乏、媒体的传播理念和能力有待创新改进、对外阐述话语的意识和能力有待提高。话语外部环境存在一定障碍,包括意识形态的隔膜和差异、西方话语霸权的僵化思维、"逆全球化"思潮泛起等方面。

特别是面对当今世界"百年未有之大变局"的新形势,拥有话语霸权的西方发达国家不会主动拱手让出话语权,它们会千方百计地巩固原先话语霸权的地位,这必然导致全球话语体系之间冲突、对立、矛盾等现象的产生。当前一些西方国家打着所谓的"全球话语"和"普世价值"的幌子蒙蔽世人,企图向世界各个角落侵蚀扩张,作为社会主义的中国,一方面"要牢牢掌握意识形态工作领导权和主导权,坚持正确导向,提高引导能力,壮大主流思想舆论"[①];另一方面,要努力打破西方话语垄断,增强中国特色社会主义话语权。

提升中国特色社会主义话语权最终需要落实到实际行动上。要让漫漫荆棘之路开出点点繁花,需要超凡的智慧、勇气和力量。本书试图探讨有关提升中国特色社会主义话语权的具体途径和方法,以期成为有关理论和实践的引玉之砖。提升话语权的路径思考如下:强化话语主体提升执政形象,包括加强党的长期执政能力建设,为提升话语权打牢民心基础;建设高素质干部队伍,为提升话语权提供中坚力量;巩固发展反腐败斗争压倒性胜利的态势,为提升话语权提供政治保障。优化话语内容提升话语质量,包括加强智库建设,为提升话语权汇聚智力支撑;发展中国方案,为提升话语权构建

---

① 胡锦涛:《坚定不移沿着中国特色社会主义道路前进 为全面建成小康社会而奋斗——在中国共产党第十八次代表大会上的讲话》,人民出版社,2012 年,第 32 页。

中国话语；提高议程设置能力，为提升话语权维护话语形象。搭建话语平台传播中国声音，包括加强国际交流，为提升话语权搭建学术平台；加强媒体传播，为提升话语权拓展外宣渠道；加强党际合作，为提升话语权营造党际平台。展示话语权力贡献中国力量，包括建立价值共识，为提升话语权建立价值前提；创新完善全球治理体系，为提升话语权营造健康环境；推动中国特色社会主义“走出去”，为提升话语权贡献中国智慧等。

中国特色社会主义话语权不是世界话语霸权，我们倡导尊重人类文明的多样性，不以意识形态为界限，而以国家利益为基础、以世界人民的共同利益为目标，通过探索共赢发展之路，为解决人类面临的共同问题贡献更多的力量，为和谐世界的构建提供更多的表达话语和解读方式，丰富全球话语体系的内容，从而增强中国特色社会主义在世界舞台上的亲和力和说服力。未来，中国特色社会主义势必将为其他希望实现现代化的发展中国家提供可资借鉴的选择和途径，这有助于减少“中国威胁论”“新殖民主义”等类似论调的负面影响，塑造更加客观、满载正能量的中国特色社会主义的国际形象。正如习近平在多种场合指出的那样：中国在国际舞台上要发挥一个世界和平的建设者、国际秩序的维护者和全球发展的贡献者的作用，这也是中国准备在世界舞台中央给自己的定位、要扮演的角色以及要发挥的作用。

目　录

绪　论

一、选题

(一)问题的提出

中国40多年改革开放和社会主义现代化事业的成功已经把“中国特色社会主义”打造成一张靓丽的“中国名片”。中国特色社会主义正在国际上产生越来越大的影响,中国特色社会主义事业的成功实践为中国特色社会主义话语权提供了条件和可能。“中国特色社会主义是改革开放的伟大成果,是中国共产党和中国人民的伟大创造,是人类文明史上的伟大创举,是中华民族对世界发展模式、制度模式和价值体系的伟大贡献。”①具体地说,中国特色社会主义的成功主要表现在两大方面:一方面,中国特色社会主义完成了对传统社会主义模式的更新和超越,另一方面,也实现了对西方现代化道路的超越。从当前来看,前一个创新就在于把社会主义与市场经济结合在一起,改变了社会主义国家实现现代化的方式,做到尊重劳动、解放资本、约束权力,切断权力和资本的恶性结合,成功实现了人类对更好社会制度的探索。后一个创新就在于把中国的发展与世界的发展连在一起,避免走西式对外掠夺和扩张的老路,构建人类命运共同体,引领世界共同走向现代化。曾经,人们认为现代化只有一种模式和途径,就是欧美模式。中国特色社会主义的成功证明了西方道路不是唯一的,中国道路既是中国的,也是世界的。中国特色社会主义拓展了发展中国家走向现代化的途径,为解决

① 陈曙光:《深入理解把握党的理论和实践的主题》,《内蒙古日报》,2017年9月4日,第5版。

人类问题贡献了中国智慧、提供了中国方案。①

反观西方，当前西方国家普遍陷入经济低迷、政治动荡、社会混乱的状态，主导西方国家经济、政治、社会发展多年的新自由主义普遍遭到严重的质疑、批判甚至否定，这与"东方风景这边独好"形成了鲜明的对比，世界许多国家开始把目光投向中国，开始聚焦中国特色社会主义。"不管怎样，西方各国内部政治力量的对立已经公开化，政治斗争而不是政治合作，成为西方的'新常态'。当人们对西方失望的时候，对中国抱有更多的希望。在国际层面，今天的全球化需要领头羊和领导者。当美国和西方不再能够扮演领头羊角色时，世界自然想到了中国。"②随着中国特色社会主义的成功实践被不断认可和推崇，越来越多的人渴望看到中国崛起，因为中国的崛起对于世界是有利的。人们高度评价中国梦，逐渐理解"中国梦"与"世界梦"的良性互动关系。中国的崛起在一定程度上可以说正在改变世界格局，过去"西强东弱"的全球话语体系面临重构。中国必须抓住这个历史性机遇，把发展优势转化为话语优势，为全球话语体系和全球治理贡献中国智慧和中国力量。因此，如果能在全球话语体系中以有效的方式把"中国特色社会主义"这个概念阐释好、宣传好，推动中国特色社会主义"走出去"，在全球话语体系中占有一席之地，摆脱西式话语的束缚，提升"中国特色社会主义"在全球话语体系中的影响力，即提升"中国特色社会主义话语权"，这将是中国综合实力的全面提升。

因此，全面考察、研究和分析中国特色社会主义话语权这个具有国家战略意义的话题，是一件非常有意义的事。

---

① 参见《中国特色社会主义是改革开放以来党的全部理论和实践的主题——中国科学社会主义学会2017年学术年会综述》，中国社会科学网，http://ex.cssn.cn/dzyx/dzyx_tt/201708/t20170801_3597736_1.shtml，2017年8月1日。

② 郑永年：《2017，世界寄希望于中国》，搜狐财经，http://mt.sohu.com/business/d20170222/126900701_617736.shtml，2017年2月22日。

（二）研究对象

中国特色社会主义和话语权是近年来学术界研究的热点问题，也是社会各界探讨的热门话题。本书主要研究“中国特色社会主义话语权”这一核心概念，分析其取得的成就、面临的挑战以及提升话语权的相应对策。由于中国特色社会主义话语权概念的提出是有其自身的理论基础、历史缘由和实践之基的，因此，马克思主义的意识形态理论、马克思主义新闻观、西方马克思主义的意识形态理论、国际传播学、话语权相关理论、中国特色社会主义话语权形成发展的历程进程等都是本书研究的内容。此外，在研究提升话语权的现实路径时，会涉及党的建设、媒体传播、党际交往、学术交流、智库建设、议题设置、全球治理等内容，因此关于这些方面的理论和实践也是本书研究的对象。

（三）研究意义

1. 学术意义

目前关于中国特色社会主义话语权的研究成果还不多，只有几篇理论研究文章，相较于中国特色社会主义的成功实践，话语层面的研究明显落后于实践层面的发展。现有研究主要集中在一些相关问题的领域，例如，中国国际话语权、世界性贡献等，但是这些研究普遍存在一个共性的问题，就是研究内容比较分散，缺少更深层面的提炼和总结。

综合来看，有关中国特色社会主义话语权的研究显见是欠缺的，因此加强中国特色社会主义话语权问题的研究有助于拓新拓深当前话语权理论研究，推动相关领域研究的拓展和深入：推动话语优势与发展优势保持同步，促使理论研究与社会实践保持同步；将中国特色社会主义、新自由主义以及民主社会主义进行比较研究，可以提高当前话语权研究的学术质量，推进不同话语之间的比较研究。另外，该研究以期建构起一套有关中国特色社会主义话语权的理论框架，这对于提升中国特色社会主义在国际上的学术性影响也有重要意义。

2. 现实意义

中国欲突破资本主义话语为主导的全球话语体系,必须建立起一套属于自己的,也是有利于世界的话语体系,这为全球话语体系更加富有成效的发展贡献中国力量和中国智慧。与此同时,我们必须重视中国特色社会主义话语权的提升,因为中国特色社会主义话语权的提升是我们国家硬实力和软实力的重要彰显,也是中国特色社会主义事业走进新的发展阶段的重要表现之一。

中国特色社会主义话语权的研究,有助于巩固马克思主义在中国的指导地位;帮助世界上更多的人了解为什么改革开放以来中国会取得如此巨大的成就,澄清"某些人"对中国这个社会主义大国的误解、偏见甚至是歪曲否定,提升中国的国际地位;有助于促进全球话语体系朝着多元化的方向发展;有助于其他社会主义国家更好地建设社会主义;帮助发展中国家更好地实现现代化。当然最终目的是将话语优势转化为话语权力,提升中国特色社会主义的国际性影响,增加国际社会对中国特色社会主义的认同感和正面性评价。

二、研究现状和存在的不足

(一)研究现状

1. 国内有关研究综述

一是编译了大量有关中国特色社会主义的中文文献和著作,为课题的研究提供了重要的文献基础和研究素材。

中国共产党向来重视马克思主义经典文献的编译工作,出版了大量的马克思主义经典作家、国内主要领导人及其他重要的文献选编,这些文献对于课题的深入研究具有重要的指导意义和很高的学术价值。关于马克思主义经典作家的文献主要有:《马克思恩格斯全集》《马克思恩格斯文集》《马克思恩格斯选集》《列宁全集》《列宁专题文集》《斯大林全集》《斯大林选集》以及一些比较重要的单行本著作;关于国内主要领导人的文献主要有以下这些:《毛泽东选集》《毛泽东文集》《毛泽东年谱》《邓小平选集》《邓小平年谱》《江泽民选集》《胡锦涛选集》《习近平谈治国理政》以及其他一些比较重要的单行本著作;其他重要的文献选编大致包括:《建国以来重要文献选编》《三中全会以来重要文献选编》《十二大以来重要文献选编》《十三大以来重要文献选编》《十四大以来重要文献选编》《十五大以来重要文献选编》《十六大以来重要文献选编》《十七大以来重要文献选编》《十八大以来重要文献选编》等。中国共产党已经编译出版并建立起了一整套比较系统、完整的专业文献体系,这些重要文献为我们研究中国特色社会主义提供了重要的文献基础。另外,一批比较权威的研究中国共产党历史和改革开放史的著作为研究中国特色社会主义话语权形成发展的历史进程提供了重要的研究素材。如《中国共产党历史》《中国共产党的七十年》《中国共产党的九十年》《当代中国改革开放史》《我观党史》等著作,是本书研究的重要历史素材。

二是在一批研究意识形态与话语权的著作中论述了与中国特色社会主义话语权有关的问题,形成了一些研究热点和成果。

随着我国改革开放的不断深入,西方非马克思主义社会思潮的涌入对我国主流意识形态构成了不小的冲击,特别是在当前全球化和大数据叠加的时代背景下,我国的意识形态安全面临着前所未有的压力和挑战。在某个特定社会阶段内,各种社会思潮的博弈形势从很大程度上真实地反映了这段时期内各种社会阶层的思想状况,所以如何巩固和加强中国特色社会主义在国内的话语权成为我国维护意识形态安全的重点和关键。学者们从不同视角、不同层面对意识形态与话语权等相关话题进行研究,在不同领域形成了各自的学术观点和研究热点。近几年来,研究中国共产党意识形态的著作比较多,有代表性的包括俞吾金的《意识形态论》,勾勒了意识形态的发展史,并提出了一些关于未来中国意识形态建设方面的思考;侯惠勤的《马克思的意识形态批判与当代中国》,通过研究分析马克思的意识形态批判理论,反思当下中国意识形态领域中的信仰缺失问题;韩庆祥等人的《中国特色社会主义基本原理:中国话语体系研究》,全面勾勒了中国特色社会主义形成发展的历史进程、基本内涵、内生逻辑、发展趋势、独特优势等内容，并对中国特色社会主义话语体系建设进行了深入思考，指出提升中国话语权的关键在于提升中国特色社会主义话语权。杨昕的《中国共产党意识形态话语权研究》，从话语权的理论基础、有关国家政党在相关领域的建设经验包括现实条件等，对如何构建中国共产党意识形态的话语权在新的历史条件下的实现方式进行了分析；王永贵等人的《马克思主义意识形态理论与当代中国实践研究》全面系统阐述了中国共产党的几代领导人关于意识形态建设的思想与实践，并提出了新形势下当代中国主流意识形态建设与创新的思路；张骥等人的《中国文化安全与意识形态战略》从经济全球化的大背景来透视西方社会思潮对我国文化与意识形态安全方面的负面影响，进而提出加强文化安全的战略性思考。

另外，还有从世界社会主义运动的视角来看我国意识形态重要性的，如李慎明主编的《领导权与话语权——颜色革命与文化领导权》，从世界社会主义运动的视角阐述了西方国家“文化霸权”与“颜色革命”对发展中国家构成的危害，从而提出要唱响马克思主义、共产主义理论的话语权。这些著作对于中国特色社会主义话语权的研究都具有重要参考价值。近年来还出版了一批有关中国国际话语权的著作，如陈正良的《软实力发展战略视阈下的中国国际话语权研究》对中国国际话语权的历史演进、国际话语权格局与中国国际话语权的基本现状、影响中国国际话语权提升的主要因素进行了全面的分析；为提升国际话语权进一步夯实硬实力基础、扩大我国在国际体系中的制度化权力、确立实施以竞夺国际话语权为目标的国家公共外交战略、叫响“中国价值观”和“中国主张”、向世界贡献“中国话语”提出了一系列建设性对策；舒隽的《发出时代强音——文化、价值观自信与中国道路国际话语权》、姚遥的《新中国对外宣传史：建构现代中国的国际话语权》、吴贤军的《中国国际话语权构建：理论、现状和路径》及陈宗权的《“一带一路”建设与中国国际话语权提升》等著作，对于如何提升中国特色社会主义话语权的路径研究具有重要借鉴价值。还有一些学者从媒体的视角来分析提升话语权的对策,如冷淞等人的《新形势下媒体国际传播与话语权竞争》中有关中国媒体如何在西方构建话语权及中国媒体如何提升自己的话语权等内容,张国庆的《媒体话语权:美国媒体如何影响世界》系统地从学术上阐述了美国主流媒体是如何影响社会进而获得话语权的,这些内容对于中国主流媒体提升中国特色社会主义话语权具有重要借鉴意义。

三是一批有关中国特色社会主义的外文文献和著作的出版,为课题的研究营造了良好的国际舆论环境。

我们党和国家向来重视有关中国共产党意识形态话语的外宣工作,翻译出版了许多有关中国共产党意识形态话语及中国特色社会主义的外文文献。《毛泽东选集》《邓小平文选》《江泽民文选》都有各自的外文版,《胡锦涛文选》(外文版)正在筹备出版过程中。《习近平谈治国理政》(第一卷)在世界引起了广泛且高度的好评。截至 2016 年 9 月,《习近平谈治国理政》(第一卷)已经在世界上 100 多个国家和地区发行,涉及语种达 13 个,全球发行量超过 600 万册,其中在海外的发行总数超过了 40 万册,这是改革开放以来中国国家领导人著作在海内外发行数量的最高纪录。截至 2018 年 2 月 2 日,《习近平谈治国理政》(第二卷)在全球发行超过 1300 万册,且不断刷新发行纪录。《习近平谈治国理政》(第三卷)中英文版出版发行以来,受到国际社会广泛关注,已覆盖欧洲、美洲、非洲、亚洲的 70 余个国家和地区。该系列著作展现了以习近平同志为核心的党中央领导全党全国各族人民艰苦奋斗、勇于开拓所取得的成就,展现了推动中国特色社会主义的伟大实践,展现了习近平新时代中国特色社会主义思想的形成及其丰富内涵,也展现了中国共产党在世界范围内为推动构建人类命运共同体、促进以和平与发展为时代主题的世界进步事业贡献的中国智慧和中国方案,全面回答了中国发展面临的重大理论和实践问题,为国际社会更加全面客观地了解、认识中国和中国共产党提供了全新的视角。

有关中国特色社会主义研究成果的翻译出版也十分活跃,比较有代表性的有:谢春涛《历史的轨迹:中国共产党为什么能?》英文版(*Why and How the CPC Works in China*)、《中国共产党如何治理国家?》英文版(*Governing China How the CPC Works*)、《中国共产党如何应对挑战?》英文版(*Challenges for China How the CPC Makes Progress*)、《中国共产党如何反腐败?》英文版(*Fighting Corruption How the CPC Works*)、《中国共产党如何治党?》英文版(*Governing the party: how the CPC works*)等系列书籍相继出版发行,该系列书籍从多个角度解读了中国共产党是如何推进中国特色社会主义事业取得成功的,为国际社会科学认识中国特色社会主义提供了一个解读和宣传的窗口。赵智奎《什么是中国特色的社会主义?》(英文版)(*What is Socialism with Chinese Characteristics?*),由北京时代华文书局于2014年12月出版发行。该书是向国内外读者通俗、生动地阐述了什么是中国特色社会主义,认为中国特色社会主义是中国共产党坚持马克思主义一般原理和中国的具体实践相结合,进行社会主义革命、建设和改革所选择的道路、模式和方法;中国特色社会主义是对科学社会主义的新发展;是马克思主义中国化的伟大成果。诸如此类的还有李君如《这就是中国共产党》英文版(*Everything You Want to Know About the Communist Party of China*)、《中国道路与中国梦》英文版(*The Chinese Path and the Chinese Dream*)、《你了解中国共产党吗?》英文版(*What Do You Know About the Communist Party of China?*),韩庆祥等人《中国道路能为世界贡献什么?》英文版(*What Can China's Road Contribute to the World?*)、章百家《革命建设改革:中国共产党三部曲》英文版(*The Path of the CPC:Revolution Construction and Reform*)、杨凤城主编的《中国共产党就是这样成功的》英文版(*Keys to the Success of the Communist Party of China*)等书籍都从不同的视阈向国际社会解读了中国特色社会主义的成功之路,从理论的视角提升了中国特色社会主义在世界舞台的影响力、感召力。这些英文版书籍在世界范围的发行是对外传播中国特色社会主义的有效方式之一,有助于推动中国特色社会主义走出去,有助于中国特色社会主义在世界舞台上发挥更大的全球影响力。

四是发表了一些研究论文,推进了中国特色社会主义话语权相关问题研究的深入。

学术界就马克思主义意识形态话语权、中国国际话语权、中国特色社会主义话语权、外宣工作等多个方面形成了一些有价值的研究论文，推进了中国特色社会主义话语权相关问题研究的深入。张骥、申文杰认为，马克思主义意识形态话语权在实现的过程中仍然存在一些挑战和问题，需要我们高度重视，并就思想教育领域和舆论宣传领域如何提升话语权进行了分析。[①]梅景辉认为，应从发挥文化产业的正面效应、重点培养马克思主义理论的有机知识分子、整合马克思主义意识形态的传播平台等几个视角来提升话语权和领导权。[②] 杨光斌认为，思想话语权事关国家安全。意识形态权力表现为国家的思想话语权，是一种看不见却无处不在的力量。[③] 韩庆祥从全球化进程中话语交融、话语冲突和话语交锋的视阈来看提升意识形态话语权的重要性，指出话语冲突主要是意识形态上中国特色社会主义与新自由主义的冲突，在此基础上提出了一些关于提升中国话语权的思考。[④] 周银珍从顶层设计的视角分析了提升中国意识形态国际话语权的必要性、紧迫性和可能性，并提出了提升话语权的路径。[⑤] 梁凯音定义了话语权的五个方面的构成要素，即话语施行者、话语内容、话语对象、话语平台、话语反馈，并对扩大国际话语权的途径进行了分析。[⑥] 张志洲认为当前中国学术话语权存在三个方面的主要问题："话语逆差"问题、国际议题设置能力不足、价值观多元化等，对于如何进一步提升话语权的思考提供了问题导向。[⑦] 王义桅认为应

---

① 参见张骥、申文杰：《马克思主义意识形态话语权在我国思想宣传领域面临的挑战与实现方式探究》，《当代世界与社会主义》，2011 年第 1 期。

② 参见梅景辉：《当代马克思主义意识形态话语权的构建与发展》，《光明日报》，2016 年 3 月 23 日，第 13 版。

③ 参见杨光斌：《思想话语权事关国家安全》，《人民日报》，2018 年 3 月 8 日，第 7 版。

④ 参见韩庆祥：《全球化背景下"中国话语体系"建设与"中国话语权"》，《中共中央党校学报》，2014 年第 5 期。

⑤ 参见周银珍：《意识形态视阈下中国国际话语权顶层设计》，《江汉大学学报》（社会科学版），2015 年第 3 期。

⑥ 参见梁凯音：《中国拓展国际话语权的思考》，《中共中央党校学报》，2009 年第 3 期。

⑦ 参见张志洲：《提升学术话语权与中国的话语体系构建》，《红旗文稿》，2012 年第 13 期。

从“一带一路”倡议中提升中国国际话语权[1],江时学认为进一步加强中国对外话语体系建设有助于提升中国的软实力、有助于改善中国的国家形象、有助于中国参与国际规则的制定和完善。

另外,对于如何推进中国对话话语体系建设,江时学认为应努力提升国际话语力、大力推进国际传播能力、要对重大国际问题表态、敢于在敏感问题上发声、最大限度地缩小中国特色话语体系与国际话语体系之间的差异、积极发挥学者的作用、加大政党外交的力度、进一步发挥驻外使领馆的重要作用等。[2] 贾毓玲从《求是》英译的实际案例来分析,从话语构建和话语翻译两个角度阐明如何通过提高原文的外宣适应性和译文的连贯可读性,从而构建国际社会听得懂、易理解的对外政治话语体系。[3] 于琦提出了中央文献翻译“融通中外”的三种处理方法,即完美契合,源语言和目标语言的最大对等;求同存异,寻求源语言和目标语言的平衡;创新翻译,让中国特色表述走出国门。同时还提出了翻译时应注意的几个问题:时刻保持高度政治敏锐性,重要概念、关键术语的译文应保持统一性和连续性,中央文献翻译要适应现代政治传播的特点等。[4] 这对于主流媒体在推动中国特色社会主义“走出去”的同时又坚持政治原则方面具有现实意义。许徐琪从提升中国特色社会主义话语权的关键性问题入手,提出了话语权绝不仅仅是一个理论问题,它更是一个实践性的问题;话语权不等于世界话语的霸权;切忌套用西方话语阐述中国特色社会主义,[5]并从参与全球治理的视角探讨了如何推动

---

① 参见王义桅:《“一带一路”的国际话语权探析》,《探索》,2016 年第 2 期。

② 参见江时学:《进一步加强中国对外话语体系建设》,《当代世界》,2016 年第 12 期。

③ 参见贾毓玲:《论对外政治话语体系的创建与翻译——再谈〈求是〉英译《中国翻译》,2017 年第 3 期。

④ 参见于琦:《中央文献翻译之“融通中外”——以西班牙语翻译为例》,《译苑新谭》,2017 年第 1 期。

⑤ 参见许徐琪:《关于提升中国特色社会主义世界话语权的几个关键性问题》,《上海社会主义学院学报》,2017 年第 2 期。

中国特色社会主义走出去，不断提升话语权。[①]

五是召开了相关学术研讨会，推进了有关问题的交流和争鸣。

近几年，学术界几大学术机构、高校、媒体以及中央有关部门组织并举办了专门研讨“中国特色社会主义走出去”“政治话语传播”“话语体系建设”“话语权与领导权”等相关内容的研讨会，有力推动了有关领域的学术研究，引起了学者们的交流互动，碰撞出了一些有价值的思想火花。比较有代表性且产生了较大影响力的有：2013 年 4 月 12 日，由中国社会科学院马克思主义研究院和湖南人民出版社共同主办的“中国特色社会主义理论‘走出去’研讨会暨《什么是中国特色社会主义？（中英文）》出版座谈会”就“中国特色社会主义‘走出去’”形成了一些共识：推动中国特色社会主义“走出去”，首先要学会“引进来”，积极吸收借鉴国外优秀科研成果；其次，要积极主动“走出去”，绝不在国际交流中缺席；最后，在“走出去”中，要有自信，要自觉与媒体融通合作，积极推动更多优秀的中国学术作品在“走出去”战略中走好、走远。2013 年 11 月 29 日，由求是杂志社、中国外文局、中央编译局联合举办的首届“中国政治话语传播研讨会”，围绕习近平在全国宣传思想工作会议上提出的“构建融通中外新概念、新范畴、新表述”这一新要求，组织了一个跨界的全新的交流平台，包括政治话语创建、翻译和对外传播三个方面的专家学者在内，共同研讨了中国政治话语的建构规律、创新机制，以及开展好对外传播的新路径。对这些问题的深入研究和探讨，对于形成中国的政治话语权、营造良好的国际舆论环境，展示好中国形象，阐释中国理念，推动中国道路、中国制度、中国理论进一步科学化、大众化、国际化具有重要意义。从 2014 年开始举办的全国哲学社会科学话语体系建设理论研讨会，至今已连续举办了四届，第一届在中央党校举办，2015 年第二届在中国人民大学举办，2016 年第三届在中国浦东干部学院举办，2017 年第四届在青

---

① 参见许徐琪、孟鑫：《提升中国特色社会主义世界话语权的现实路径——基于全球治理的思考》，《毛泽东邓小平理论研究》，2017 年第 3 期。

岛举办。四届研讨会成果丰硕，就“话语体系建设”“智库建设”“创新传播方式”“培养外交话语能力”“提升对外翻译能力和技巧”“提升中国话语影响力和话语权的现实路径”等方面形成了许多宝贵认识和战略性的思想，这对于大力推进中国话语体系建设、增强文化软实力和提升中国国际话语权具有重要影响和作用。2015 年，由中国社会科学院世界社会主义研究中心、中联部当代世界研究中心和中国文化软实力研究中心联合主办的“第六届世界社会主义论坛：领导权与话语权——‘颜色革命’与文化领导权国际学术研讨会”在北京举行。来自 20 多个国家的 47 位国外学者与我国一些部委、学术机构、高等院校的专家学者及主流媒体就西方文化领导权的实质、危害以及如何防范颜色革命、新自由主义的未来走向等问题进行了共同探讨，对牢牢把握中国特色社会主义话语权的重要性达成一致共识。

2. 国外有关研究综述

首先，美国学者热衷于关注中国发展及其执政党建设。关于中国改革开放史研究的重要成果有傅高义的《邓小平时代》《先行一步：改革中的广东》；关于中国政治历史研究的有费正清的《美国与中国》、亨利·基辛格的《论中国》和李侃如的《治理中国：从革命到改革》；关于中国崛起研究的如谢德华的《中国的逻辑：为什么中国的崛起不会威胁西方》和战略与国际研究中心、彼得森国际经济研究所的《美国智库眼中的中国崛起》；关于中国共产党研究的如吕增奎主编的《执政的转型：海外学者论中国共产党的建设》和沈大伟的《中国共产党：收缩与调适》；关于中国模式研究的有约翰·奈斯比特等人的《对话：中国模式》、熊玠主编的《习近平时代》等。这些著作在学术界引起了广泛的热议和关注，虽然有些内容不一定真实客观，但在一定程度上拓宽了中国学者的研究视野，为研究中国特色社会主义话语权提供了史料参考和方法论借鉴。

其次，其他国家的很多学者也比较重视中国问题的研究，其中也涉及中国意识形态与话语权的内容。比较有代表性的是：英国学者马丁·雅克清醒地看到了西方主导时代的终结，在其撰写的《大国雄心》一书中谈道：“西方普世主义将不再是放之四海而皆准的，它的价值观和理念的影响力也将不断减弱。”[①]但他同时认为：“中国是新世界的开创者和驱动力，对新世界拥有日益强大的支配权”[②]，这个评价不能不说夸大了中国在世界上可能具有的影响，也低估了西方国家的实力，因为在当今世界，美国仍然是世界霸主，美国在军事和金融等领域仍居世界之首。在党的十八大即将闭幕之际，国际社会对中国进行了负面报道，出现了一些负面舆论。但加拿大学者贝淡宁却在英国金融时报中文网站发表了《为中国政治模式辩护》一文，他高度赞扬中国政治体制是当前大国治理的最佳方案，中国的精英管理与西方对政治体制的二分法观念不同，中国的政权找到了挑选政治统治者的恰当模式，符合中国的文化和历史，也切合现代环境的需要。[③] 2016 年他出版了《贤能政治》一书，认为西方的“一人一票”民主选举并没有所谓的历史依据和理论基础，然而中国的贤能政治则是建立在中国悠久的选官制度的基础之上的，认为世界政治价值观多样化是件好事，并倡导外部世界应该更加深刻地思考中国在治理国家方面的实践。[④] 这说明，中国特色的政治制度作为中国软实力的一部分，在国外学者眼中得到了高度评价，这些积极评价既是对中国特色政治发展道路的肯定，也是中国特色社会主义在世界舞台提升话语权所需要的外部环境。

最后，一些国外的研究机构对中国当前及未来的发展作了调查分析，形成了一些有借鉴意义的调查成果。2016 年，著名的麦肯锡全球研究院对中国创新实力进行了评估与预测，认为中国的创新能力不仅取得了显著进步，还远胜于世界对它的估计，甚至在一些领域已经达到引领全球的水平。[⑤] 总

---

① ［英］马丁·雅克：《大国雄心》，孙豫宁、张莉、刘曲译，中信出版集团，2016 年，第 411 页。

② 同上，前言第XXXI页。

③ 参见贝淡宁、李世默：《为中国政治模式辩护》，FT 中文网，http://www.ftchinese.com/story/001047452?page=1，2012 年 11 月 13 日。

④ 参见贝淡宁：《贤能政治》，中信出版社，2016 年。

⑤ 《中国创新力远超世界估计（感言）》，人民网，http://finance.people.com.cn/n1/2016/0127/c1004-28087441.html，2016 年 1 月 27 日。

部位于华盛顿的皮尤研究中心是美国一间独立性质的民调机构,该机构近几年对中国崛起的现象尤为关注,对中国何时将取代美国成为世界霸主、未来视中国为全球霸主的人数以及对华友好的民众比例等问题作了详细的调查,从总体来看,这些数据大致反映了未来世界各国对中国崛起的现象抱有信心的人数占了较大比重。这些研究机构的调查数据不一定完全准确,但是从一个侧面可以反映出国外研究机构对当前及未来中国在世界上的影响力持有积极乐观且看好的态势。

(二)目前研究存在的不足

1. 国内研究存在的不足

目前国内对中国特色社会主义话语权等相关问题的研究刚刚起步,还存在以下问题:一是在研究内容上,关于提升中国特色社会主义话语权面临挑战的分析不够全面,对外宣传配套人才的队伍建设等问题的研究还很欠缺;对于如何提升中国特色社会主义话语权的现实路径,目前一些专家学者的分析在全面性、整体性方面还显不足,未能从话语权构成的基本要素和国家战略的层面来思考,特别是缺乏从全球治理的更宽的视角结合推动中国特色社会主义走出去的路径来研究话语体系,话语权本身的研究不够。二是在研究思路上,目前的研究主要是从中国话语的视角去看待如何构建话语权,还需要从国外受众的角度来研究相关问题。三是在研究方法上,综合多学科开展研究不够,还应更多地借鉴传播学、心理学、社会学等多学科进行综合分析。

2. 国外研究存在的不足

总体来看,国外学者对这一问题的研究比较重视利用原始材料理清基本事实,论证追求严谨,这一点值得我们借鉴。其主要观点也由原来一味批评中国、批评中国共产党而失于偏颇,到现在逐渐走向比较客观、比较正确地认识中国崛起和中国共产党的领导才能和作用,但是受到西方固有思维和研究方法的局限,对相关问题的理论思考还不够深入。在国内外已有研究成果的基础上,根据目前出版的档案、文献、著作、论文等,可以对中国特色社会主义、软实力、话语权等问题进行更深入的研究。

三、相关概念解析

（一）话语

“话语”原本是语言学里的一个术语，其核心指涉是“语言在使用中”（language in use）。[①] 根据商务印书馆出版的《英汉语言学词典》的解释，狭义的“话语”是指话语分析的对象，是“一个人在一次言语行为中用词的序列所表白的内容”，“它可以是一个词、一个句，也可以是句以上的单位，如段落、段落群等”。广义的“话语”是泛指人们的言语和所说的话。《中国百科大辞典》对“话语”的定义是：“语义上能表达一个相对完整的意思或思想的一句以上的话或书面上的成段的文句。”[②]复旦大学教授范晓认为：“话语是由两个相互依存的部分组成的，一部分是话语内容，也就是言语表达的思想内容；另一部分是话语形式，也就是言语者借以表达思想的形式，这种形式就是语言，这是一种现实的、具体的语言，是族语的个别形态，是族语的存在形式”，是“语言和思想的结合体”。[③] 我国语言学家沈开木先生认为：“话语是在交际的决策和框架的基础上经过大编码而产生的言语成品”[④]，在这种言语成品里，有语义信息、各种非语义信息交织着形成一个网络。上述对“话语”的定义都是从语言学的角度进行研究和分析的。

随着“话语”一词被频繁地使用，特别是随着信息技术的发展，20 世纪“话语”这一概念已经逐渐从语言学扩展到文学批评、人类学、社会学、历史学、哲学、心理学、性别学、文化学、政治学等诸多学科领域，“话语”一词的内涵也逐渐变得丰富和饱满起来。“话语”已不简单是静态的、文本式的抽象

---

① “The analysis of discourse, is necessarily, the analysis of language in use.” See G. Brown, G. Yule, *Discourse Analysis*, Cambridge University Press, 1983, p. 1.

② 中国百科大辞典编委会：《中国百科大词典》，华夏出版社，1990 年，第 506 页。

③ 参见范晓：《语言、言语和话语》，《汉语学习》，1994 年第 4 期。

④ 沈开木：《现代汉语话语语言学》，商务印书馆，1996 年，第 1 页。

体，而是一个充满利益、矛盾、冲突、价值等复杂的多元的动态体。后现代主义大师米歇尔·福柯认为："话语意味着一个社会团体依据某些成规将其意义传播于社会之中，以此确立起社会地位，并为其他团体所认识的过程。"①在后现代主义者看来，话语是一个极其重要的中介，人类所有的文明都是通过话语这个中介来传递和完成的。

时至今日，"话语"的使用变得时髦且频繁，"话语"的作用无论是在日常生活还是政治生活中都显得日益重要。本书所涉及的"话语"主要特指政治层面的话语。作为一个政治的范畴，"话语"主要是指在政治生活中，人们为了表达和传递某种特定的思想、观念所使用的某个或者某几个具有特定含义的词语、符号或语句，它不是词语、符号或语句的简单组合，它是带有话语主体感情色彩的，是客观符号和主观意志相结合的统一体。

（二）话语权

近几十年来，"话语权"一词被广泛应用于各学科领域，已经完全成为独立的学术概念。国内已有不少学者对这一概念作了相关阐释，如刘笑盈指出："话语权的基础是由经济、军事、政治等硬实力所决定的，但话语权本身则表现为一种相对独立的软实力，是靠传播来实现的。或者我们可以说话语权是指一种信息传播主体的潜在的现实影响力。"②张志洲认为，话语权的本质不是"权利"（right），而是"权力"（power）。换言之，话语权不仅是指是否有说话的权利，更是指通过语言来运用和体现权力。③ 持有类似看法的还有学者张国祚、毛跃等。张国祚认为，话语权就是"说话和发言的资格和权力"④。毛跃认为，话语权是对外影响力、控制权，它区别于"言语权"，强调的是主体表达的语言含义为外界认可的权力。⑤ 从法律的角度来看，"权"本身

---

① 王志柯：《福柯》，湖南教育出版社，1999 年，第 195 页。
② 刘笑盈：《再论一流媒体与中国的话语权时代》，《现代传播》，2010 年第 2 期。
③ 参见张志洲：《中国国际话语权的困局和出路》，《绿叶》，2009 年第 5 期。
④ 张国祚：《关于"话语权"的几点思考》，《求是》，2009 年第 9 期。
⑤ 参见毛跃：《论社会主义核心价值观的国际话语权》，《浙江社会科学》，2013 年第 7 期。

就包含双层含义:权利(right)和权力(power)。因此,“话语权”既是一项重要的权利,也是一项重要的权力。再结合上述各定义,可以将“话语权”归纳为以下两点:首先“话语权”是一项重要的权利,只有基于权利,才能运用话语的权力。权力是建立在权利的基础之上的。正如法国社会学家皮埃尔·布迪厄所说,话语“并非单纯的能说,更意味着有权利说,即有权利通过语言来运用自己的权力”。其次,“话语权”是一项重要的权力。正如福柯所言:“话语即权力”,这是福柯话语权理论最经典也是最重要的命题。话语本身就代表着某种权力,不同话语之间存在着斗争,不同话语之间体现着权力关系,话语背后往往隐藏着权力的较量与争夺,权力调控着话语音量。话语权力不仅是一种现实力量,而且是一种社会现实的创造力量。它是一种资格、能力、身份与地位的象征。

从总体上看,话语权具有双重含义,一方面是某一社会主体按照一定的规则和目标构建知识体系并将其传播于社会中,进而提高社会主体影响力的权利,可以解读为“话语权利”;另一方面是某一社会主体通过其所构建的知识话语,制订或维持某一规则和秩序,使其制造的知识话语取得真理性的优势地位,进而获得对其他主体的话语进行监督、筛选与评判的权力,可解读为“话语权力”。本书是在兼顾两方面含义的基础上,侧重于对后者的分析。因为我们既要实现中国特色社会主义的系统化和有效化表达,发挥其“话语权利”,更要展示其“话语权力”,逐步拓展其真理性和世界性影响。

概言之,话语权是指话语主体拥有的通过各种渠道运用话语来影响他人、事物或者其他行为体的一种能力,并在此基础上发挥其现实的以及潜在的影响力。“话语权”既能产生正能量,也能产生负效应。“话语权”运用得当可以起到事半功倍的效果,“话语权”运用不当会适得其反。

(三)中国特色社会主义

“在当今世界,无论是东方还是西方,在各种各样的媒体上,最吸引人们眼球和对耳膜最有冲击力的，莫不过是‘中国特色社会主义’这个概念了。”[①] 习近平在党的十九大政治报告中指出：“中国特色社会主义是改革开放以来党的全部理论和实践的主题，是党和人民历尽千辛万苦、付出巨大代价取得的根本成就。”[②]在“七·二六”重要讲话中，习近平也指出：“没有中国特色社会主义就没有改革开放以来当代中国的发展进步”[③]。由此我们可以得知，中国特色社会主义既是中国共产党指导社会主义建设的话语，也是中国共产党进行社会主义建设的实践，是我们党带领全国各族人民取得伟大胜利和成就的重要法宝。从基本内涵来看，中国特色社会主义包括经济建设、政治建设、文化建设、社会建设、生态建设；从逻辑结构来看，中国特色社会主义是由道路、制度、理论和文化的有机统一。

中国特色社会主义，顾名思义，就是具有中国特色的社会主义。它是科学社会主义在中国发展的最新成果，属于科学社会主义的一部分，是科学社会主义理论逻辑和中国社会发展历史逻辑的辩证统一。一方面，中国特色社会主义是社会主义不是其他别的什么主义，中国特色社会主义坚持马克思主义关于科学社会主义理论的基本原则和基本精神，这是中国特色社会主义的“源”和“根”；另一方面，中国特色社会主义是具有中国特色的社会主义，是把马克思主义的普遍真理与我国实际和时代特征结合起来的、走自己道路的社会主义，是发展了的、中国化了的科学社会主义，是具有中国独特的实践特色、理论特色、民族特色和时代特色的社会主义。

（四）中国特色社会主义话语权

基于“话语”“话语权”和“中国特色社会主义”概念的相关论述，“中国特色社会主义话语权”可以概括为中国共产党拥有的运用中国特色社会主

---

① 赵智奎：《中国特色社会主义》，北京时代华文书局，2014 年，第 14 页。

② 习近平：《决胜全面建成小康社会 夺取新时代中国特色社会主义伟大胜利——在中国共产党第十九次全国代表大会上的报告》，人民出版社，2017 年，第 16 页。

③ 戴木才：《中国特色社会主义是改革开放以来党的全部理论和实践的主题》，《红旗文稿》，2017 年第 15 期。

义来影响国内外民众、各行为主体及各种组织的一种能力，并在此基础上发挥中国特色社会主义现实的及潜在的影响力。

具体来看，中国特色社会主义话语权分为中国特色社会主义在国内的话语权和其在国际上的话语权。一方面，中国特色社会主义在国内的话语权以马克思主义意识形态话语权的形式表现和存在，主要表现为中国特色社会主义作为主流意识形态在国内的主导权和领导力；另一方面，中国特色社会主义的国际话语权主要表现在全球话语体系中，中国特色社会主义相较于其他话语，拥有一种话语优势，这种话语优势主要体现在发展中国家的现代化建设、落后国家如何建设社会主义、政党治理、全球治理等领域中，中国特色社会主义正是基于这种话语优势，在国际舞台拓展其科学性和世界性影响的。

中国特色社会主义国内话语权与国际话语权两者之间相互影响、相互促进，共同构成中国特色社会主义话语权。中国特色社会主义在国内的话语权是国际话语权的前提和基础，中国特色社会主义如果在国内没有话语权，那么它在国际上的话语权就无从谈起，就会成为无源之水、无本之木；中国特色社会主义国际话语权的提升反过来也能增进广大人民群众对中国特色社会主义的认同度，提升国内话语权。同样的道理，国际话语权的削弱也会影响国内话语权的提升，反之亦然。

1. 话语权不等于话语霸权

判断某种话语是否拥有话语权，主要看它是否顺应历史发展、推动社会进步、反映和维护最广大人民群众的根本利益。因此，在这里我们要特别强调的是，中国特色社会主义话语权不等于中国特色社会主义话语霸权。话语霸权违背历史潮流的发展方向，阻碍人类社会的进步、反映和维护的是少数大资本家阶级和大财团的利益。然而，中国特色社会主义话语权不涉及任何左右、压制、控制等类似的含义，不是要把中国自身的理论与实践强加于人，而是"完全有信心为人类对更好社会制度的探索提供中国方案"①。在这里，提供中国方案不等同于推广中国模式。"我们不'输入'外国模式，也不'输出'中国模式，不会要求别国'复制'中国的做法。"②社会主义不是只有苏联一种模式，也不是只有中国特色社会主义一种模式，社会主义本应该是多样化发展的。发展中国家如何实现现代化、落后国家如何建设社会主义等问题，没有一个适用于一切国家的统一模式，这需要各国人民自己去探索、去实践，中国特色社会主义的成功可以为其他国家探索和建设社会主义提供一种可资借鉴的科学的立场、观点和方法。正如学者王怀超所言："中国道路是中国人民在中国共产党领导下从本国国情出发走出的一条中国现代化道路，其他国家不能简单模仿。但是中国特色社会主义的基本原则与精神是可以借鉴的。"③这正是中国特色社会主义话语权的宝贵之处。

2. 中国特色社会主义话语权的基本要素

（1）话语主体。话语主体即话语的发声者、施行者，是掌控如何组织话语、建设话语及运作话语的主体。中国特色社会主义话语权的话语主体是中国共产党。自从1978年改革开放以来，中国共产党一以贯之坚持和发展中国特色社会主义，中国特色社会主义是一篇大文章，需要一代又一代的共产党人接续奋斗，努力把这篇大文章继续写下去。

（2）话语内容。话语内容即话语主体要诉说的内容。中国特色社会主义话语权的内容可以分为国内话语权的内容和国际话语权的内容两个层面。中国特色社会主义国内话语权的话语内容主要是指作为中国社会主流意识形态的中国特色社会主义；中国特色社会主义国际话语权的话语内容主要是指我们在进行改革开放、社会主义现代化建设、政党治理、处理国内外事务，以及参与全球治理过程中所蕴含的立场、观点、方法、原则与精神

① 习近平：《在庆祝中国共产党成立95周年大会上的讲话》，人民出版社，2016年，第14页。

② 《习近平出席中国共产党与世界政党高层对话会开幕式并发表主旨讲话》，《人民日报》，2017年12月2日，第1版。

③ 王怀超：《当代世界社会主义的发展态势》，《当代世界与社会主义》，2014年第5期。

等，这些都属于软实力层面的内容。

(3)话语对象。话语对象是指“话语主体”对“谁”诉说的对象。这个对象既可以指人，也可以指物。一般而言，中国特色社会主义话语权的诉说对象包括本国民众、他国受众，本国官方组织、他国官方组织、国际官方组织，本国非政府组织、他国非政府组织等。

(4)话语方式。话语方式即话语通过何种方式来诉说和传达，包括暴力的和非暴力的，强制的和非强制的，也可以是多种方式混合的。在这里我们要强调的是，中国特色社会主义话语权的话语方式是非暴力的、非强制的，它是通过一种文化的软力量来向世界诉说中国特色社会主义的精神实质。这种文化软力量是一种柔和的精神力量，一种强大的影响力，一种科学理性与和谐共赢的中国理念。因此，它与西方话语霸权的话语方式截然不同。

(5)话语平台。话语平台是指话语主体通过何种渠道和载体来实现提升话语权力的目的。提升中国特色社会主义话语权的平台种类众多，包括主权国家之间的交往、党际之间的交流、非政府组织之间的来往、传播媒介、民间组织甚至具体的个人等，也包括各种不同性质平台间的交流和交往。随着时代的发展，话语平台会变得越来越丰富多元，一些原先或者现在人们预想不到的渠道或载体，将来的某一天会成为提升中国特色社会主义话语权的重要力量。

(6)话语效果。话语效果是指话语主体通过话语平台向话语对象诉说话语内容之后所产生的社会影响。这种影响既可以是正面的，也可以是负面的，当然也可以是没有产生任何效果的。中国特色社会主义话语权如果行使正确恰当，那么话语效果就应该是积极正面的，即有助于提升中国特色社会主义在世界的话语权；如果行使不当，譬如横行霸道、肆意推销，强迫其他国家接受中国特色社会主义，那么话语效果必然是负面的，这不可能提升话语权，结果只能是削弱话语权。因此，只有合理运作话语，恰当发挥话语权力，才能最大限度发挥话语的正面效应。

四、研究思路、研究方法和主要创新点

(一)研究思路

首先,本书的主题是中国特色社会主义话语权,因此在研究这个课题之前,必须先弄清楚研究这个课题的必要性和可能性,即我们为什么要研究这个课题以及我们凭什么提出这个课题。另外,要弄清楚与中国特色社会主义话语权相关的概念和理论,包括话语、话语权、中国特色社会主义、中国特色社会主义话语权、马克思主义的意识形态理论、马克思主义新闻观、西方马克思主义的意识形态理论、国际传播学理论、话语权相关理论等,对于这些概念和理论的诠释是本书立论的前提和基础。

其次,中国特色社会主义话语权形成发展的历史进程是中国特色社会主义话语权提出的历史缘由,对于历史进程的梳理和分析,可以帮助我们了解中国特色社会主义话语权形成发展的历史进程和发展动态,为论文后续分析如何提升话语权的对策提供经验与教训。

再次,从国际国内两个视角总结概括中国特色社会主义话语权取得的成就以及面临的挑战,这既为我们提升话语权奠定信心,也有利于谋划如何提升话语权,从而凸显该领域研究的针对性,做到有的放矢。除此之外,他山之石也是非常重要的经验借鉴。分析苏联话语权兴衰的历史实践,可从中提炼发展中国特色社会主义话语权的启示。

最后,结合苏联话语权兴衰的教训,分析当前提升中国特色社会主义话语权必须遵循的原则,并在此基础上提出相应的具有可操作性且有战略意义的提升对策,这是本书需要深入研究的重要问题。

(二)研究方法

本书的研究方法,主要有以下方面:

一是在理论指导上,既坚持马克思主义意识形态的立场,坚持辩证唯物主义和历史唯物主义的基本观点,适当借鉴政治学、社会学、外交学、历史学、新闻传播学等有关理论,从不同视角分析和思考有关问题,以期得出更

为丰富的研究结论;又避免泛意识形态化,努力做到科学、准确、客观地论述中国特色社会主义话语权的相关问题。

二是在内容安排上,采用纵横结合的方法,厘清相关问题的线索和逻辑关系。首先在纵向上,把中国特色社会主义话语权形成发展的历史过程分成不同的历史阶段,抓住主要问题和关键点,形成每个阶段的主题。然后在分析提升话语权取得的成就和面临的挑战时,从国际国内两个横向的大视角来分析和阐述,同时注意这些方面的逻辑联系。

三是在具体方法上,把文献资料、逻辑分析和事实论证相结合,做到论从史出、史论结合。在文献资料的使用上,注意两个方面问题,既要从整体上梳理历史材料,阐释精神实质,避免以偏概全,力求把握整体内容;又要依据具体的历史环境和历史条件来研究历史材料,避免从原来既有的观点出发先入为主去认识事物。在逻辑推理上,做到言出有据,防止空发议论。

(三)主要创新之处

一是在研究视角上,把中国特色社会主义作为全球话语的参与者、建设者放到全球话语体系的大视角中去分析,从话语权基本要素和国家战略层面的高度来思考提升话语权的现实路径,在这个逻辑上把话语主体、话语内容、话语平台、话语权力联系起来分析提升话语权的对策,形成了新的研究视域。

二是在研究方法上,以历史唯物主义和科学社会主义理论为主,把相关学科的理论和方法相融合,从多角度考察问题,从而得到更加立体全面的认识。

三是提出一些新观点。如在分析提升中国特色社会主义话语权的现实路径方面,创新性地提出了从全球治理的视角推动中国特色社会主义走出去参与全球话语体系构建的思路、方法等。

第一章 提升中国特色社会主义话语权的必要性和可能性

中国特色社会主义是改革开放以来党的全部理论和实践的主题，是中国特色社会主义道路、制度、理论和文化的有机统一体。当前，提升中国特色社会主义话语权既是国内发展之需，也是国际大势所趋。

第一节 提升中国特色社会主义话语权的必要性

穷则独善其身，达则兼济天下。中国特色社会主义既属于中国，也属于世界，它是人类文明成果的伟大创造，对世界各国特别是社会主义国家，以及发展中国家都具有重要意义。提升中国特色社会主义话语权既是增强国家软实力的内在要求，也是维护国家意识形态安全所需，同时还是中国共产党为人类做出更大贡献的使命使然。

一、增强国家软实力的内在要求

中国特色社会主义是改革开放以来我们党全部理论和实践的主题，是我们国家改革开放和社会主义现代化建设取得胜利的重要法宝。然而，中国特色社会主义所取得的成就的优势还没有及时转化为话语的优势。中国特色社会主义作为一种话语（软实力）与中国特色社会主义的成就在国际上的影响力不总是同步的。总体来看，作为话语，中国特色社会主义的阐述能力、对外表达能力稍逊于中国特色社会主义成就的真切感受力，中国特色社会主义政治话语在国内外的影响力低于中国特色社会主义成就的影响力。中国未来的发展，不光要解决实际问题，还要把这套解决问题的“主义”讲出来，这是增强国家软实力的内在要求。自从20世纪90年代以来，“中国威胁论”的声音一直不绝于耳。西方某些大国总是把中国的崛起和成功当作一种威胁，它们借用“修昔底德陷阱”的概念，企图丑化、污蔑中国，这一方面表现出西方某些势力死死抱住冷战思维不放；另一方面，不能不说这也与我们还没有在国内外积极有效地表达好中国特色社会主义这套话语有关。改革开放40年来所取得的举世瞩目的伟大成就都是在中国特色社会主义这面伟大旗帜的指引下取得的，说到底都是中国特色社会主义这项伟大事业所取得的伟大成就。中国特色社会主义这套话语是对中国经验和中国成就的系统表达和阐释，因此当前我们面临的紧迫任务是不仅要将这套话语阐释出来、传播出去，更要将它讲清楚、讲透彻、讲明白；既要接中国的地气，也要接世界的地气，从而增强话语在国内外的影响力和感召力，这是增强国家软实力的内在要求。

二、维护国家意识形态安全所需

“意识形态工作是党的一项极端重要的工作。能否做好意识形态工作，事关党的前途命运，事关国家长治久安”①。在社会主义国家，无产阶级只有掌握了意识形态的领导权，才能保证政权稳固掌握在自己手中。自从人类历史上第一个社会主义国家建立以来，西方敌对势力就从来没有在意识形态上对其放松过侵蚀和攻击。苏联解体、东欧剧变的一个重要原因就是西方国家推行的“和平演变”战略，西方国家企图通过“和平演变”起到抹杀功绩、改写历史、妖魔化领导人的效果，从而实现动摇党心、民心和军心的目的。这从一个侧面可以看作是西方话语霸权不断施加影响的结果，但反过

① 中共中央宣传部：《习近平总书记系列重要讲话读本》，学习出版社、人民出版社，2016年，第192～193页。

来也说明,苏联共产党未能积极构建与时俱进的社会主义政治话语,不注重政治话语的建设、维护与传播,不注重提升话语权,最终导致犯了颠覆性错误,走上了改旗易帜的邪路。西方的"和平演变"看似悄无声息,实则是社会主义国家亡党亡国的重要推手,世界只要还是"一球两制"的格局,意识形态领域的斗争就不可避免。特别是在当前全球化不断加深的背景下,意识形态不仅不是趋于"中性化",反而更加突出"政治化"了。最近几年,新自由主义和历史虚无主义思潮在我国社会思潮中有重新泛起之势,其背后的因素不排除西方敌对势力的精心操作和直接参与,其目的就是企图颠覆中国共产党的领导和社会主义制度,其表现形式具有很强的迷惑性、欺骗性、渗透性和破坏性。因此,我们要时刻警惕,注意区分和鉴别资本主义的各种错误思潮,以马克思主义为武器对其进行批判和抵制,努力提升社会主义国家的道路自信、制度自信、理论自信和文化自信。中国特色社会主义是目前社会主义国家中最具有影响力也是最具有说服力的理论和实践,提升中国特色社会主义话语权,对于树立抵御资本主义意识形态攻击的自觉、增强抵御资本主义意识形态攻击的自信,透过资本主义的现象看清资本主义制度的本质,树立马克思主义指导思想的地位,具有非常重要的紧迫性和现实意义。

三、为人类做出更大贡献的使命使然

党的十九大报告指出:"中国共产党始终把为人类做出新的更大的贡献作为自己的使命。"①曾几何时,中华民族无论是经济总量、科技发明还是思想文化,对世界的贡献可谓是最大的。"由于遭遇 1840 年开始的中西方冲突——西方人用工业化的装备摧毁了中国的文化优越感,从此一蹶不振,以西方中心主义为内核的西方话语体系大举进入中国。"②从此,中国的国际影响力开始走下坡路。20 世纪 50 年代,毛泽东曾经说过:"因为中国是一个具

---

① 习近平:《决胜全面建成小康社会 夺取新时代中国特色社会主义伟大胜利——在中国共产党第十九次全国代表大会上的报告》,人民出版社,2017 年,第 57 ~ 58 页。

② 黄力之:《论中国话语体系重建的三大基本问题》,《马克思主义研究》,2016 年第 10 期。

有九百六十万平方公里土地和六万万人口的国家，中国应当对于人类有较大的贡献。而这种贡献，在过去一个长时期内，则是太少了。这使我们感到惭愧。”①然而，现在中国特色社会主义伟大事业的成功，促使过去积贫积弱的中国变得越发从容和自信。正如党的十九大报告指出的：“中国特色社会主义进入新时代，这个新时代是我国日益走近世界舞台中央、不断为人类做出更大贡献的时代。”②现在的中国，无论是经济总量、执政能力、外交智慧都处在崛起并呈可持续增长的态势，中国作为崛起中的社会主义大国，作为崛起中的发展中大国，日益展现出它独有的理论自信、制度自信、道路自信和文化自信。首先，在全球经济低迷、复苏乏力的大背景下，从2016年开始，中国经济对世界经济增长的贡献一直保持30%以上，超过美国、日本和欧元区的总和，是全球经济复苏最主要的拉动力，为世界经济的发展带去了巨大机遇，特别是在2020年疫情几乎席卷全球的大背景下，我国依然实现了国内生产总值2.3%的正增长，是全世界唯一一个实现经济正增长的主要经济体，这是中国特色社会主义市场经济的伟大成功；其次，在当今西方政治模式失灵、民主失信的大背景下，以中国共产党领导的多党合作和政治协商制度为主要特色的中国特色社会主义政治制度越发彰显出其独特的优势和生命力，逐渐得到广泛的国际认同和赞誉，特别是贤能政治以及集中力量办大事的制度优越性为世界其他国家特别是西方发达国家提供了一种解决问题的思维和方案；另外，在当前世界乱局的大背景下，中国通过党际交往和全球治理等多种方式积极为世界各国提供新思路、新秩序、新方案，在外交领域展现出其处理周边外交和大国关系的成熟和智慧，向其他国家展现了一种驾驭复杂局面的政治智慧和处变不惊的大国心态。可以说，现在的中国比历史上任何时期都更加接近中华民族伟大复兴。因此，我们应该积极推动中国特色社会主义“走出去”，提高中国特色社会主义的全球影响力，为人类

---

① 毛泽东：《毛泽东选集》（第五卷），人民出版社，1977年，第311～312页。

② 习近平：《决胜全面建成小康社会 夺取新时代中国特色社会主义伟大胜利——在中国共产党第十九次全国代表大会上的报告》，人民出版社，2017年，第10～11页。

对更好社会制度的探索贡献中国力量、推介中国方案、展现中国智慧，这也是中国共产党的使命使然。

第二节 提升中国特色社会主义话语权的可能性

提升中国特色社会主义话语权可谓正当其时。从国内层面来看，当前中国特色社会主义伟大事业取得了相当优异的成绩，赢得了国际国内的广泛赞誉，中国共产党已经具备了提升话语权的这份底气和自信；从国际层面来看，当前西方国家正面临经济、政治和社会危机，经济低迷、政治混乱、社会动荡，这为中国特色社会主义话语权的提升创造了外部机遇。

一、改革开放取得的伟大成就提供了现实基础

中国特色社会主义的成功实践正是我们当前提升中国特色社会主义话语权的现实基础和根本前提。改革开放 40 多年来，中国特色社会主义取得了一系列举世瞩目的伟大成就，引起了国内外广泛的关注，"中国特色社会主义"这张靓丽的"中国名片"赢得了国内外的普遍认可，这为提升中国特色社会主义话语权提供了坚实的现实基础。当然，构成提升话语权现实基础的因素有很多，这里仅就硬实力和软实力中最重要的因素作简要介绍。

（一）中国特色社会主义市场经济取得举世瞩目的成就

自从改革开放以来，中国在经济层面取得的伟大成就是中国崛起并影响世界的重要原因。2009 年，中国便成为全球经济增长第一大贡献国，2016 年，中国对世界经济增长的贡献率高达 33.2%，居世界首位，超过了美国、日本和欧元区贡献率的总和；1978 年我国国内生产总值仅有 3679 亿元，2010 年达到 41.30 万亿元，成为超越日本的世界第二大经济体，比日本国内生产总值高出 4044 亿美元，2019 年国内生产总值为 99.0865 万亿元，稳居世界第二位，接近 100 万亿元，人均国内生产总值突破 1 万美元。2020 年中国的国内生产总值突破 100 万亿元，实现了了不起的正增长。另外，2013 年，中

国进出口贸易总额高达4.16亿美元，一举超越美国，成为全球最大贸易国。虽然近几年由于受主客观条件的制约，中国经济增长的速度有所下降，经济发展进入新常态，但是就经济总量来看，仍然保持着相当可观的扩大态势，面对世界经济动荡和疲软不堪的现象，仍然能够继续保持中高速增长，实属不易。预计2050年，中国人均国内生产总值将达到4万～5万美元，到时中国将有更大的能力为世界经济做出更多贡献。正是中国雄厚的经济基础及为世界经济所做出的重大贡献对中国特色社会主义话语权的提升起到了基础性和关键性的作用。在这里，有一点值得注意的是，虽然中国经济在不断发展，但是中国仍然是发展中国家的一员，仍然处在社会主义初级阶段，中国塑造的世界经济新秩序的重心也在发展中国家，这有助于提升中国特色社会主义在发展中国家的影响力，改变当前国际经济秩序由西方发达国家主导的不公平的局面。

（二）中国特色社会主义政治制度的比较优势得到了国际社会的广泛赞誉

中国经验的内涵十分丰富，其最主要的特征体现在政党体制和国家制度方面。作为世界政党制度和国家体制的构建方式之一，作为社会主义制度的实现方式之一，中国的政党制度和国家体制在当今世界具有创新性和独特性。自从改革开放以来，中国一直坚持政治体制改革与经济体制改革同步进行的原则，形成了富有中国特色的社会主义民主政治制度。曾几何时，这一富有特色的政治制度被西方国家所误解，认为中国的政府缺乏合法性。其实正是这一富有中国特色的政治制度使中国避免了西方在面临突发危机时的尴尬窘境，它是中国社会能够稳定发展的制度保障，特别是在当前疫情蔓延全球的特殊时期，中国政治制度的优势就更为凸显。平时不显现，可到了突发的紧急时刻，一个国家的治理能力，以及对社会的管控能力就显现了出来。尤其近一段时间以来，西方多国相继出现民众抵触政府防疫措施的行为，例如美国的反对“居家令”游行，法国巴黎爆发的反封锁骚乱，俄罗斯出现的上千人的反隔离抗议活动。然而在我国，党中央一声令下，全国上下齐动员，上至年逾古稀的专家院士，下至“90后”甚至“00后”的医护工作人员都义无反顾投入到这场没有硝烟的战争中，人民解放军和各级党员干部冲锋在前，社区工作者奋战一线，广大政法干警不分昼夜，更有全国人民识大体、顾大局主动在家隔离，不给祖国添乱。我们之所以能够做到14亿多人民全国上下一盘棋、舍小家为大家、齐心抗疫，正是中国特色的社会主义政治制度在起作用。中国和西方国家在此次疫情防控中表现出的巨大反差，其最根本的原因还在于双方政治制度的差异。

按照西方的逻辑，国家和政府的权威来自选举，中国缺乏西方式的所谓民主，所以中国政府缺乏合法性。然而，中国共产党一向与时俱进，向来擅长具体问题具体分析，历史和现实反复说明，西方式的直接民主不适合中国。中国有着几千年的儒家文化的传统，中国特色社会主义政治制度的最大特色就是民主集中制，迄今为止，以民主集中制为基础构建的中国特色社会主义政治制度是最便利和最合理的制度。尽管西方一直指责中国缺乏民主，可是民主集中制可以有效防止西方直接民主中“互相牵扯，议而不决，决而不行”的体制机制的弊端，“这种制度更有利于团结人民，比西方的民主好得多”①。我们的优势是集中力量办大事，维护人民的利益，提高工作效率，保证全社会始终能够在社会主义制度的范围内运行，始终能在一个集中、稳定、高效、活跃的执政党的领导下运行，这正是产生中国特色社会主义奇迹的密码和钥匙。正如德国柏林社会科学中心跨国冲突和国际制度系主任米夏埃尔·曲恩所言，与西方自由民主大不相同且卓有成效的中国特色的政治制度符合民意、符合国情，一个强大的竞争者正在成长起来。②

（三）中国特色社会主义文化正处在大发展大繁荣之中

中国特色社会主义文化是中国软实力的重要组成部分。文化在中国的经济、政治和外交领域起着举足轻重的作用。可以说，中国特色的社会主义

---

① 邓小平：《邓小平文选》（第三卷），人民出版社，1993年，第257页。

② 参见辛向阳：《中国特色社会主义政治制度的五大优势》，《党建》，2012年第5期。

文化是我们中国特色社会主义实践成功的内在动力和价值遵循。当前，以中华优秀传统文化、革命文化、社会主义先进文化为主要内容的中国特色社会主义文化建设正处在大发展大繁荣之中。中国特色社会主义所取得的伟大成就与中华优秀传统文化密不可分。“任何话语体系，总是在一定的思想文化背景下形成、发展起来的。中华传统文化包含着中华民族最根本的精神基因，代表着中华民族独特的精神标识，是我们最深厚的软实力，也是推进话语体系建设取之不尽、用之不竭的宝贵源泉。”①“和衷共济”“和合共生”“上善若水”“厚德载物”“天道酬勤”“修齐治平”等话语在全世界赢得了广泛的认可，具有良好的声誉和评价，也是中国特色社会主义的重要思想来源。作为一个现代国家，中国接受了现代国家主权和人权的主要概念，但中华文明的种种特质又使它与众不同，所以中国共产党不是代表不同利益群体互相竞争的西方政党，而是儒家那些以民为本、选贤任能、发展经济、改善民生等优秀传统的延续。“和平、和睦、和谐是中华民族 5000 多年来一直追求和传承的理念，中华民族的血液中没有侵略他人、称王称霸的基因。”②所以说，中国今天所展现出来的一切绝对不是西方那些过分简约甚至简陋的概念可以概括的。

100 年来，中国共产党带领全国各族人民团结奋斗所取得的革命文化是中国特色社会主义取得成功实践的伟大精神来源。正是 100 年烽火岁月的洗礼，中国共产党才得以拥有建设中国特色社会主义伟大事业所必需的坚韧不拔、百折不挠、破釜沉舟、锲而不舍的精神和品格。社会主义先进文化是当代中国的新文化。70 多年来形成和发展的社会主义先进文化是新时代条件下，中国共产党人进行伟大斗争、建设伟大工程、推进伟大事业、实现伟大梦想的精神支撑。早在 2012 年 11 月 15 日，习近平履新总书记当天会见

① 雒树刚：《大力推进哲学社会科学话语体系建设》，《中国社会科学报》，2013 年 12 月 18 日，第 1 版。

② 《习近平在庆祝中国共产党成立 100 周年大会上的讲话》，新华网，http://www.xinhuanet.com/politics/leaders/2021-07/01/c_1127615334.htm。

中外记者时就谈道:“在漫长的历史进程中,中国人民依靠自己的勤劳、勇敢、智慧,开创了各民族和睦共处的美好家园,培育了历久弥新的优秀文化。”①的确,正是中国特色社会主义文化才使得我们中国特色社会主义市场经济能够始终沿着正确的道路前进,中国特色社会主义政治制度始终坚持以人民为中心、为人民负好责的精神,中国特色社会主义外交则坚持建设“和谐世界”、构建“人类命运共同体”的外交理念,中国特色社会主义在各个方面的建设取得了丰硕的成果。中国特色社会主义正是通过这种文化软力量来增强与世界的联系,提升中国特色社会主义在全球话语中的影响力、话语权。

另外,中国特色社会主义在党的建设、法治建设、社会建设、大国外交、生态文明等各个领域都取得了斐然的成就,这些伟大成就是有目共睹、不容置疑的。以上这些都是我们提升中国特色社会主义话语权的关键和最重要的现实基础。

二、西方国家面临的困境提供了外部环境

当前,西方国家正在遭受有史以来最为严重的新一轮经济、政治和社会危机,社会凝聚力不断下降,这与“风景这边独好”的中国形成了鲜明的对比,世界许多国家开始把目光投向中国,开始聚焦中国特色社会主义。这为中国特色社会主义话语权的提升提供了有利的外部环境。以前有美国这只领头羊,现在美国已经自顾不暇了,整个西方社会缺乏统一的领导核心,西方国家各自为战,政党之间相互扯皮,反对党为了反对而反对,在这个时候,中国必须抓住这个历史性机遇,大力提升中国特色社会主义的话语权。

(一)新自由主义日益遭受质疑和批判

从20世纪70年代开始以美英两国为主导推行的新自由主义,以霸权式的手段在全球强制推广且迅猛扩张,在西方国家,甚至世界上绝大部分地区

① 《习近平谈文化自信》,《人民日报》(海外版),2016年7月13日,第12版。

都曾占有统治地位。然而自从2008年资本主义国家的金融危机开始，新自由主义便开始遭遇滑铁卢，“使不少青年、民众，乃至政治家、决策者和相当多的资深经济学家，又想起了马克思”①。与此同时，中国特色社会主义实践的成功打破了新自由主义曾经在世界上绝大部分地区享有的神话般的霸权统治地位，因此一时间，新自由主义不仅要承受来自被推广国家的批评与责难，就连发达国家自身也不得不承认其政策的失败。正如2016年3月，特朗普在接受《华盛顿邮报》采访时所说：“我们不该再进行所谓的意识形态建设了，事实证明效果不大，而且现在的美国也与过去的很不同。我们不该再继续向其他国家推销我们的意识形态了，他们不需要我们做这些”②。当前西方国家普遍陷入经济低迷、政治动荡、社会混乱的乱象之中，主导西方国家经济、政治、社会发展多年的新自由主义开始陷入理论质疑和实践困境，遭到严重的批判甚至否定。于是乎，许多发展中国家包括一些西方发达国家开始把眼光投向中国及其指导中国社会实践的中国特色社会主义。当“在许多发展中国家对西方提供的发展模式（例如‘华盛顿共识’）、附加苛刻条件的发展援助开始重新评估、抵制，并转向世界其他地方寻求发展思路的时候，中国必须抓住这个历史性的机会，以自己的亲身经验与发展中国家一起探索人类发展的可行道路。中国不能再简单地为避免‘中国威胁论’的升级而拒绝在国际上正面、全面介绍自己的发展经验和道路”③。

（二）西方发达国家治理能力急剧衰落

当前，西方发达国家治理能力明显下降，恐怖主义肆虐全球，难民潮、欧债危机、英国脱欧、疫情持续蔓延等事件引发了前所未有的欧洲危机；美国特朗普政府打出了“美国优先”的旗号，一意孤行推行贸易保护主义，为了自身的利益最大化，蓄意挑起贸易战，这些逆历史潮流而动的行径已经对全球

---

① 曹天予：《权力与理性——世界中的马克思主义与自由主义》，华东师范大学出版社，2016年，自序第2页。

② 转引自张新宁：《新自由主义的恶果殃及美国自身》，《红旗文稿》，2016年第22期。

③ 庞中英：《全球治理与世界秩序》，北京大学出版社，2012年，第226页。

化进程产生了负面影响。特朗普执政的几年间，政府部门的领导长时间配备不齐，部分职能部门经常被迫关门歇业，致使政府部门的工作职能不能有效发挥。“美国历史学家方纳认为，许多美国人以为，美国的政策和体制代表了一个应被其他国家仿效的榜样。但此次美国抗疫不力，新冠肺炎确诊人数和死亡人数高企，疫情尚未得到有效防控，仍在持续蔓延，而美国的政客们不是专注于抗疫，却用心于甩锅、卸责，让人不由得对美国的政治制度进行反思。造成美国抗疫不力的主要原因在于政治权力之间的分立和制衡：除了三级政府（联邦、州和地方）治理的纵向分权以外，联邦一级横向层面的立法、行政、司法三权分立与党争复杂地纠缠在一起，使得政治化考量颇多、协作化努力不足，最终导致美国在这次防控疫情工作中治理效能的低下。”①

这一系列的问题和现象，暴露出了由西方主导的全球治理体系已经支离破碎、治理规则漏洞频出、治理能力严重不足，凸显了当今世界亟须新的治理理念、政策和方法。现行全球治理规则严重不合理，规则内容的制定多由发达国家掌握话语权，发展中国家利益的代表性和规则制定的发言权严重不足，甚至成为利益受损方。欲解决这一国际性的重大问题，必须提升中国特色社会主义话语权，提升中国特色社会主义在国际舞台上的影响力，从全球治理的视角积极推动中国特色社会主义参与全球话语体系的构建，充分利用马克思主义的立场、观点和方法参与全球重大事件和普遍关切问题的解决机制，为全球治理朝着更加公正合理的方向发展贡献中国智慧、推介中国方案，让中国正能量话语影响世界。正如习近平在2016年的“七一讲话”中所言：“中国将积极参与全球治理体系建设，努力为完善全球治理贡献中国智慧，同世界各国人民一道，推动国际秩序和全球治理体系朝着更加公正合理方向发展。”②中国特色社会主义作为一股推动全球善治的关键性力

---

① 魏南枝：《美国抗疫不力的政治制度症结》，《光明日报》，2020年6月14日，第8版。

② 习近平：《在庆祝中国共产党成立95周年大会上的讲话》，人民出版社，2016年，第20页。

量，正在逐渐走出被治理、被资本异化的无序失衡的治理状态，为逐渐走向“人类命运共同体”而不懈努力。

（三）西方发达国家之间的凝聚力不断下降

西方多党轮流制的政治制度本身就决定了资本主义国家内部相互扯皮、各自为战、缺乏统一领导核心的尴尬局面。再加上近几年西方国家面临的经济政治危机日益严峻，左右翼势力不断拉锯，导致各西方发达国家以及发达国家之间的凝聚力不断下降。自从2009年底希腊爆发主权债务危机以来，危机波及并蔓延至欧盟其他国家，导致欧盟经济和社会动荡，再加上西亚北非难民的大量涌入，加剧了本已乱象丛生的欧洲社会。近年来，欧洲一体化正在遭遇有史以来最为严重的挫折，民族分裂、宗教种族冲突、女权运动、恐怖主义、极右翼势力崛起等导致欧洲社会严重分裂，特别是2016年英国公投脱欧更是让本已动荡的欧洲社会雪上加霜，这股“公投热”迅速蔓延至整个欧洲国家，继英国公投之后，意大利修宪公投以失败告终，总统伦齐被迫辞职，继意大利公投之后，丹麦、荷兰、法国等国也纷纷宣布表示公投脱欧，整个欧盟面临集体陷入公投陷阱的危险，西方分裂趋势愈演愈烈。当前西方国家即使是美国也已经失去了主心骨，特朗普的胜出是当前西方民粹主义对精英阶级反抗的结果，各派政治势力相互角逐，台上纷争、台下踢脚，人心凝聚不起来，社会对立不断加剧。特朗普在2016年3月接受《华盛顿邮报》采访时说：“我想国家已经分裂就是与过去最大的不同。无论你承不承认，事实如此。在这个国家，种族之间有很深的隔阂，情况并未好转。”[①]希拉里在2016年11月9日发表败选演说时也承认：“我们都有目共睹，我们国家的割裂程度比我们想象的要严重。”[②]西方国家凝聚力的下降，更加凸显出中国特色社会主义的凝聚力和向心力。

西方国家还没完全从上一轮金融危机中缓过劲来，又接连陷入各种政党和政治危机之中，资本主义的传统价值观和制度缺陷进一步暴露。与此

①② 转引自张新宁：《新自由主义的恶果殃及美国自身》，《红旗文稿》，2016年第22期。

形成鲜明对比的是,中国特色社会主义逐渐展示出其制度的优越性与强大的生命力,受到广泛的国际赞誉。不少西方学者、专家开始对“中国特色社会主义”感兴趣,研究“中国特色社会主义”的国家和人们也在不断增多,一大批有关“中国特色社会主义”的书籍文献、音像资料被翻译成多种外国文字出版发行,“中国特色社会主义”在世界范围内的欢迎程度与日俱增。其他国家的共产党、社会民主党甚至包括一些右翼政党也都开始对中国特色社会主义产生浓厚的兴趣,他们抱着好奇、渴望的心情来到中国,希望能从中国共产党的这套政治话语中学到些什么。的确,一方面,世界上越来越多的国家希望能从繁荣发展崛起的中国分享到他们所渴望的利益,因此他们欢迎中国特色社会主义走出去;另一方面,中国自古以来就有“美美与共、天下大同”的优秀传统,当然,当今的中国也已经具备了这种与世界分享利益的能力与实力。总之,中国的崛起已经或正在改变世界格局,中国必须抓住这个历史性机遇,为世界贡献中国智慧和中国力量。

第二章
构建中国特色社会主义话语权的理论来源

“中国特色社会主义话语权”概念的提出并不是无源之水、无本之木，它是建立在马克思世界历史理论、马克思主义意识形态理论、马克思主义新闻观基础之上的，同时借鉴和参考了西方马克思主义意识形态理论、话语权相关理论以及国际传播学理论，因而有着深厚的理论来源。

第一节　马克思世界历史理论

“马克思的世界历史理论是批判地继承了黑格尔的世界历史思想的合理因素，运用其创造的唯物史观及剩余价值理论，深入研究了近代以来世界经济与社会的运动及其发展趋势而创立的。”①马克思世界历史理论倡导从人类整体利益出发合理对待和处理各个民族国家间的关系，既不必刻意为“特色”而特色，更不能狭隘地把人类现代文明的共同成果拒斥为“西方文明”“西方模式”，而是要在把握人类发展普遍规律基础上，自觉站在人类整体高度，为实现“各美其美”“美美与共”的人类解放事业做出自己的贡献。这是马克思世界历史理论的核心要旨，也是我们当前提升中国特色社会主义话语权的重要理论来源。

① 马俊峰：《马克思世界历史理论的方法论意义》，《中国社会科学》，2013 年第 6 期。

一、世界历史的形成是一个客观的物质过程

生产力的发展、进步以及交往的扩大是马克思世界历史理论发展的动力。“只有随着生产力的这种普遍发展，人们之间的普遍交往才能建立起来。”[①]马克思世界历史理论否定了黑格尔关于世界历史是“绝对精神”理念的现实发生的观点，马克思世界历史理论是建立在唯物史观基础上的哲学理论，因此，他认为，世界历史形成发展的动力是生产方式的变革，它是以生产力的普遍发展和与此相关的世界交往的普遍发展为前提的；是一个客观的物质过程。

马克思认为，世界历史的形成发展并非“绝对精神”的产物，只是生产力和生产关系在自身发展中的必然结果。马克思认为，各民族之间日益密切的交往以及普遍发展变化的生产力是最终打破各民族封闭状态及各个国家贸易壁垒的有效措施，也是形成世界民族、世界贸易、世界市场、世界规则、世界历史，使历史最终转变为世界历史的根本动力。

人类社会发展的历史过程，就是由原始封闭的民族历史向广阔的世界历史的转变，这个转变的过程就是人类不断打破地域的限制和克服各种局限而获得完全解放的过程，是世界各民族互相依存并走向统一的过程；“某一个地域创造出来的生产力，特别是发明，在往后的发展中是否失传，完全取决于交往扩展的情况”[②]。“每一代都利用以前各代遗留下来的材料、资金和生产力；由于这个缘故，每一代一方面在完全改变了的环境下继续从事所继承的活动，另一方面又通过完全改变了的活动来变更旧的环境。”[③]因为“人们所达到的生产力的总和决定着社会状况，因而，始终必须把‘人类的历

---

① 马克思、恩格斯：《马克思恩格斯选集》（第一卷），人民出版社，1995 年，第 86 页。

② 同上，第 107 页。

③ 石云霞：《马克思的世界历史理论及其当代意义》，《马克思主义理论学科研究》，2019 年第 1 期。

史'同工业和交换的历史联系起来研究和探讨"[①]。这样,马克思、恩格斯就将世界历史的形成看作是在生产力发展到一定历史阶段基础上的各国家和各民族之间长期交往的必然结果。

二、资产阶级在世界历史形成中的重要作用

"只有伴随着现代生产关系即资本的产生,殖民地的开辟,世界历史的诞生才从可能变成现实。"[②]15 世纪新航路的开辟使得各地区、各民族之间的交往日益密切,世界交往逐渐扩大。到了 16 世纪,随着欧洲资本主义生产方式的萌芽和发展,殖民扩张和海外贸易不断兴起,资本主义时代开始形成。在疯狂追逐利润的物质驱使下,资产阶级必须建立并开辟更为广阔的世界市场,改变过去各民族和各国家之间彼此隔绝和孤立的状态,这个过程也是促使各民族和各国家的历史越来越成为世界历史的过程。《德意志意识形态》对"世界历史"的含义作了明确界定:"各民族的原始封闭状态由于日益完善的生产方式、交往以及因交往而自然形成的不同民族之间的分工消灭得越是彻底,历史也就越是成为世界历史。"随着人类历史逐渐转向世界历史,个体的人也同时从地域性、封闭性转为世界历史性的个人。由此可见,"世界史不是过去一直存在的,作为世界史的历史是结果"。[③] 这一结果是资产阶级通过发展大工业和建立世界市场而形成的。也就是说,资产阶级是开创世界历史的主体力量。

在这个过程中,"资产阶级在历史上曾经起过非常革命的作用"[④]。一方面,随着资本的日益积累、商品和人员的往来日益频繁以及生产关系的日益变革,资本主义生产力水平不断发展和提高,正如《共产党宣言》所指出的:

---

① 马克思、恩格斯:《马克思恩格斯选集》(第一卷),人民出版社,1995 年,第 80 页。

② 刘敬东:《理性、自由与实践批判:两个世界的内在张力与历史理念的动力结构》,北京师范大学出版社,2015 年,第 429 页。

③ 参见马克思、恩格斯:《马克思恩格斯选集》(第二卷),人民出版社,1995 年,第 28 页。

④ 马克思、恩格斯:《马克思恩格斯选集》(第一卷),人民出版社,1995 年,第 274 页。

"资产阶级在它的不到一百年的阶级统治中所创造的生产力,比过去一切世代创造的全部生产力还要多,还要大。"①资产阶级为了追求最大限度的剩余价值,不断发动侵略战争,进行殖民掠夺和海外贸易,使资本原始积累的范围从国内扩展到国外,生产和销售产品的范围也随之扩大。这样的资本原始积累为资本主义国家快速扩张积累了资金、原材料和劳动力,促进了资本主义大工业的发展,为世界历史的形成提供了物质条件。正如马克思和恩格斯在《共产党宣言》中所说的:"资产阶级,由于开拓了世界市场,使一切国家的生产和消费都成为世界性的了。"②另一方面,随着资本的不断扩张,封建主义的生产关系也在逐步瓦解,这就大大促进了资本主义生产关系的建立。与此同时,资产阶级在扩张的过程中,也在向殖民地半殖民地国家输出自己的价值观念、思维方式、意识形态和宗教信仰,尽管目的是想通过文化殖民实现经济和政治上的殖民,但在一定程度上也打破了殖民地半殖民地国家原先那种落后、闭塞的社会风气,提高了文明程度,促进了落后民族和国家融入世界历史潮流的进程。因此,资本在全球范围内的扩张是世界历史存在的前提和基础。

三、世界历史发展的基本路径和必然趋势

马克思世界历史理论是马克思、恩格斯通过对资本主义开创的世界历史的科学分析的基础上,为实现社会主义、共产主义这一人类自身历史发展终极方向的哲学思考。

《共产党宣言》的发表是马克思世界历史理论形成的重要标志,《共产党宣言》运用唯物史观揭示了资本主义社会的内在矛盾,阐述了共产主义代替资本主义的历史趋势。之后马克思、恩格斯不断对其进行补充和完善,在《资本论》中进一步阐释了共产主义代替资本主义的历史必然性。"共产主

① 马克思、恩格斯:《马克思恩格斯选集》(第一卷),人民出版社,1995 年,第 277 页。

② 马克思、恩格斯:《马克思恩格斯文集》(第一卷),人民出版社,1995 年,第 276 页。

义是以生产力的普遍发展和与此相联系的世界交往为前提的。”[①]资产阶级开拓世界市场的历史就是为世界历史走向共产主义奠定基础的历史。个体、民族与国家的解放进度永远都和世界历史高度统一并保持相对一致。“可以发现在一切民族中同时都存在着没有财产的群众这一事实(普遍竞争),而其中每一民族同其他民族的变革都有依存关系;最后,狭隘地域性的个人为世界历史性的、真正普遍的个人所代替。”[②]从本质上说,世界历史是一个过程。它是资本主义的逐步形成和发展及其从资本主义走向社会主义和共产主义的历史过程。世界历史发展的必然趋势就是建立人类社会的“真正的共同体”——共产主义社会。

习近平把马克思世界历史理论作为一种科学的方法论,站在世界历史的高度审视当今世界发展趋势,着眼人类发展和未来前途,以大国领袖的责任担当,指出:“新时代坚持和发展中国特色社会主义,更加需要系统研究中国历史和文化,更加需要深刻把握人类发展历史规律,在对历史的深入思考中汲取智慧、走向未来。”中国特色社会主义是具有中国特色的社会主义理论体系与实践经验的重大主题,不仅对其他发展中国家实现现代化具有借鉴意义,对于“建设一个什么样的世界、如何建设这个世界”也给出了具有普遍意义的回答。可以说,中国特色社会主义既与马克思世界历史理论一脉相承,又是中国共产党的伟大创新和发展。

第二节 马克思主义意识形态理论

马克思主义的意识形态理论内容极其丰富,是我们在理论上研究、实践上推进提升中国特色社会主义话语权的最主要的理论基础,它对于我们在该领域的研究具有重要的指导意义。

---

① 马克思、恩格斯:《马克思恩格斯选集》(第一卷),人民出版社,1995 年,第 89 页。
② 马克思、恩格斯:《马克思恩格斯选集》(第一卷),人民出版社,1976 年,第 40 页。

一、马克思、恩格斯、列宁的意识形态理论

(一)马克思、恩格斯的意识形态理论

马克思、恩格斯的意识形态理论充分借鉴了特拉西、黑格尔和费尔巴哈等人的思想,并对其理论进行了继承和批判。在此基础上,马克思、恩格斯结合自身的社会实践,形成并不断发展完善了相关理论。马克思、恩格斯认为,意识形态属于上层建筑,是一个社会的统治阶级理论化的思想观念,反映了一个阶级的思想价值体系。

1. 马克思、恩格斯的意识形态理论包括以下五个方面的内容:

第一,意识形态具有鲜明的阶级性特征。“统治阶级的思想在每一时代都是占统治地位的思想。这就是说,一个阶级是社会上占统治地位的物质力量,同时也是社会上占统治地位的精神力量。”①在这里,马克思和恩格斯从两个不同的层面对意识形态的阶级性进行了分析。一方面,马克思、恩格斯是从批判的角度来分析和研究意识形态的。在这里,意识形态表现为一种虚假性。马克思和恩格斯针对剥削阶级特别是资产阶级把资本对劳动的奴役通过商品等价交换的原则掩盖粉饰起来了,以特殊利益冒充普遍利益的虚假性,在私有制社会出现的异化现象被虚伪的、抽象的资产阶级意识形态所掩盖。也可以说,这是从意识形态的特殊性视阈来分析的。另一方面,马克思主义认为,社会存在决定社会意识,有什么样的社会存在决定了什么样的社会意识。因此,在阶级社会中,一切意识形态都具有阶级性。无产阶级在与资产阶级的斗争过程中,不仅需要用暴力革命打破资产阶级的国家机器,还需要建立一套属于自己的意识形态,并在无产阶级成为统治阶级之后,要把这套意识形态上升为主流政治意识形态,因为无产阶级是为绝大多数人谋利益的,从来都“不屑于隐瞒自己的观点和意图”②。

---

① 马克思、恩格斯:《马克思恩格斯文集》(第一卷),人民出版社,2009 年,第 550 页。

② 马克思、恩格斯:《马克思恩格斯选集》(第一卷),人民出版社,1995 年,第 307 页。

第二，意识形态是一套成系统、成体系的思想理论和价值体系，因此，具有系统的理论性特征。从内容上来看，它包括政治思想、法律思想、宗教、哲学、道德、艺术、美学、文化等理论观点、社会学说、价值理念，这是一套成熟的理论体系，这套理论体系的各个组成部分之间是相互影响、相互联系、相互作用的，共同构成了一个意识形态整体。从组织架构来看，意识形态内在的各个组成部分在意识形态的整体中所占据的地位和作用是不一样的。处于核心地位和领导地位的是政治和法律意识形态，它们共同决定了经济基础的合法性地位及其性质；道德、艺术、美学和文化则是基础性的，在意识形态中处于底层位置，但是它们离人民群众最近，可以直接作用于人们现实的思想行为和价值理念；哲学和宗教虽然处于意识形态的顶层位置，是离经济基础最远的意识形态，以曲折、抽象的形式反映经济基础的要求，但根本上还是由一定社会的经济基础决定的。总之，诸形式的意识形态之间相互联系，共同构成并作用于一个有机的整体，从而实现推动社会发展的目的。

第三，意识形态不仅仅停留于理论层面，更需要统治阶级把自己的这套代表普遍性利益的观念上层建筑转化为实际行动，或者说用这套理论来指导统治阶级的政治行为，因此意识形态同时具有强烈的实践性特征。意识形态不仅需要解释世界，更应该改造世界，这在意识形态提出的那一刻，就担负起了这份神圣的使命。

第四，意识形态作为一种社会意识可以反过来影响社会存在，因此具有相对独立性的特征。意识形态作为社会意识的一部分当然是由社会存在决定的，但这并不是说意识形态没有独立性。事实上，社会意识并不完全依赖于社会存在，它是一种能动的反映。一方面，社会意识有时会表现出“先导性”。即社会意识有时会领先或超前于社会存在进行思考和规划，往往会促进社会发展和进步；另一方面，社会意识对社会存在的反映有时会表现出“滞后性”，在社会意识的诸形式中，有时反应迟钝，落后于社会存在的变化，阻碍社会发展和进步。总之，社会意识和社会存在不是总是同步表现的。

第五，意识形态具有历史继承性。“人们自己创造自己的历史，但是他们并不是随心所欲地创造，并不是在他们自己选定的条件下创造，而是在直接碰到的、既定的、从过去承继下来的条件下创造。一切已死的先辈们的传统，像梦魇一样纠缠着活人的头脑。”①这说明，意识形态注定离不开历史的影响。代表社会发展方向的意识形态，一般来说都是在批判继承了既有的或历史材料中有价值成分的基础上不断充实完善起来的。这种继承性除表现在时间维度，还表现在空间维度，即不同国家和不同民族之间的意识形态也相互影响、相互作用。有些影响和作用是正面的，是合作共赢的，而有些则是带有目的性的，是故意影响，蓄意破坏。

2. 马克思、恩格斯意识形态理论对于我们提升中国特色社会主义话语权具有重要指导意义

第一，意识形态具有阶级性特征。中国共产党代表中国最广大人民群众的根本利益，因此中国共产党的政治话语——中国特色社会主义理所应当是最广大人民群众意志、愿望和利益的集中体现，这与代表资产阶级利益的新自由主义和所谓的“普世价值”截然不同。中国共产党的根本宗旨是全心全意为人民服务，因此我们应积极提升代表最广大人民群众利益的中国特色社会主义在国内的话语权。另外，中国特色社会主义所蕴含的立场、观点和方法，基本原则与精神也会对广大发展中国家和新兴国家有重要借鉴，所以我们也应积极提升中国特色社会主义在国际上的话语权，促进世界利益格局的多样化、全球话语的多元化。

第二，意识形态具有系统理论性特征。中国特色社会主义是由四个部分构成的，即中国特色社会主义道路、中国特色社会主义制度、中国特色社会主义理论体系和中国特色社会主义文化，它们共同构成了系统的有机的统一体。只有中国特色社会主义内部的各个组成部分相互作用，形成一股合力，才能共同促进中国特色社会主义的发展进步。

第三，意识形态具有实践性特征。我们必须要努力把中国特色社会主

① 马克思、恩格斯：《马克思恩格斯文集》（第二卷），人民出版社，2009 年，第 470 页。

义的美好目标转化为广大人民群众都能切身感受得到的美好的物质生活和精神生活，努力实现“中国梦”和“两个一百年”奋斗目标，让广大人民群众从社会主义的成功实践中，从与资本主义的比较中，体验到社会主义制度的优越性，从而在内心自觉自愿信任中国特色社会主义，这无疑将有助于提升中国特色社会主义在国内的话语权。

第四，意识形态具有能动性特征。先进的意识形态可以促进社会的发展和进步，因此我们在提升话语权的过程中，要充分发挥中国特色社会主义作为一种话语的能动作用，重视话语层面的建设和发展，特别是要发挥智库人才、媒体宣传、党际交流等这些方面的作用，从而起到促进中国特色社会主义事业的发展，实现提升话语权的目的。中国特色社会主义是先进的意识形态，提升作为先进意识形态的中国特色社会主义在国际舞台的影响力，有助于全球话语体系的多元化发展，有助于全球治理的健康平衡发展。

第五，意识形态具有继承性特征。一些大国或者说一些霸权主义国家总是倾向于通过意识形态的渗透这种隐蔽的手段来达到侵略其他国家的目的，并且这种意识形态渗透的行径具有历史继承性。因此，我们在提升中国特色社会主义话语权的过程中，一方面要高度注意西方国家通过意识形态领域的斗争来达到“和平演变”目的的行径；另一方面要特别注意批判性地继承中华民族传统文化，同时积极吸取其他国家和民族在治国理政方面的优秀经验，最终实现“各美其美、美人之美、美美与共、天下大同”。

（二）列宁的意识形态理论

列宁意识形态理论的形成与发展是顺应时代潮流产生的，是马克思、恩格斯意识形态理论与俄国实际国情相结合的产物，是在领导俄国社会主义革命和建设过程中，坚持高举马克思主义并同各种反马克思主义和伪马克思主义思想作斗争的艰难环境下形成的。其内容如下：

第一，创造性地提出了“科学的意识形态”概念。马克思、恩格斯更多是从批判性的角度来描述意识形态，列宁在领导俄国十月革命和社会主义建设的过程中，结合马克思、恩格斯的意识形态理论，创造性地提出了“科学的意识形态"理论,第一次把意识形态从其与统治阶级的关联中剥离出来,直接与"科学"联系起来,为社会主义意识形态建设提供了理论基础。列宁在《唯物主义和经验批判主义》一书中提出了"科学的意识形态"的新概念:"一句话,任何思想体系都是受历史条件制约的,可是,任何科学的思想体系与客观真理、绝对自然相符合,这是无条件的。"[①]列宁认为,无产阶级意识形态是无产阶级阶级性与科学性的辩证统一。那么什么样的意识形态才是"科学的意识形态"呢?列宁认为,标准有两条:一是,"科学"的首要条件就是这种意识形态必须符合人类社会历史发展的客观规律,主观必须与客观相符合;二是,这种意识形态必须随着客观实际的变化而变化。在列宁看来,马克思主义就是一种"科学的意识形态",它是广大无产阶级利益的代表,反映了人类社会发展的客观规律,同时马克思主义本身不是教条而是方法,结合不同的时代和不同的地域,会得到进一步的丰富和发展。所以我们说,列宁的"科学的意识形态"理论实现了意识形态与科学之间具体的、历史的统一。

第二,提出了意识形态灌输理论,这是列宁对马克思主义意识形态理论的另一个伟大贡献。列宁是第一个系统阐述"灌输论"的马克思主义理论家。19 世纪最后几十年出现的伯恩施坦修正主义思想对俄国的革命形势产生了极大的负面影响。在俄国工人内部出现了一批醉心于经济斗争,企图用资产阶级改良主义代替马克思主义的阶级斗争学说,进而攻击马克思主义、贬低社会主义在工人运动中的作用的机会主义派别。对此,列宁在《怎么办》一文中全面系统地阐述了"灌输"理论。此后,列宁在多个场合以及诸多文章中都对"灌输"理论有所论及,概括起来,主要有以下方面:首先,列宁阐明了对无产阶级"灌输"社会主义意识形态的必要性。工人阶级单靠自己本身的力量是不能产生社会主义意识的,"社会主义意识是一种从外面灌输到无产阶级的阶级斗争中去的东西,而不是一种从这个斗争中自发的产生

① 列宁:《列宁专题文集 论辩证唯物主义和历史唯物主义》,人民出版社,2009 年,第 42 页。

出来的东西"[①]。因此,必须高度重视社会主义意识形态在无产阶级队伍中的宣传和教育。其次,列宁论述了社会主义意识形态"灌输"的主体,即什么样的人才是符合、胜任向无产阶级灌输社会主义意识形态这份神圣任务的。"资产阶级思想体系的渊源比社会主义思想体系久远得多,它经过了更加全面的加工,它拥有的传播工具也多得不能相比"[②],相比之下,社会主义思想的传播手段和影响程度都要显得逊色很多。再加上工人阶级自身的头脑里是不会产生无产阶级意识形态的,这就需要一批拥有先进马克思主义理论、具备宣传理论、密切联系群众能力且具有坚韧不拔的意志力、敢于为无产阶级革命牺牲的宝贵品质的高级知识分子来承担"积极地对工人进行政治教育,发展工人阶级的政治意识"[③]的神圣工作。最后,列宁还分析了"灌输"社会主义意识形态的方法。在灌输的渠道和手段方面,列宁非常重视图书馆、报刊、学校等传播媒介的作用,反对理论与实践相脱节,反对执着于马克思、恩格斯原著的教条主义的教育宣传方式,主张知识分子走进工人群众的生活中去,通过实践联系和交往"灌输"社会主义意识形态,要灵活运用马克思主义的世界观和方法论。

第三,提出了马克思主义意识形态的通俗化公式。马克思主义意识形态话语权的强弱取决于马克思主义意识形态通俗化的程度。列宁认为通俗化就是"坚决抛弃难懂的术语,外来语,背得烂熟的、现成的但是群众不懂、还不熟悉的口号、决定和结论"[④],并提出了"最高限度的马克思主义 = 最高限度的通俗化""最高限度的马克思主义 = 最高限度的通俗和简单明了"[⑤]。列宁反对大段引用或抄袭马克思、恩格斯著作中的原文,枯燥难懂的理论文章不仅不能促进马克思主义意识形态的传播,还容易造成人民群众的反感

---

① 列宁:《列宁全集》(第 6 卷),人民出版社,1986 年,第 37 页。
② 列宁:《列宁专题文集 论无产阶级政党》,人民出版社,2009 年,第 87 页。
③ 列宁:《列宁选集》(第一卷),人民出版社,1995 年,第 342 页。
④ 列宁:《列宁全集》(第 14 卷),人民出版社,1988 年,第 89 页。
⑤ 列宁:《列宁全集》(第 36 卷),人民出版社,1985 年,第 467 ~ 468 页。

情绪。“不要只限于阅读共产主义书籍和小册子。只有在与工农的共同劳动中,才能成为真正的共产主义者。”[①]列宁倡导知识分子走进人民群众的火热生活中去,用人民群众易懂的语言,用人民群众易于接受、喜闻乐见的方式方法,结合人民群众的思维方式、生活习惯和文化素养传播马克思主义。

由于中国特色社会主义代表广大无产阶级的利益,是从无产阶级的立场出发的,因此,任何对于中国特色社会主义的轻视、虚无甚或污蔑,都意味着资产阶级思潮的加强,是对广大人民群众根本利益的无视,当前我们应该高度重视中国特色社会主义建设和发展的重要性,看清各种错误思潮特别是新自由主义和历史虚无主义思潮的本质,坚决抵制新自由主义和历史虚无主义思潮对中国特色社会主义事业可能产生的负面影响,同时借鉴其他社会思潮中的可取之处,不断增强中国特色社会主义的科学性和实践性。

二、中国共产党人的意识形态理论

(一)毛泽东的意识形态理论

毛泽东同志在中国新民主主义革命、社会主义革命和社会主义建设的具体实践的基础上,结合马克思主义经典作家的意识形态理论,形成了具有自身独特风格的意识形态理论思想。其主要内容包括以下五点:

第一,意识形态的阶级性。毛泽东在意识形态具有鲜明阶级性的认识上与之前的马克思主义经典作家持有相同的看法。毛泽东认为:“在现在世界上,一切文化或文学艺术都是属于一定的阶级,属于一定的政治路线的。为艺术的艺术,超阶级的艺术,和政治并行或相互独立的艺术,实际上是不存在。”[②]毛泽东认为意识形态这个领域,无产积极不去占领,资产阶级就会乘虚而入。因此,社会主义国家的意识形态必须“只能由无产阶级的文化思想即共产主义思想去领导,任何别的阶级的文化思想都是不能领导的”[③]。

---

① 列宁:《列宁选集》(第四卷),人民出版社,1995 年,第 295 ~296 页。

② 毛泽东:《毛泽东选集》(第三卷),人民出版社,1991 年,第 865 页。

③ 毛泽东:《毛泽东选集》(第二卷),人民出版社,1991 年,第 698 页。

第二，意识形态具有斗争性。意识形态具有阶级性，那就必然有斗争性。“无论在全人口中间，或者在知识分子中间，马克思主义者仍然是少数。因此，马克思主义必须在斗争中发展。”①而这个“发展”的过程，就是要让这个“少数”变成“多数”最终形成“大多数”的过程。

第三，意识形态的功能作用。毛泽东深知，意识形态之间的斗争是复杂的。先进的意识形态可以促进经济社会的发展，引导人们从迷茫未知的状态中寻找到正确的前进方向。“没有主义，是造不成空气的。……主义譬如一面旗子，旗子立起了，大家才有所指望，才知所趋赴。”②

第四，关于意识形态的队伍建设。毛泽东特别重视知识分子在意识形态的教育和传播过程中的作用。首先，毛泽东认为，社会主义意识形态的传播和教育需要一支政治素质高、业务能力精的知识分子队伍，并且认为队伍的数量要宏大，人少了也不成。另外，知识分子是一个特殊的群体，一部分知识分子过去都是小资产阶级，因此现在仍然保留了部分阶级情感，所以他们作为社会主义意识形态的传播者和教育者自身也需要接受无产阶级意识形态的教育，以保证社会主义意识形态的纯洁性。

第五，关于意识形态的工作方法。首先，毛泽东认为，社会主义意识形态工作任何时期都要围绕党的中心工作来展开。在抗日战争时期，“文化革命是在观念形态上反映政治革命和经济革命，并且为它们服务的”③。在社会主义建设时期，“它们是为经济基础服务的”④。其次，毛泽东提出了“百花齐放、百家争鸣”的工作方针，“凡属于思想性质的问题，凡属于人民内部的争论问题，只能用民主的方法去解决，只能用讨论的方法、批评的方法、说服教育的方法去解决，而不能用强制的、压服的方法去解决”⑤。另外，毛泽东

---

① 中共中央文献编辑委员会:《毛泽东著作选读》(下册)，人民出版社，1986 年，第 785 页。

② 中共中央文献研究室、中共湖南省委《毛泽东早期文稿》编辑组:《毛泽东早期文稿》，湖南出版社，1990 年，第 554 页。

③ 毛泽东:《毛泽东选集》(第二卷)，人民出版社，1991 年，第 699 页。

④ 中共中央文献编辑委员会:《毛泽东著作选读》(下册)，人民出版社，1986 年，第 803 页。

⑤ 同上，第 762 页。

还提出了“古为今用、洋为中用”的方针，要用马克思主义辩证法的眼光看问题，反对照抄照搬，推崇用批判的精神分析问题和解决问题。

毛泽东意识形态理论思想对于当前我们巩固和加强中国特色社会主义话语权具有重要的理论指导意义。一方面，我们要坚持中国共产党的领导，高举中国特色社会主义伟大旗帜，一以贯之坚持和发展中国特色社会主义，当前最主要的是努力学习和贯彻习近平新时代中国特色社会主义思想，不断增强中国特色社会主义与其他社会思潮作斗争的能力，从而实现提升话语权的目的；另一方面，中国特色社会主义话语权的提升还需要一支强有力的知识分子队伍，那就是一套具有中国特色的智库人才队伍。高校、党校和相关科研机构应致力于培养和发展更多的既能适应全球化、信息化和数据化三化叠加新时代的，又能扎根中国实际、体现中国特色的多层次的理论人才队伍，这是提升中国特色社会主义话语权的重要抓手和举措。

（二）邓小平、江泽民和胡锦涛的意识形态理论

邓小平在吸取“文化大革命”的教训以及改革开放的实践经验的基础上，形成并总结了一些关于意识形态领域的思考。第一，正确定位意识形态的社会功能。反思“文化大革命”的教训，以邓小平为核心的第二代中央领导集体开展了关于“真理标准问题”的大讨论，纠正了“文化大革命”时期对意识形态社会功能的扭曲认识，促使意识形态的社会功能重新回归到正确的轨道上来，为后来中国特色社会主义国内话语权的提升奠定了重要的思想基础。第二，重视意识形态的领导权。邓小平非常重视意识形态的领导权，认为意识形态的领导权必须掌握在党的手中，“必须大力加强党对思想战线的领导”[①]。第三，重视精神文明建设对于意识形态安全的重要作用。精神文明建设的好坏对于维护意识形态安全具有重要作用。邓小平提出，精神文明建设和物质文明建设需要两手抓，两手都要硬。

江泽民在总结苏联解体、东欧剧变的教训和改革开放不断深入的大背

① 邓小平：《邓小平文选》（第三卷），人民出版社，1993 年，第 45 页。

景下，对于意识形态建设形成了自己的思考。20世纪80年代末90年代初的苏联解体、东欧剧变给中国共产党的教训是深刻的。江泽民指出“意识形态领域是和平演变和反和平演变斗争的重要领域……大量地经常地表现为意识形态领域的思想理论斗争”[①]。“一切向钱看”，只追求物质利益，仅仅是物质丰富，精神文明空虚的社会主义是极其有害的。因此，江泽民十分重视意识形态领域的理论建设，积极推动实施马克思主义理论研究和建设工程，开展“三讲”教育活动，旨在巩固和加强党员领导干部和广大群众的意识形态教育。

胡锦涛在对国际形势发展趋势和对我国国内社会发展形势的科学把握下，进一步丰富和发展了马克思主义的意识形态理论。随着时代的不断发展，文化软实力的竞争显得越发激烈，成为综合国力竞争的重要因素。胡锦涛敏锐地观察到国家文化软实力在国际竞争中的重要意义，对社会主义意识形态建设进行了深入思考。2007年10月，胡锦涛同志将“国家文化软实力”写入党的十七大报告并明确阐述了“提高国家文化软实力”的重大任务。“当今时代，文化在综合国力竞争中的地位日益重要，谁占据了文化发展的制高点，谁就能够更好地在激烈的国际竞争中掌握主动权。”[②]2012年11月，党的十八大在“社会主义核心价值体系”的基础上凝练并具体阐述了“社会主义核心价值观”。

邓小平、江泽民和胡锦涛的意识形态理论是新时代背景下提升中国特色社会主义话语权必须坚持的指导思想，我们必须一以贯之坚持下去，同时结合时代特征和实际情况，认真做好提升中国特色社会主义话语权这一极端重要的工作。

（三）习近平的意识形态理论

党的十八大以来，在以习近平同志为核心的党中央的领导下，在继承马

---

① 江泽民：《江泽民文选》（第一卷），人民出版社，2006年，第160页。

② 中共中央文献研究室：《十六大以来重要文献选编》（下），中央文献出版社，2008年，第753页。

克思主义经典作家和之前我们党的领导人关于意识形态理论的基础上，结合世情国情党情的深刻变化，形成了新时代中国特色社会主义意识形态理论。

第一，将意识形态工作纳入总体国家安全观。习近平将意识形态安全纳入总体国家安全观的内容，这表明我们党对意识形态的重视程度提高到了一个新的高度。“当前我国国家安全内涵和外延比历史上任何时候都要丰富……既重视传统安全，又重视非传统安全，构建集政治安全、国土安全、军事安全、经济安全、文化安全……等于一体的国家安全体系。”①这里所说的非传统安全和文化安全，其本质就是意识形态的安全，标志着我们党对意识形态安全的问题有了更为深刻的理解，认识到意识形态安全对整体国家安全的重要性，是新时代我们党维护国家安全的重要理论创新和重大战略举措。

第二，意识形态工作是党的一项极端重要的工作。“意识形态工作是党的一项极端重要的工作。能否做好意识形态工作，事关党的前途命运，事关国家长治久安，事关民族凝聚力和向心力。要把意识形态工作领导权和话语权牢牢掌握在手中，不断巩固马克思主义在意识形态领域的指导地位，巩固全党全国人民团结奋斗的共同思想基础。”②在2013年的全国宣传思想工作会议上，习近平强调领导干部特别是高级领导干部要重视对马克思主义基本原理的学习和掌握，号召各地党校、干部学院、高校等宣传马克思主义的阵地都把马克思主义理论作为必修课，通过宣讲，促使领导干部掌握运用马克思主义立场、观点和方法思考问题、解决问题的本领。宣传部门要认真对待意识形态的宣传工作，领导干部要首先加强学习，领导班子成为行家里手是宣传管理意识形态工作的首要原则。

第三，推动意识形态国际话语权建设。中国为什么能成功，中国共产党

---

① 习近平：《习近平谈治国理政》，外文出版社，2014年，第200~201页。

② 中共中央宣传部：《习近平总书记系列重要讲话读本》，学习出版社、人民出版社，2016年，第192~193页。

为什么能带领14亿多人口解决温饱、实现基本小康，这背后到底是什么在起作用，国际上很多人都对中国特色社会主义感兴趣，想研究其中的秘诀。但另一方面，国际上“中国威胁论”“中国崩溃论”的声音一直不绝于耳，总有一些人要故意唱衰中国。“我们有本事做好中国的事情，还没有本事讲好中国的故事？我们应该有这个信心！”[①]习近平在多种场合多次表达了要通过拓展传播平台、创新传播手段和概念方式将当代中国价值观传播出去。习近平在各种讲话中从不同角度表达了提升意识形态国际话语权的思想。习近平强调，落后就要挨打，失语就要挨骂。要解决“挨骂”的问题，要讲好中国故事。虽然现在由西方“单极主导”的话语格局正在走向终结，开始出现此消彼长的态势，但是总体上来看，西强我弱的总体格局仍然没有改变，别人总是信口雌黄，我们却是有理说不出，说了传不开。因此，要加强话语体系建设，增强在国际上的话语权。当前我国社会的发展优势和综合实力还没有很好地转化为话语方面的优势，有些方面的话语权还处在“失语”甚至“无语”的状态。因此，要“提高国家文化软实力，要努力提高国际话语权”[②]，“要加强提炼和阐释，拓展对外传播平台和载体，把当代中国价值观念贯穿于国际交流和传播方方面面”[③]，“要加强国际传播能力建设，精心构建对外话语体系”[④]，“要讲好中国特色社会主义的故事，讲好中国梦的故事，讲好中国人的故事，讲好中华优秀文化的故事，讲好中国和平发展的故事。要结合当代中国实际与时俱进，多讲21世纪的马克思主义、新时代的马克思主义”[⑤]。“要多用外国民众听得到、听得懂、听得进的途径和方式，积极传播中华文化，阐发中国精神，展现中国风貌，让世界对中国多一分理解、多一分

---

① 中共中央宣传部：《习近平总书记系列重要讲话读本》，学习出版社、人民出版社，2016年，第209页。

②④ 习近平：《习近平谈治国理政》，外文出版社，2014年，第162页。

③ 同上，第161页。

⑤ 中共中央宣传部：《习近平总书记系列重要讲话读本》，学习出版社、人民出版社，2016年，第211页。

支持。”[①]

第四，创新拓展意识形态的时代内容和宣传阵地。“做好意识形态工作，比以往任何时候都更加需要创新。”[②]意识形态的内容和宣传形式需要随着时代的发展而不断丰富和完善。中国梦和社会主义核心价值观是新时代社会主义意识形态宣传的主要的时代内容。“中国梦”浓缩了中华民族伟大复兴的具体内涵，契合了人民群众对美好生活的憧憬和期盼，在概念表达上通俗易懂，容易被普通百姓接受和表达，“中国梦”既实现了凝聚思想和价值共识的作用，又彰显了当代中国社会发展成就的一个高度，在国内外都具有较高的认同度和影响力。随着改革开放的不断深入，社会思潮日益多元多样，急需“社会主义核心价值观”来引领社会思潮，凝聚人心。“社会主义核心价值观”是社会主义意识形态本质的集中体现，贯穿于人民群众社会生活的方方面面，对于增强社会主义意识形态的凝聚力具有强基固本的作用。我国是世界网民最多的国家，网络舆论阵地的缺位就是意识形态宣传工作的重大缺失。“宣传思想工作是做人的工作，人在哪儿重点就应该在哪儿。我国网民有近7亿人”[③]，“亿万网民在上面获得信息、交流信息，这会对他们的求知途径、思维方式、价值观念产生重要影响，特别是会对他们对国家、对社会、对工作、对人生的看法产生重要影响”[④]，因此，“必须正视这个事实，把网上舆论工作作为重中之重来抓。理直气壮唱响网上主旋律”[⑤]。

在新时代的背景下，中国特色社会主义话语权的提升需要以习近平关于意识形态理论思想的指引，将提升中国特色社会主义话语权的任务摆到极其重要的位置，注重政治话语的建设和对外传播，同时创新意识形态的内容和宣传形式，在国际交流宣传中，将中国特色社会主义阐释好、传播好。

---

① 中共中央宣传部：《习近平总书记系列重要讲话读本》，学习出版社、人民出版社，2016年，第210页。

② 同上，第196页。

③⑤ 同上，第204页。

④ 习近平：《习近平谈治国理政》（第二卷），外文出版社，2017年，第335页。

第三节　马克思主义新闻观

马克思主义新闻观是我们在国内外宣传和阐述中国特色社会主义的重要理论指导,对于我们在实际工作中始终坚持马克思主义的立场、观点和方法提升中国特色社会主义的话语权具有重要的指导意义。

一、马克思、恩格斯、列宁的新闻观

(一)马克思、恩格斯的新闻观

马克思、恩格斯是马克思主义新闻观的奠基人,马克思、恩格斯的新闻观是马克思主义新闻观的理论基础。1848 年 6 月 1 日,马克思、恩格斯在德国创办了《莱茵报》,这是世界上第一份按照马克思主义原则创办的报纸,标志着马克思主义新闻观的诞生。马克思、恩格斯的新闻观主要集中在以下三个方面:

第一,新闻是人的一种基本需要。人的本质属性是社会性,为了实现人与人之间更好的交往,对信息的需求就成为人与人之间交往的一种基本需要。所以说,新闻传播对于提升人们的生活质量具有重要作用。

第二,发现了报刊行业的内在规律性。报纸是“社会舆论的纸币”,作为舆论的“纸币”,必须提供真实可靠的信息才能找到“买主”。因此,新闻报刊必须坚持真实报道的原则,这样才能取信于民,这是报刊行业能够生存下来的基本条件。

第三,无产阶级党报理论。马克思、恩格斯对于无产阶级党报的一系列论述构成了马克思主义新闻观的核心内容,是后来马克思主义新闻观能够不断丰富和发展的理论基石。首先,马克思、恩格斯明确了党报的性质。他们指出,“党报党刊是社会的捍卫者,是无处不在的耳目,是热情维护自己自

由的人民精神的千呼万唤的喉舌"[①]。这是无产阶级报刊区别于其他报刊的最显著的标志。其次,马克思、恩格斯明确了无产阶级报刊的使命。无产阶级党报要以宣传党的政治主张和策略原则作为宣传的主要内容,以实现解放全人类为最终目标。最后,明确了党报与党的领导之间的关系。马克思、恩格斯认为,无产阶级党报可以不从属于党的领导机构,但是必须在党的纲领和原则下开展工作,保证党对报刊的有效监督。这也是后来毛泽东关于"政治家办报"的重要思想来源。

(二)列宁的新闻观

列宁关于马克思主义新闻观的思想是在十月革命和后来苏联的实际情况下形成和发展起来的。列宁明确并系统阐述了党报的党性原则。列宁认为,党报要深刻揭露资产阶级新闻自由的实质,党报的笔杆子必须掌握在忠诚于无产阶级革命事业的党员手中。当十月革命胜利后,列宁意识到新闻报刊应该由宣传政治内容的工具转为宣传经济内容的工具,要依据社会环境和党的中心工作的变化及时调整新闻报刊的指导方针。[②]

马克思、恩格斯及列宁的新闻观是提升中国特色社会主义话语权的重要指导思想,特别是他们关于无产阶级办报的理论是指导中国共产党如何始终作为中国特色社会主义话语权、话语主体的重要理论保障。

二、中国共产党人的新闻观

(一)毛泽东的新闻观

毛泽东的新闻观是早期中国共产党人新闻思想的集中体现,是早期中国共产党人关于新闻思想的集体智慧的结晶。毛泽东的新闻观内容丰富,对后来改革开放以后中国共产党人的新闻思想具有重要指导意义。主要体现在以下三个方面:

---

① 马克思、恩格斯:《马克思恩格斯全集》(第6卷),人民出版社,1979年,第275页。

② 参见绍华泽主编:《马克思主义新闻观及其在当代中国的运用和发展》,人民出版社,2009年。

第一,"政治家办报"的思想。"政治家办报"的思想是毛泽东新闻观的核心思想。毛泽东认为,中国共产党的机关刊物必须掌握在政治家手中,突出党性原则。他并不提倡书生办报的思想,因为只有政治家才善于谋划决策,书生则显得优柔寡断。

第二,调查研究的思想。"你对于那个问题不能解决吗？那么,你就去调查那个问题的现状和它的历史吧！你完完全全调查明白了,你对那个问题就有解决的办法了。"①"没有调查,没有发言权",这一思想贯穿毛泽东关于中国革命和建设的诸多理论和实践之中,当然也涵盖在毛泽东的无产阶级办报思想中。毛泽东倡导新闻工作者必须坚持实事求是的原则,必须深入人民群众的火热实践中。

第三,倡导新文风、反对党八股。毛泽东向来提倡向群众学习,按照群众喜闻乐见的形式进行报道。

毛泽东的新闻观是早期中国共产党人的新闻观,但是对于当前提升中国特色社会主义话语权依然具有指导价值。特别是毛泽东强调的"没有调查,没有发言权"的思想指导新时代的新闻工作者必须坚持实事求是的原则,坚持群众路线的原则,坚持从群众中来、到群众中去,尊重群众、关心群众、服务群众,从而赢得广大人民群众的认可、支持和拥护。

(二)邓小平、江泽民和胡锦涛的新闻观

改革开放以后,以邓小平为核心的中国共产党人继承马克思主义经典作家和毛泽东同志的新闻观,初步形成了具有中国特色的社会主义新闻观理论。邓小平非常重视新闻报刊在宣传改革开放和社会主义现代化建设成就中的作用。"要大力宣传社会主义的优越性,宣传社会主义中国的巨大成就和无限前途。"②江泽民结合总结苏联解体、东欧剧变的历史教训,在多种场合、多次提到新闻舆论的正确引导作用。江泽民指出:"舆论导向正确,是

① 毛泽东:《毛泽东选集》(第一卷),人民出版社,1991 年,第 110 页。
② 邓小平:《邓小平文选》(第二卷),人民出版社,1994 年,第 255 页。

党和人民之福；舆论导向错误，是党和人民之祸。”[①]胡锦涛高度重视新闻舆论的引导能力，把其归纳到党的执政能力建设的内容之中，突出强调党组织的新闻舆论导向作用和领导能力。另外，胡锦涛同志从“以人为本”的高度强调要把“实现好、维护好、发展好最广大人民的根本利益作为新闻宣传工作的出发点，把体现党的主张和反映人民心声统一起来”[②]，实现教育人、鼓舞人、尊重人、服务人的目的。

邓小平、江泽民和胡锦涛的新闻观指导新闻工作者积极宣传有利于中国特色社会主义的内容，注意讲政治的原则，用正确舆论引导人民群众，坚持教育人、引导人、服务人，从而实现巩固和加强中国特色社会主义话语权的群众基础的目的。

三、习近平的新闻舆论话语权思想

党的十八大以来，在以习近平同志为核心的党中央不仅继承了马克思主义经典作家的新闻观以及我们党的主要领导人的新闻舆论思想，而且在此基础上，结合当前国内外形势，形成了具有习氏风格的新闻舆论话语权思想，主要表现在以下四个方面：

第一，坚持党性与人民性相统一的原则。习近平在许多重要场合都明确提出新闻舆论工作要坚持党性与人民性相统一的原则。党性不是空洞的，其本质内涵是人民性。党性是政治方向，人民性是根本遵循和价值取向。“坚持党性和人民性相统一，把党的理论和路线方针政策变成人民群众的自觉行动，及时把人民群众创造的经验和面临的实际情况反映出来，丰富人民精神世界，增强人民精神力量”[③]，决不能把党性和人民性割裂开来，始终坚持以人民为中心作为新闻舆论工作的导向，把党的工作主张同人民群众的心声有效结合起来，为新闻舆论话语权奠定重要的群众基础、提供坚强

---

① 江泽民：《江泽民文选》（第一卷），人民出版社，2006 年，第 564 页。

② 胡锦涛：《在人民日报社考察工作时的讲话》，人民出版社，2008 年，第 5 页。

③ 习近平：《习近平谈治国理政》（第二卷），外文出版社，2017 年，第 332 页。

的政治保障。

第二，树立"大宣传"的工作理念。"要树立大宣传的工作理念，动员各条战线各个部门一起来做，把宣传思想工作同各个领域的行政管理、行业管理、社会管理更加紧密地结合起来"[①]，形成强大合力。当今世界是一个全球化、信息化、大数据三期叠加的时代，整个世界已经成为你中有我、我中有你的利益共同体，党的大政方针、改革开放和社会主义建设的伟大成就的传播报道已经不能仅仅依靠新闻媒体一家的能力就能完成，还需要党政部门、科研机构以及非政府组织和具有正能量的社会精英人士等相关领域、相关单位、相关人士的共同协力才能完成。这是我们党的新闻舆论工作在应对国内社会和外宣形势不断深刻变化的有力举措和理论创新，是我国新闻舆论宣传思想质的飞跃。党的各级相关部门需要承担起对新闻传播的政治责任和领导责任，保证新闻舆论的宣传符合党的大政方针，新闻宣传的内容始终围绕为党和人民群众服务；科研机构需要承担起用恰当的方式、渠道对外阐述与党和国家有关的内容，减少国内外对中国共产党和中国特色社会主义的误解，树立起正确的研究观；新闻媒体需要营造既严肃又活泼的舆论环境。只有多方共同配合，各自做出应有的贡献，才能形成合力。

第三，创新新闻传播工作，突出"接地气"的舆论话语。"随着形势发展，党的新闻舆论工作必须创新理念、内容、体裁、形式、方法、手段、业态、体制、机制，增强针对性和实效性"[②]，"要加强国际传播的理论研究，掌握国际传播的规律，构建对外话语体系，提高传播艺术"[③]。因此新闻舆论的宣传工作必须贯彻群众路线，宣传话语不能总是"高大上"，要学会贴近群众、尊重群众、服务群众，话语要符合普通群众的思维习惯，反对套话、官话、空话，要实现

---

① 习近平：《习近平谈治国理政》，外文出版社，2014 年，第 156 页。

② 习近平：《习近平谈治国理政》（第二卷），外文出版社，2017 年，第 333 页。

③ 《习近平在中共中央政治局第三十次集体学习时强调加强和改进国际传播工作展示真实立体的中国》，中国政协网，http://www.cppcc.gov.cn/zxww/2021/06/02/ARTI1622594657617104.shtml，2021 年 6 月 2 日。

尽可能的生活化、大众化、大白话，提倡多讲有血有肉的话，真话、实话、心里话，比如“打老虎、拍苍蝇”“把权力关进制度的笼子”等等这样“接地气”、有“泥土味道”的新闻舆论宣传话语更易被人民群众所接受、所认同，从而能够更好地实现提升舆论宣传的目的。

第四，讲好中国故事，增强文化自信。随着中国崛起日益受到国内外广泛关注，国内外许多人都对中国为什么能成功，中国共产党和中国特色社会主义感到好奇，然而也不乏一些误解、偏见甚至敌意的论调。对此，新闻媒体“要着力推进国际传播能力建设，创新对外宣传方式，精心构建对外话语体系，创新对外话语表达，讲好中国特色社会主义的故事，讲好中国梦的故事，讲好中国人的故事，讲好中华优秀文化的故事，讲好中国和平发展的故事。要结合当代中国实际与时俱进，多讲21世纪的马克思主义、新时代的马克思主义。让正确的声音先入为主，盖过种种负面舆论和奇谈怪论”[①]，“要采用贴近不同区域、不同国家、不同群体受众的精准传播方式，推进中国故事和中国声音的全球化表达、区域化表达、分众化表达，增强国际传播的亲和力和实效性。要广交朋友、团结和争取大多数，不断扩大知华友华的国际舆论朋友圈。要讲究舆论斗争的策略和艺术，提升重大问题对外发声能力”[②]，从而改变“挨骂”地位，解决“挨骂”问题，增强文化自信，努力争取国际话语权。

改革开放以来，特别是近几年随着中国综合国力的不断增强，中国威胁论、中国崩溃论、新自由主义、历史虚无主义、民主社会主义等各种形形色色的社会思潮大行其道，严重影响了我国社会舆论的生态健康，当然这与一部分媒体和学者频繁报道有着紧密的联系。因此，首先，新闻媒体特别是主流

---

① 中共中央宣传部:《习近平总书记系列重要讲话读本》，学习出版社、人民出版社，2016年，第210~211页。

② 《习近平在中共中央政治局第三十次集体学习时强调加强和改进国际传播工作展示真实立体的中国》，中国政协网，http://www.cppcc.gov.cn/zxww/2021/06/02/ARTI1622594657617104.shtml，2021年6月2日。

媒体应该坚定秉持马克思主义的新闻观，集中大量报道中国特色社会主义的伟大成就、中国在全球治理中的贡献、中国共产党全面从严治党的显著成绩、世界各国对中国特色社会主义的高度评价等正面新闻，在国内外受众中营造一种负责任大国和负责任政党的正面形象，这对提升中国特色社会主义话语权具有重要作用。其次，坚持党性与人民性相统一的原则。党性的本质内涵就是人民性。人民群众的认同、支持和追随是中国特色社会主义话语权的基础和关键，所以在提升话语权的过程中，一定要牢固树立以人民为中心的宗旨理念，同时注意创新新闻舆论的方式方法，尽量运用群众喜闻乐见的话语形式进行传播和宣传，以期最大限度地巩固和增强话语权的群众基础。最后，在提升中国特色社会主义话语权的过程中，要注意"大宣传"的工作理念，全方位地利用和发挥各领域的资源，为提升话语权形成合力。

第四节　构建中国特色社会主义话语权的相关理论借鉴

一、西方马克思主义意识形态理论

西方马克思主义意识形态理论对于培养智库人才、发挥智库作用，规范新闻传播，促进全球话语体系健康平衡发展，提升中国特色社会主义在国内外的话语权具有一定的借鉴意义和参考价值。

（一）葛兰西的文化领导权理论

安东尼奥·葛兰西作为西方马克思主义的代表性人物和先驱，其博大精深的思想主要体现在文化领导权理论，该理论的合理性因素对于中国特色社会主义话语权的建设和发展具有借鉴意义。

1. 葛兰西文化领导权的内容

"文化领导权"即"hegemony"，古希腊文"hegemony"原意为手持火炬的光明使者,引领众人步入神殿、宣誓加盟。[①] 后来,“hegemony”又具有了通过修辞、语言、辩论等方式获得权威性和主导性地位过程的引申义。在意大利语中,与“hegemony”对等的词汇是“egemonia”。葛兰西自身对“egemonia”这个词从意大利共产党领导权的生成路径的维度给出了自己的定义:“egemonia”是大众对于居于统治地位的主导集团施加于社会生活的总体方向的自发认同(spontaneous consent);该认同是统治集团在生产世界中的位置和功能所带来的威望和自信所历史地形成的。”[②]具体来说,“egemonia”是特指无产阶级政党基于“自愿的同意”——积极的认同,以有机知识分子为组织者和传播者,通过阵地战的方式,达成“集体意志”——无产阶级的广泛的且持续性的同意。

(1)“文化领导权”的基础——自愿的同意。自愿的或者自发的同意(spontaneous consent)是葛兰西“文化领导权”理论的前提和基础。“文化领导权”只有建立在人民大众的心甘情愿的基础之上,才是一种积极的认同,这与统治阶级通过暴力和强制手段达成的认同截然相反,前者是积极的,后者是消极的,并且更多的是服从。葛兰西认为,要打破旧的世界观,建立新的世界观,首要的前提是获得从属社会集团的同意,且这种同意是发自内心的、自愿的,非强迫的。“下面的事实对于领导者与被领导者之间的关系起决定作用:领导者维护被领导者的利益,因此应该获得他们的同意,也就是单独的个人与整体应该等同……但是对于其他的集体来说,关键的问题不是被领导者消极的和间接的同意,而是单独个人的积极和直接的同意。”[③]一个国家的政权掌握在资产阶级手中,还是掌握在无产阶级手中,关键在于哪个阶级更多地得到广大民众的出于自发自愿的“同意”。只有基于被统治阶级自愿的同意,统治阶级的政权才能长久且稳定。

---

① 参见赵一凡:《葛兰西:西马之战略》(下),《中国图书评论》,2007 年第 2 期。

② Gramsci, *Selections from the Prison Notebooks*, ed. and trans. by Q. Hoare and G. Nowell - Smith, Lawrence and Wishart, 1971:12.

③ [意]葛兰西:《狱中札记》,葆煦译,人民出版社,1983 年,第 231 ~ 232 页。

（2）“文化领导权”的组织者——有机知识分子。无产阶级能否从资产阶级手中夺取文化领导权，关键还在于这个过程的宣传者和组织者，即“有机的”知识分子。葛兰西认为有机知识分子与传统知识分子存在区别。在葛兰西那里，传统有机知识分子是指牧师、医生、药师、教师等专业和半专业的知识精英阶层，长期和封建贵族联手，与人民大众的现实生活相脱节，不了解人民疾苦，为维护统治阶级的地位而传播支持不平等权力关系的价值观，搞文化精英主义。葛兰西强烈批判传统知识分子的角色和地位，主张知识分子应该是活跃于经济社会生活中、理论与实践相结合的那一部分，既有先进文化，又有与先进生产力紧密联系的、在无产阶级和统治阶级之间起到沟通、链接作用的知识要素。他们不仅是知识分子，而且应该是熟练的政治分子、社会实践家、执行者和领导者。他们在文化领导权中起着组织者与传播者的作用。葛兰西认为，有机知识分子是无产阶级夺取政权、确立和巩固自身意识形态领导权的主要执行者和实践主体。

（3）“文化领导权”的途径——阵地战。20 世纪初，俄国在列宁的带领下通过“运动战”的方式推翻了资产阶级的统治，建立了人类历史上第一个社会主义国家——苏维埃共和国。然而与俄国不同的是，西欧各国的工人运动虽然轰轰烈烈，但都相继失败了。对此，葛兰西进行了深入的思考，提出了“阵地战”的策略。他认为，无产阶级欲从资产阶级手中夺取思想文化层面的领导权，需要长远的战术预期，构造灵活的思想、多样的形式及通过心理渗透的方式逐步攻克各个不同的思想阵地。

（4）“文化领导权”的归旨——集体意志。统治阶级政权的合法性的确立离不开意识形态领域合法性的支持。葛兰西认为，无产阶级要想在资产阶级手中夺得文化领导权，必须寻求政治合法性，这种“合法性”不是依靠暴力手段获得的，而是借助意识形态的领导。暴力手段获得的合法性是短暂的，不持久的，只有通过意识形态的手段获得的领导权才牢固不可摧，当然这种政权的合法性不是基于简单的“自愿的同意”（“自愿的同意并不是终点”），而是在“自愿的同意”的基础上，经过潜移默化的、长期的，甚至是相当长一段时间的意识形态的教化，最终在人民群众中间形成一种“集体意志”（广泛的、持续性的同意）。只有建立在“集体意志”基础之上的认同，才能在深层次打牢精神文化层面合法性的基石（不至于出现反复），才能真正实现夺取并巩固无产阶级政权的最终目的。葛兰西强调：“必须在现代意义上给集体意志和一般的政治意志下一个定义：把它定义为对历史必然性的积极意识，定义为一场实实在在的历史剧的主人公。”①“集体意志”是一种根植于社会实践的，反映社会运动发展历史必然性的，具有政治性、实践性和人民性的意志。

2. 葛兰西“文化领导权”理论的现实意义

葛兰西“文化领导权”理论虽然产生、发展、形成于20世纪初，但其理论内涵博大精深，逻辑结构缜密，是同时期也是整个西方马克思主义学者当中的佼佼者。他的“文化领导权”理论对当前中国特色社会主义话语权的建设和发展具有借鉴意义和参考价值。

（1）有利于建设和发展中国特色社会主义智库人才队伍。葛兰西高度重视“有机知识分子”在夺取“文化领导权”的作用，认为有机知识分子不同于传统知识分子，是代表先进生产力、理论联系实际、活跃于经济政治社会中的知识精英阶层。的确，知识分子是构筑政治上层建筑的重要力量，当前中国特色社会主义智库人才的建设和发展应该积极吸取葛兰西关于“有机知识分子”论述中具有建设性的那一部分内容，培养具有中国特色的、理论联系社会实际、密切联系人民群众、以深厚的专业知识为基础，兼具广泛的业务技能，同时面向未来、面向全球的知识型精英人才。

（2）有利于传播和发展中国特色社会主义。葛兰西强调，“文化领导权”的获得是依靠“自愿的同意”获得文化领导权的，且这是一个长期的过程，需要反复教育的过程，最终才能形成“集体意志”。中国特色社会主义的传播和发展可以从中借鉴相关内容。中国特色社会主义要想在人民群众中间得

① ［意］安东尼奥·葛兰西：《现代君主论》，陈越译，上海世纪出版集团，2006年，第7页。

到广泛的传播和弘扬，需要借助包括学校、非政府组织、社会团体、传统媒体、新兴媒体、社区等，通过这些渠道和途径，宣传和弘扬中国特色社会主义，使之成为广大人民群众主动认同、积极支持和自愿追随的主流政治意识形态。但是我们要有清醒的认识，这是一个漫长的过程，绝不是毕其功于一役的事情，我们要有长期作战的心理准备。

（3）有利于巩固和加强人民群众对执政党的信仰和支持。马克思认为，脱离物质会使人的精神变得丑陋。葛兰西也充分认识到了这一点，并将其运用到“文化领导权”理论之中。人民群众是否支持无产阶级政党，关键在于这个政党能否给人民群众带去他们所需要的物质利益，如果仅仅停留于精神层面，即使有“自愿的同意”，也不会长久。中国特色社会主义话语权的建设、发展和提高同样也离不开人民群众的信赖和支持。这就要求我们中国共产党人要坚持以人为本，密切联系群众，高度重视人民群众的物质利益。深知只有先实现物质上的满足，才能在精神层面谈及认可、支持和信仰等问题。

（二）布尔迪厄的场域理论

法国社会学家皮埃尔·布尔迪厄是继福柯之后又一具有世界性影响的社会学大师。他与英国 A. 吉登斯、德国的 J. 哈贝马斯一起被公认为目前欧洲最著名的三大社会学代表性人物。布尔迪厄的“场域理论”是他的基本理论，也是他的社会学思想体系中最重要的理论。布尔迪厄所谓的“场域”不单单是指物理层面的概念，还包括人的行为、资本运行的游戏和规则、权力的交错和起伏，以及其他与此相关的因素。“一个场是由附着于某种权力形式（或资本形式）的各种位置之间一系列客观历史关系所构成的。”①布尔迪厄研究的场域很多，诸如艺术场域、法律场域、政治场域、宗教场域、学术场域、经济场域、文化场域等，每一个场域都是一个独特的话语空间，看似都有

① D. Wacqunat, Towards a Reflexive Sociology: A Work shop with Pierre Bourdieu, *Sociological theory*, Vol. 7, 1989. p. 39.

不同的行为规范和游戏规则，但是潜藏在这些场域下面的都是权力和资本的力量角逐和竞争，各种权力和资本作用于每一个场域和场域内的个体，从而决定着整个场域能量的运动和变化。此外，布尔迪厄对新闻场域进行了专门的研究。新闻场与艺术场、科学场、宗教场相比，更受商业市场逻辑的影响，并试图加强与其他场域之间的联系，因此新闻场对其他场域的自主性构成了一定程度的威胁。

另外，新闻场往往会受到政府补贴、广告商的无形控制，这种控制会渗透到日常生活中，特别是收视率这种经济场对新闻场的控制是最强大的，甚至毫不夸张地说，经济场对新闻场起到了支配作用。即使是推崇传播高品位价值观和生活品质的英国广播公司为迎合大众的需求也改变了以往的价值理念，极尽犬儒主义之能事。布尔迪厄在研究新闻场的过程中，还发现了知识分子记者在其中所扮演的重要角色。知识分子们给市场披上知识权威的嫁衣，从中不仅能获得谋生的资源，还可以利用自己在新闻场中的权力和资源游走于其他场域，从而获得圈里圈外的利益和名声。因此，布尔迪厄认为，新闻记者在新闻场中的身份和作用受到了严重的侵蚀，新闻场也极度缺失自主性、客观性。所谓的社会关系都是同谋关系，其基础是各个场域中的彼此相连的利益关系。知识分子记者看似权威和光鲜亮丽，实则是被资本和权力操控的木偶而已。

布尔迪厄的场域理论特别是他对于知识分子在新闻场中的作用的分析和研究为我们当前话语权建设提供了理论参考。在提升中国特色社会主义话语权的过程中，我们要注意智库人才和媒体人在话语的传播和提升过程中的正面导向作用，高度警惕某些西方国家利用权力和资本对我们的知识分子和媒体工作者特别是能够横跨多个场域的社会精英的腐蚀和拉拢。为此，针对这些人员，我们要着重对其进行思想政治教育，从而避免出现对中国政治话语可能产生的负面影响和恶意攻击，维护中国特色社会主义这一国家政治话语的形象和权威。

二、话语权相关理论

福柯的话语权理论、哈贝马斯的话语民主理论、萨义德的东方主义理论、奈的软实力与硬实力理论对于我们分析和研究提升中国特色社会主义话语权具有借鉴意义和参考价值。

(一)米歇尔·福柯的话语权理论

在话语理论中,米歇尔·福柯关于"话语"和"话语权"的著述被后世不断地引用、评价和论及。他不仅重新界定了"话语"理论,而且还建构了自己的"话语权"理论,对"话语"和"权力"之间的关系作了详细深刻的阐述。

1. 福柯对"话语"理论的重新界定

我们要从整体性观照中来理解福柯关于"话语"概念的变化和矛盾。福柯认为,话语是"陈述的整体,因为它们隶属于同一个话语形成"①。可见,福柯是从陈述和话语的形成两个核心概念来分析和界定话语的。陈述本身并不是构成话语的基本单位,而是一种功能(function)。福柯从四个层面分析了陈述所具有的这种功能。第一,陈述与某个参照系相关联,要对"陈述和分化空间之间的关系"②进行分析,从而揭示出各种差异性。第二,陈述主体与表述作者之间不具有同一性,个体在充当陈述的主体中所占据的位置和扮演的角色是对陈述描述的关键。第三,单个的陈述是不成立的,任何一个陈述都有赖于其他陈述,它们彼此依靠,互为存在的条件,共同构成一个陈述网络。"没有一个陈述不是以其他陈述为前提的;没有一个陈述的周围没有一个共在的范围、序列和连续的效果、功能和作用的分配"③。第四,陈述具有某种物质性。陈述必须具有"某种实体、某种支撑、某个地点和日期"④,

---

① [法]米歇尔·福柯:《知识考古学》,谢强、马月译,生活·读书·新知三联书店,2003年,第129页。

② 同上,第99页。

③ 同上,第108页。

④ 同上,第110页。

而且这种物质性是可重复的。另一个涉及“话语”的重要概念“话语形成”具有四重维度:话语对象、陈述方式、概念和策略选择。话语对象往往存在于复杂的关系网络之中,即福柯所说的“话语关系”(discourse relations)。这种话语关系“确定着话语为了能够言及这样或那样的对象,能够探讨它们,确定、分析、分类、解释它们所应该构成的关系网络”①。陈述方式表现为话语主体的扩散,是由话语主体在话语空间中所占的不同的身份、位置和立场来决定的,并随话语主体所处环境的变化而变化的。概念出现在话语这一场域中,我们不能用简单抽象的概念来描述其他概念,而必须要在遵循话语内在规律性的基础上描述概念本身。由话语对象、陈述方式和概念构成的具有一致性、严密性和稳定性的主题即“策略”,福柯认为,话语的策略具有多种选择的可能性。

2. 话语与权力

米歇尔·福柯在其著名的就职演讲《话语的秩序》中,他提出了“话语即权力”的命题,这是福柯真正开始思考话语与权力关系的开始。福柯自己也承认在早期的研究阶段,他从否定性权力的概念出发来阐释话语与权力的关系。后来随着福柯的社会实践的不断丰富,他抛弃了否定性权力的概念,开始从肯定性权力的维度来揭示话语与权力的关系。权力与话语之间的关系是复杂且不稳定的。权力生产话语,反之,话语也生产着权力。“如果没有话语的生产、积累、流通和发挥功能的话,这些权力关系自身就不能建立起来和得到巩固。”②然而,两者之间的关系并非那么简单。这主要表现在话语与权力的不一致性。话语并不是一直能够做到支持和服从权力的,有时话语也会削弱、阻碍权力的提升。另外,贬低、削弱话语权力也很有可能成为争取权力的出发点和诱因,进而又加强和巩固了话语的权力。

① [法]米歇尔·福柯:《知识考古学》,谢强、马月译,生活·读书·新知三联书店,2003年,第50页。

② [法]米歇尔·福柯:《两个讲座》,《权力的眼睛——福柯访谈录》,严锋译,上海人民出版社,1997年,第228页。

福柯关于话语权的理论特别是话语与权力关系的思想对于提升中国特色社会主义话语权具有一定的参考价值和借鉴意义。中国特色社会主义作为政治话语本身就是一种权力，这种权力在国内外产生的影响力可以促进中国特色社会主义在国内外的有效传播和表达，通过各种平台、渠道和途径对中国特色社会主义进行有效阐述、表达和宣传，也有利于这种话语权力在国内外的提升，实现更好发挥中国特色社会主义正能量话语权力的目的。

(二)尤尔根·哈贝马斯的话语民主理论

哈贝马斯的话语民主理论其实是其交往行为理论在政治领域的一个延伸。哈贝马斯认为，交往行为的目的是不同主体追求彼此的理解与合作。进入20世纪90年代以来，哈贝马斯的注意力主要集中于政治哲学领域，交往行为理论体现在政治领域就是要建立一个以商谈伦理为主要特征的平等的政治话语模式。哈贝马斯主张："一种程序主义政治，要求把交往理性的商谈原则贯彻到政治领域，以达到超越自由主义政治和共和主义政治的目的。"[①]哈贝马斯的话语民主理论倡导一国的话语权力必须基于平等的对话、充分的沟通、全面的商议的基础之上，建立一套平等、民主的话语规范、话语规则与话语秩序，反对个别国家的话语霸权，甚至必要的时候可以建立一个世界范围内的政治共同体。

哈贝马斯的话语民主理论对于我们反对西方中心主义话语，追求不同话语之间的和谐共生，促进全球话语体系的健康平衡发展，具有一定的借鉴意义和参考价值。

(三)爱德华·萨义德的东方主义理论

"东方主义"(Orientalism)主要是指西方对东方的一种带有偏见甚至是负面看法的学术研究、思维方式和控制方式。"东方主义"(Orientalism)或译为"东方学"，其中最著名的代表性人物当属爱德华·萨义德。萨义德是后殖民主义文化理论的开创者，其代表作《东方学》开启了后殖民主义研究的

---

① 曹卫东:《曹卫东讲哈贝马斯》,北京大学出版社,2005年,第70~71页。

先河。萨义德在《东方学》中对东方主义的描述和评论旨在批判西方中心主义的话语霸权模式,反对西方为以合法的名义侵略东方而把东方虚构成类似"愚昧""落后""野蛮""懒惰"的形象,倡导构建多元文化的世界。"一切文化都你中有我,我中有你,没有任何一种文化是独立单纯的,所有的文化都是杂交性的,混成的,内部千差万别的。"①萨义德认为,任何文化都是平等的,因此一切文化之间都应相互学习、相互影响、相互交流,实现共同进步,主张东方和西方之间构建一种和谐共生的新型关系。在《东方学》的绪论部分,萨义德区分了三种类型的东方主义。值得注意的是,作为权力话语的东方主义依赖于"西优东劣"这种思维模式的东方主义,然而作为认识论层面的东方主义又依赖于东方学家在学术领域的描写与创作。因此,下述三种关于"东方主义"的内涵都是紧密联系在一起的,是一个彼此依存的关系网络。

第一,作为学术领域的东方主义。从学术角度来看,东方主义是一门庞杂的学科系统,它涉及经济、政治、文化、历史、地理、军事、宗教、哲学、语言、文学、艺术等各个方面。随着时间的推移,作为学术的东方主义不再拥有 19 和 20 世纪的那种辉煌,但是由东方学家所确立的那种教条和学说也足以保持东方主义在学术领域的生命力。当然,作为学术研究的东方主义并不是一成不变的,它的研究重点主要由语言、宗教、文学等领域逐渐转向东方的社会现实问题,研究视野不断拓展。

第二,作为思维方式的东方主义。相比较学术领域的东方主义,思维方式的东方主义显得更宽泛,也更为高级一些,因为它涉及了认识论的层面。"东方"与"西方"的二元对立就是此种东方主义认识论的基点。作为"自我"的西方是理性的、高级的、文明和进步的,相反,作为"他者"的东方是感性的、低等的、愚昧和落后的,久而久之,这种二元对立的思维方式在一些政

① [以色列]爱德华·萨义德:《萨义德自选集》,谢少波、韩刚等译,中国社会科学出版社,1999 年,第 179 页。

治学家、行政官员、文学评论家、哲学家、诗人、小说家的心里形成了一种根深蒂固的“西优东劣”的心理暗示。这种思维方式的东方主义又是作为权力话语的东方主义的出发点和基本遵循。

第三，作为权力话语的东方主义。作为权力话语的东方主义是萨义德在其著作《东方学》中重点研究的对象。这一层面的东方主义更多的是从权力和物质的角度进行界定的。这时候，东方学家成了西方帝国主义的代言人，他们把东方描述成愚昧、无知、落后、野蛮的形象。东方学家笔下的东方并不是真实的东方，完全是西方虚构的东方，作为“自我”的西方需要作为“他者”的东方来陪衬，以此来提高西方的霸权地位；但另一方面，东方又是带有神秘色彩的，罗曼蒂克的异国情调、美丽的风景、难忘的经历……西方在否定东方的同时，又渴望得到东方，这样的东方需要西方的拯救。这就为西方殖民、侵略和控制东方编织了一件华丽的外衣，提供了看似合理且美好的理由。所以，作为权力话语的东方主义归根结底是西方对东方的话语霸权，是后殖民主义者通过文化霸权欲图控制东方的一套学说。

萨义德的“东方主义”有助于我们进一步了解“西方中心主义”话语的历史来源，看清当前西方推行“和平演变”背后的真实意图，特别是某些境外的西方势力欲图推广新自由主义、虚无中国共产党历史等丑陋行径的实质，都是西方对东方实行的话语霸权。我们提升中国特色社会主义话语权目的之一，也是为了改变当前以“西方中心主义”话语为主导的全球话语体系的失衡局面，促进形成多元健康的全球话语体系格局。

（四）约瑟夫·奈的“软实力”与“硬实力”理论

哈佛大学著名教授约瑟夫·奈关于“软实力”与“硬实力”的理论也是本书参考和借鉴的理论之一。约瑟夫·奈认为软实力主要有三大来源：文化、政治价值观（意识形态）和外交政策。文化涵盖的内容相当广泛，既有高雅的文化，包括宗教、哲学、文学等，又有流行的文化，包括电影、电视剧、饮食、互联网、生活习惯等，“一国可以通过高雅文化向世界传递价值取向，通过流行文化渗透至社会的方方面面,吸引民众产生亲近感和认同感"①。奈认为,文化具有很强的渗透力,具有全球影响力的文化是一国软实力的重要来源。政治价值观或者说一国的意识形态其实也是文化的组成部分,只不过是带有政治色彩的文化罢了。政治价值观是一国的文化在政治上的表现,这种政治价值观是否具有吸引力是评价一国软实力是否强大的重要标志。外交政策是根据政治价值观做出的,具有什么样的政治价值观就会做出相应的外交政策。如果一国的政治价值观是包容、开放的,那么该国的外交政策必定也是合作共赢的;相反,如果该国的政治价值观是虚伪、狭隘的,那么这个国家的外交政策注定是自私自利的。文化、政治价值观和外交政策三者之间如果运用得当,可以形成强大的软实力。因此,我们在提升话语权过程中要高度重视发挥中国特色社会主义文化的优越性,特别是要注意传承中华优秀传统文化,在政治价值观层面坚持马克思主义和中国特色社会主义,在外交政策层面秉持合作共赢、构建人类命运共同体的价值理念,从而形成强大的文化软实力的合力。

在奈看来,硬实力和软实力之间没有明显的界线。两者相互依存,互为存在的前提。硬实力和软实力其实质都是一国通过控制他国行为而实现其目的的不同能力,区别之处仅在于权力来源不同,表现的行为方式不一样。硬实力是一种命令式的权力,是改变他者所作所为的能力,是一种威胁和利诱的能力。软实力是一种同化式的权力,是塑造他者期望的能力,借助文化、意识形态或者设置议程的方式表达自身利益偏好的能力。硬实力主要来源于军事和经济的能力,软实力的来源除了主要的文化、意识形态和外交政策等资源以外,还有其他很多复杂的因素。由于硬实力与软实力运用的目标和范围不同,两者造成影响的深度和广度也存在差异。硬实力大小强弱的转换较快,其影响相对短暂,无法保持长期稳定的效果。相比硬实力而

① 张晓萌:《约瑟夫·奈:"软实力"到"巧实力"的战略家》,《学习时报》,2012年10月8日,第6版。

言，软实力产生效果的周期较长，不像硬实力容易评估和预期，软实力主要着眼于长远目标，如文化价值观的接纳、国家形象的塑造、国际制度的遵守等，这些都是无法通过硬实力在短期完成的。同时，软实力一经成功发生作用，其影响是深远而长久的。因此，我们在提升话语权的过程中，除了强大自身硬实力以外，还要关注软实力在提升话语权过程中所产生的长期、稳定的效应。

三、国际传播学理论

拉斯韦尔“5W”模式理论、议程设置功能理论和自由而负责任的传媒理论等国际传播学理论，是我们在搭建话语平台提升话语权过程中可以借鉴参考的理论。

（一）拉斯韦尔“5W”模式理论

美国学者 H. 拉斯维尔首次提出了构成传播过程的五种基本要素，并按照一定结构顺序将它们排列，形成了后来人们称之为“5W”模式或“拉斯维尔程式”的过程模式。这 5 个“W”分别指代：传播者（Who）、传播内容（What）、通过什么渠道或者媒体（In Which Channel）、接受者或是向谁说（To Whom）、传播效果（With What Effect）。从“5W”模式的内容可以看出，拉斯维尔眼中的传播过程是一个目的性行为过程，具有企图影响受众的目的，这和他本人同时是一名政治学家而不是单纯的传播学理论家不无关系。虽然后来的学者对这个理论经过几番修订、补充和发展，其理论本身也存在着一定的局限性，但是后来的传播学理论基本上都离不开“5W”理论所蕴含的本质和精髓，所以我们说，拉斯维尔的“5W”模式奠定了传播学研究的基本范围和内容，拉斯维尔本人也被认为是传播学的鼻祖。

拉斯维尔的“5W”模式理论对于我们后面理解和分析如何传播中国特色社会主义以及如何提升中国特色社会主义话语权具有借鉴意义和参考价值。中国特色社会主义作为中国共产党的政治话语在传播过程中需要高度注意传播的内容、传播者、传播的对象、传播渠道、传播之后的效果等多种因素，无论是媒体、智库、政党还是民间组织和社会精英人士，在提升中国特色社会主义话语权的过程中，需要在一定程度上借鉴拉斯维尔的“5W”模式理论。

（二）议程设置功能理论

议程设置功能理论是由美国传播学家 M. E. 麦库姆斯和唐纳德·肖共同提出的。1972 年，M. E. 麦库姆斯和唐纳德·肖在《舆论季刊》发表的《大众传播的议程设置功能》一文中，明确提出了“议程设置功能”理论。该理论基于 1968 年美国总统选举期间媒体的报道内容对选民选举的影响所做的一项调查研究，得出的结论是，大众传媒具有一种为公众设置“议事日程”的功能。公众对社会公共事务的重要问题的判断和选择与公共媒体所报道的内容和频度之间存在着高度的因果关系，即“大众传播越是突出某个命题或事件，公众就越注意这个命题或事件”①。所以说，媒体设置的议题会诱导公众对事件评价的立场、观点和看法。前几年，中国威胁论、中国崩溃论、新自由主义、历史虚无主义、民主社会主义等观点和社会思潮大行其道，在一定程度上影响了我国社会舆论的生态健康，这与一部分媒体和学者频繁报道有着紧密的联系。近几年，媒体特别是主流媒体集中大量报道中国特色社会主义的伟大成就、中国特色社会主义的世界性影响、中国在全球治理中的贡献、中国共产党全面从严治党的显著成绩等正面新闻，在社会公众中营造了一种负责任大国和负责任政党的正面形象，这对提升中国特色社会主义话语权具有重要作用。

（三）自由而负责任的传媒理论

自由而负责任的传媒理论主要论述的是自由与责任之间的关系。该理论由罗伯特·霍金斯和当时 12 位美国大学里最具权威的一流学者共同起草并提出的。该报告认为当时的美国信息言论市场已被某些少数大资本家和财团所掌控，严重危害了公共服务的初衷和社会民主的基础。1947 年，该研

---

① 杭孝平：《传播学概论》，中国书籍出版社，2012 年，第 226 页。

究报告由美国新闻自由委员会出版,可谓是世界新闻批评史上的一个里程碑。报告呼吁新闻机构必须以推动社会进步和民主政治的健康发展、承担社会责任作为自由的前提。一旦新闻机构忽略了社会责任,政府可以对其进行控制和规范。新闻传播作为一种社会公器,对社会提供的信息必须是确实和重要的,必须呈现出事件的真实情况,从事媒体工作的人员必须坚持新闻自律的原则,坚持社会责任论的规范,弘扬向上、向善的正能量,从而帮助社会公众做出理智且正确的选择。这份报告距今已有70多年了,但是报告的内容对当前新闻媒体行业仍然具有一定的社会价值和现实意义。当今,我国的新闻媒体和从事与媒体相关工作的人员都必须坚持社会责任论的原则,报道和宣传真实的新闻事件,弘扬社会主义核心价值观,不可因为个人私利而做出违背新闻职业操守的行径。特别是在一些有关党的大政方针和中央重大会议和精神,涉及中国特色社会主义重大理论和党的执政形象方面的报道和传播方面,有关新闻媒体机构和人员更要坚持马克思主义的新闻观,坚持新闻人应有的道德底线和职业准则。

第三章
中国特色社会主义话语权形成发展的历史进程

与中国特色社会主义话语权形成发展的历史进程相伴随的是我国改革开放40多年不断前进的历史进程，也是中国共产党推进和发展中国特色社会主义建设事业，并不断提升其在国内外影响力的历史进程。一方面，中国特色社会主义话语权的状况与在一定历史时期内国内外民众对中国特色社会主义的看法和评价有着密切的关系；另一方面，中国特色社会主义作为指导改革开放和社会主义现代化建设的政治话语，对其话语权的评价，需要基于中国特色社会主义的具体实践及在实践基础上进行概括的理论和经验总结，因此本书将对40多年来中国特色社会主义的重大理论、重大成就和重大事件进行分析和研究，以期在最大程度上勾勒出中国特色社会主义话语权形成发展的历史进程以及发展动态。

第一节　中国特色社会主义话语权的塑造期（1978—1992）

1978—1992年是中国共产党团结带领各族人民进行改革开放和社会主义现代化建设的第一阶段。这一时期的中国社会思想逐渐开放，“文化大革命”加于中国人民身上的精神禁锢开始松绑，各领域的改革逐步全面展开，我国经济社会发展出现了令人欣喜的局面，中国特色社会主义话语权开始进入塑造期。

一、改革开放取得的初步成效促使话语深入人心

1976 年“文化大革命”结束了,但是在“文化大革命”期间推行的那套极左的错误理论和错误思想仍有市场,“两个凡是”的提出就是这种“左”的思想的延续,“两个凡是”的错误思想成为困扰中国共产党和人民群众的新束缚。因此,在 1976—1978 年的两年时间里,中国社会处于徘徊中缓慢前进的态势。

由于“文化大革命”造成的一大批冤假错案给党和国家带来了严重的消极影响,因此对这些冤假错案进行平反、为大批无辜受害者及时恢复名誉、落实政策,就成为粉碎“四人帮”以后党和国家面临的一项重要而紧迫的政治任务。但由于“两个凡是”思想的束缚,刚开始平反冤假错案的工作进行得并不顺利,这种情况引起了党内许多同志的不满。“真正揭开全党思想大解放帷幕的是《实践是检验真理的唯一标准》一文的发表以及由此引发的关于真理标准问题的激烈的争论。”[①]针对此事,中央层面主要有两种态度:一种是大力支持和拥护,坚持实践观点和实事求是的正确思想路线,发表理论文章、开展理论研讨会批驳“两个凡是”的错误思想,极大地推动真理标准问题大讨论在全国范围的深入开展;另一种态度是反对和指责。最终在以邓小平、胡耀邦等老一辈革命家的大力支持和推动下,前一种态度压倒性地战胜了后一种态度,持续半年多的真理标准问题的大讨论终于结束。这意味着过去长期束缚人们思想的精神禁锢终于被打破了,广大干部群众被压抑的思想得到空前解放,那些被无辜带上“右派”帽子的人,以及在各次政治运动中被错误打倒的干部、群众,开始回归正常生活并为社会主义现代化建设服务,这些都为十一届三中全会的召开和改革开放的实施奠定了重要的思想和政治基础。

平反冤假错案和真理标准问题大讨论这两件事情对改革开放以后逐步

---

① 曹普:《当代中国改革开放史》,人民出版社,2016 年,第 71 页。

形成和发展的中国特色社会主义的理论与实践有着重大而深远的影响。没有这些正确的政治思想的酝酿和准备,改革开放和社会主义现代化建设是无法顺利开展的。广大干部群众对这两件事情的积极支持和拥护,为后来中国特色社会主义实践的顺利开展铺平了前进的道路。特别是以邓小平为核心的中央第二代领导集体在这两件重大事件中表现出来的政治勇气与智慧、实事求是的精神和包容大度的胸怀,为后来中国特色社会主义的形成和确立,为中国特色社会主义在国内外获得积极评价、具有正面影响,以及影响力的不断提升起到了重要的奠基作用,也为国内外对我国改革开放持有积极的肯定态度奠定了重要的政治基础。

此时的中国社会,人心思变、社会待变,社会发展朝着有利于改革开放的方向前进。1978 年 12 月党的十一届三中全会召开,这次会议做出了历史性的决定,即把党和国家的工作中心转移到经济建设上来这一重大的战略决策,纠正了"以阶级斗争为纲"这一严重错误,纠正了"两个凡是"的错误方针,确立了实事求是的思想路线,平反了中国共产党历史上的一批重大冤假错案,对包括毛泽东在内的很多领导人的功过是非给予了正确评价,做出了实行改革开放这一历史性的伟大决策,形成了以邓小平同志为核心的中央第二代领导集体。党的十一届三中全会的召开是中国进入改革开放和社会主义现代化建设历史新时期的标志,是中国共产党开始进行中国特色社会主义新探索的标志。自党的十一届三中全会以后,中国共产党的面貌发生了历史性的变化,一改往日故步自封、保守禁锢的状态,展现出实事求是、开放创新的精神状态,中国共产党重新赢得了人民群众的衷心拥护。没有党的十一届三中全会,就没有改革开放,就没有现在中国特色社会主义所取得的一切伟大成就。因此,党的十一届三中全会是我们现在拥有中国特色社会主义话语权的起点和基点,它为中国特色社会主义话语权的塑造奠定了重要的政治前提和社会基础。

改革开放政策实施以后所取得的初步成效,促使新的政治话语开始深入人心。改革开放首先在农村兴起并取得突破。由于"文化大革命"期间推行极左路线,“宁要社会主义的草、不要资本主义的苗”,排斥商品经济,把中国农村推到了极其困难的境地。广大干部群众都希望尽快恢复和发展农业生产。1978 年,安徽凤阳县小岗村率先实行了“包干到户”的方法,获得了大丰收。于是全国各地都纷纷效仿,但是“包干到户”在当时被很多人认为是属于资本主义的生产和经营方式,在社会上引起了强烈的争论。但是邓小平等中央领导人对“包产到户”的坚决支持,促进了家庭联产承包责任制的广泛推行。1980 年《关于进一步加强和完善农业生产责任制的几个问题》文件的正式发布,打破了长期以来把“包产到户”等同于分田单干、等于资本主义的僵化观念。此后,家庭联产承包责任制不断冲破阻力,在全国各地的农村迅猛发展。城市经济体制改革的主要内容是企业扩大自主权,四川省率先启动国有企业改革试点并取得成功,此后,企业扩权的改革在全国推开。“通过扩权试点,企业有了部分自主计划权、产品销售权、资金使用权、干部任免权等,初步改变了企业只按国家指令性计划生产,不考虑市场需要,不关心产品销路和盈利亏损的状况,增强了企业的经营观念和市场观点,使生产迅速发展,利润大幅增加。调动了企业和广大职工的积极性,促进了增产增收。”①党的十一届三中全会以后的 1980 年,中央决定在广东、福建两省的深圳、珠海、汕头和厦门四地设立经济特区,1984 年做出了开放 14 个沿海城市的决定,1985 年,中共中央、国务院又决定开辟长江三角洲、珠江三角洲和闽南金三角为沿海经济开放区,并就经济特区、开放城市和沿海经济开放区的发展制定了相应的法规性文件和政策,为经济特区、开放城市和沿海经济开放区的发展提供了法律保障。

这是改革开放在农村、城市和沿海等不同地区开展的卓有成效的建设有中国特色的社会主义的成功实践。尽管改革在执行层面遇到了种种阻力,但是成功的结果促使具有中国特色的社会主义开始深入民心。“群众对农村改革的成功普遍充满热情,无论是获得了更多的自由和收入的农民,还

① 曹普:《当代中国改革开放史》,人民出版社,2016 年,第 172 ~ 173 页。

是享受着更多种类的食品供应的城市消费者。这大大加强了对进一步改革的支持。”[①]经济特区及沿海城市的开放不仅大大改善了这些地区人们的生活水平,也带动了内地和整个国家的经济发展水平。这一系列重大改革举措及其成功实践,足以说明以邓小平为核心的党中央做的成功且漂亮。即便国内外都有批评的声音,但是这种“在一地进行实验、成功之后再加以推广的思想,早就是中共惯用的智慧”[②]。正是这种政治智慧及这种智慧在实践中结出的果实促使建设有中国特色的社会主义这一当时的政治话语在与其他各种政治主张的博弈中赢得了主动权和话语权。

在经济体制改革进行的同时,政治体制改革也开始迈出步伐。例如关于民主法制建设,1956 年党的八大以后相当长一段时间,党和国家的民主集中制没有很好地实施并落实到位,既存在集中讲得太多的问题,也存在民主被滥用的情况。1982 年五届全国人大第五次会议审议通过了《中华人民共和国宪法》,这是新中国制定的第四部宪法,以新宪法的颁布为标志,我国开启了社会主义法制建设的步伐。政治体制层面的改革为经济体制改革起到了保驾护航的作用。

在思想理论建设和党的建设方面,1979 年中央郑重提出四项基本原则。1980 年召开的党的十一届五中全会通过了一个重要的党内法规,这就是《关于党内政治生活的若干准则》,它以党内法规的形式对落实民主集中制进行了制度化的设计。1981 年召开的党的十一届六中全会通过了《关于建国以来党的若干历史问题的决议》,该决议彻底否定了“文化大革命”和“无产阶级专政下继续革命”的理论,坚决反对否定毛泽东和毛泽东思想的错误思潮,实事求是地评价毛泽东同志的功过和历史地位,并把毛泽东思想作为党和国家必须长期坚持的指导思想。这是一个具有深远历史意义的重大决策,达到了总结经验、统一思想、团结一致向前看的初衷。从此,历史上重大

---

① [美]傅高义:《邓小平时代》,冯克利译,生活 · 读书 · 新知三联书店,2013 年,第 433 页。

② Sebastian Heilmann,“From Local Experiments to National Policy:The Originas of China’s Distinctive Policy Process”,*China Journal*,No. 59(January 2008).

问题的议论到此基本结束。截至1982年底，对“文化大革命”的冤假错案的平反工作基本结束。特别是《关于建国以来党的若干历史问题的决议》把全党、全军、全国各族人民紧密团结在党中央周围，为中国共产党建设具有中国特色的社会主义事业统一了思想、凝聚了人心，也为中国特色社会主义话语权的确立铺平了道路。

1988年，中国的改革开放迎来了第十个年头，同时严峻的国内外考验也在等待着中国。加快和深化改革，加速和扩大开放，成为这一年中国社会的主题词。但是在从计划经济旧体制向尚未成形的市场化经济新体制转轨的过程中，十年改革发展长期积累的一系列深层次矛盾和问题也开始集中暴露，并越发趋于尖锐，成为深化改革的严重障碍。由于对改革的艰巨性和复杂性认识不足，对经济形势的估计过于乐观，急于求成推动的价格改革“闯关”受挫反而进一步加重了已有的严峻形势。为扭转这一形势，党的十三届三中全会决定在坚持改革开放总方向的前提下，把改革的重点转到治理经济环境和整顿经济秩序上来，为健康稳定的发展创造条件。但是正当治理整顿方针分步实施之时，1989年春夏之交国内发生了异常严重的政治风波。

这场政治风波在当时对我国的政治建设、经济发展都产生了一些负面的影响，加之当时境外势力对此次政治风波的插手，使中国特色社会主义建设事业和话语权受到了一些负面影响。从国际范围来看，国际公众对中国的看法也发生了一些变化，特别是美国的不少公众，从对中国的正面评价骤然转为负面，这是我国改革开放以来美国公众在短短几个月中对中国评价的民意测验所发生的最大的一次转变。但是在我国改革开放和社会主义现代化建设处于何去何从的关键时刻，中国共产党人稳住阵脚，坚决果断平息了政治风波，抵制住了冲击和挑战，成功地捍卫了社会主义制度，保护了十年改革开放的成果，维护了人民群众的切身利益，从而成功地阻止住了中国走上资本主义邪路的可能，使改革开放能够继续沿着社会主义的方向前进。这些都极大地振奋了国内人民群众对于中国共产党的拥护和支持，同时也向国际社会展示了中国共产党坚持改革开放、坚持建设有中国特色的社会主义的决心和信心，这对于提升中国特色社会主义话语权具有重要且深远的意义。

随着改革开放的不断深入，1992 年召开的党的十四大把建立社会主义市场经济体制作为我国经济体制改革的新的目标，这表明中国共产党将在以后相当长的一段时间里在社会主义制度的国家里正式实行市场经济体制。但是国内外对于中国共产党基于实践探索出来的这一新的政治话语的态度并不都是积极认同的。在某些国家的政客、学者眼里，“社会主义市场经济体制”这一政治术语只是一种妥协，是中国共产党为了保持历史的连续性和政治上的合法性，在尽可能地保持社会稳定的前提下快速发展经济的一种说辞。美国学者基辛格曾经对邓小平说过，如果你们能成功地把社会主义与市场经济结合起来，那么人类社会的认识规律将发生改变。基辛格的话代表了一部分外国政要和学者的看法，他们不相信市场经济能够在一个社会主义国家开花结果。其实，在一些国人的眼中，对此也有疑虑，毕竟“社会主义市场经济体制”是一个新生的事物，需要实践的检验、时间的考验。

但是总的来看，1978 年至 1992 年的十四年中改革开放取得的成效是显而易见、有目共睹的。这十四年来，生产力得到了解放和发展，新局面已经形成，党的方针和政策获得了广大人民群众的衷心拥护。建设有中国特色的社会主义这一政治话语开始深入人心。

二、中国特色社会主义政治话语初步形成

党的十一届三中全会以来，以邓小平同志为核心的中央第二代领导集体带领广大人民群众所进行的改革开放事业取得了初步成就，在此过程中，一系列新的政治理论、政治思想也开始初具轮廓，特别是“邓小平中国特色社会主义理论”形成，标志着中国特色社会主义政治话语的初步形成。

1982 年 9 月召开的党的十二大是中国改革开放后召开的第一次党的全国代表大会，在这次会上，邓小平提出了“建设有中国特色的社会主义”这一

重大命题，它标志着党成功地找到了一条全新的、不同于过去的发展道路，即把中国引导到了建设有中国特色社会主义的新的发展轨道，从而实现了具有历史性意义的重大转变。1984 年 10 月党的十二届三中全会通过了《中共中央关于经济体制改革的决定》，该决定在我们党的历史上第一次把“商品经济”理论写进了中央文件，明确指出我国社会主义经济是“公有制基础上的有计划的商品经济”，这是对 1978 年至 1984 年实行的“计划经济为主，市场调节为辅”的社会主义经济体制改革指导思想的新突破。1987 年 10 月召开的党的十三大在改革开放的历史进程中必定是要留下浓重色彩的一次代表大会，它制定了建设有中国特色社会主义必须坚持不能动摇的基本路线，即“一个中心、两个基本点”，系统阐述了社会主义初级阶段理论、“三步走”发展战略，对经济体制和政治体制改革做出了全面部署，并从十二个方面初步且清晰地勾勒了建设有中国特色社会主义的基本轮廓。至此，我们党对于什么是社会主义、怎样建设社会主义的重大理论和实践问题有了较为明晰的认识，从而充实了中国特色社会主义这一政治话语的内涵。

1992 年 1 月 18 日—2 月 21 日，邓小平发表了“南方谈话”。他从中国实际出发，站在时代的高度，针对当时社会出现的“左”的错误思潮进行了强有力的反驳。他精辟地总结了改革开放以来的成功实践和所取得的基本经验，提出了一系列振聋发聩的新思想、新观点、新论断。社会主义本质理论、计划与市场关系等理论的论述澄清了国内外关于“姓资”“姓社”问题的困扰，解除了多年来我国发展市场经济的思想束缚。从一定意义上讲，“南方谈话”进一步解放了思想，凝聚了改革开放的共识，引领中国经受住了来自国内外的经济政治考验，维护了经过艰苦奋斗赢得的改革开放成果，进一步推动改革开放迈出新的更大的步伐。“南方谈话”成功地把人们的注意力重新转移到推动经济发展、建设现代化上来，为广大人民群众提供了一条改善生活、提高生活水平的广阔道路，更重要的是广大人民群众对“建设有中国特色的社会主义”充满信心。但是在国际社会，一些学者起初并没有全面把握“南方谈话”的精神，对我们的改革开放和社会主义现代化建设事业也没有真正理解,没有抓住事物的本质。如有的国外学者认为"南方谈话"中论及的"姓资""姓社"问题是一种实用主义的表现,"这是一种比毛的唯意志论更切合实际的看法"①,"无论邓小平是否读过斯密的著作,其改革的起源同样是为解决后毛泽东时代治理问题所采取的实用主义行动"②。有的学者甚至认为,邓小平把商品经济、市场经济引入社会主义制度,这是对社会主义本质的否定,是对马克思主义的否定。但是当中国特色社会主义市场经济建设取得的新成就不断被认可,越来越多的人认识到,中国建立市场经济体制,不是权宜之计,不是什么实用主义,而是中国特色社会主义的应有之义。因此,邓小平同志的"南方谈话"确有解放思想、实事求是宣言书之功,他深刻回答了长期困扰人们思想的许多重大理论问题,澄清了前进道路上的迷雾,促进了全党全国人民的又一次思想大解放,推动了改革开放向新的阶段继续前进,这对于中国特色社会主义事业的发展无疑具有重大而深远的意义,也促使中国的政治话语在中国和国际舞台上都获得了进一步的认同。

1992 年 10 月党的十四大召开,大会确立了"邓小平建设有中国特色社会主义理论"这一重大概念,肯定了十四年来中国特色社会主义取得的新成就,肯定了从历史比较和国际观察中所得出的重要结论即建设有中国特色社会主义的理论的正确性,肯定了"邓小平建设有中国特色社会主义理论"与马克思列宁主义、毛泽东思想之间的紧密关系,实质上肯定了它在全党的指导地位,相比较之前的表述这显然是一次新的飞跃。这些基于实践做出的理论创新极大地改变了过去一些人认为我国政治话语带有实用主义色彩的印象,国际社会对"建设有中国特色的社会主义理论"的认识、看法和评价也开始出现转变,提升了"邓小平建设有中国特色社会主义理论"在国内外

① [美]费正清:《伟大的中国革命(1800—1985)》,刘尊棋译,世界知识出版社,2000 年,第 409 页。

② [意]乔万尼·阿里吉:《亚当·斯密在北京:21 世纪的谱系》,路爱国等译,社会科学文献出版社,2009 年,第 371 页。

的话语权。此后,以邓小平“南方谈话”及党的十四大为标志,改革开放和现代化建设事业进入到了一个新的发展阶段。

总体来看,这一时期,中国特色社会主义话语权正处在初创时期,其认可度和支持度正在逐渐提升,它伴随的是中国特色社会主义理论开始形成轮廓的时期,也伴随中国特色社会主义的实践不断摸索前进的过程。而前进路上会遇到困难和挑战,相应的,其话语权也会呈现出一定程度的起伏态势。所以说,从整个中国特色社会主义话语权的历史进程来看,这个时期的话语权正处在塑造阶段。

第二节 中国特色社会主义话语权的发展期(1992—2012)

1992—2012 年的二十年可以分为前后两个十年:前十年,是为推动中国特色社会主义成功跨入 21 世纪而奋斗的十年;后十年,是中国共产党全方位建设中国特色社会主义的十年。前十年为后十年奠定了重要的理论和实践基础,给了后十年一个比较扎实的经济基础和健康稳定的社会环境;后十年在前十年的基础上,改革开放不断向纵深推进,是力求统筹发展、协调发展、科学发展的十年。

一、改革开放的新成就促使话语权获得新进展

1992—2012 年这二十年间,我国的改革开放事业取得了新成就,这促使中国特色社会主义话语权获得了新进展。

(一)关于经济体制改革

“社会主义市场经济理论”是邓小平同志提出来的,是对新中国成立后我国社会主义建设经验的总结和对世界经济发展成功经验借鉴的成果。在 20 世纪 80 年代,我们用“以公有制为主,其他经济成分为必要补充”来描述所有制结构。到了 90 年代,江泽民同志在党的十五大报告中创造性地采用

了“公有制为主体、多种所有制经济共同发展”的全新概念，以此作为中国的基本经济制度，这是对邓小平提出的“社会主义市场经济”理论的发展和创新。面对日新月异、竞争激烈的国际环境，社会主义市场经济理论也需要不断创新，不断与时俱进。我们的社会主义还处在不发达的初级阶段，单一的公有制不可能马上实现，公有制的具体实现形式需要具体问题具体分析。进入20世纪90年代，世界经济发展的一个明显的趋势就是科学技术在促进经济发展中的作用越来越大。但是在科学技术方面，我国与发达国家之间还存在很大的差距，再加上粗放式的增长方式的弊端日益显现，人口、资源和生态环境等方面的压力日趋增大，党中央高瞻远瞩，提出并实施了科教兴国和可持续发展战略。从1994年起，依据社会主义市场经济体制的要求，我国的经济体制改革进入整体推进、重点突破的新阶段，实施“引进来”与“走出去”相结合的对外开放战略，形成了全方位、多层次、宽领域的对外开放格局。针对市场经济加速发展中出现的宏观经济环境紧张的局面，党中央果断采取了加强宏观调控的重大措施，成功实现了国民经济的“软着陆”。

然而改革开放就是一场革命，这场革命比我们之前的革命面临的困难、阻碍要更加复杂，需要更丰富的智慧和成熟的经验。但是这对于刚刚开始踏上改革之路的中国而言，一切都需要在实践中历练，这也导致改革中失误和挫折在一定程度上是不可避免的。20世纪90年代国有企业改革的初衷是建立现代企业制度，但在提高企业效率、淘汰低产能企业、扩大企业自主权的这场国有企业的改革浪潮中，新自由主义对中国社会的负面影响开始显现，一些人开始崇拜资本和财富，一些国有企业的领导摇身一变成了拥有上亿资产的私人企业主，这种现象出现后就不断加剧。特别是在这场改革中，没有能稳妥地对大量下岗职工进行安置而导致很多普通老百姓对国有企业改革持有负面情绪，这在一定程度上削弱了社会主义市场经济体制乃至中国特色社会主义在国内的认可度。面对改革存在的难题，以江泽民同志为核心的党中央没有辜负人民的期望，在“社会主义市场经济体制”提出的第一个十年里，中国经济社会发展还是取得了重大成就。即便是在1997

年亚洲金融危机爆发导致亚洲国家经济普遍低迷的恶劣环境下，我国仍然保持了高速增长的势头（见表3－1）。可以说"中国人享受着社会的相对稳定和经济的快速增长，甚至是奇迹般的增长。……教育水平和人均寿命也在继续迅速提高。由于诸如此类的原因，中国人对民族成就的自豪感远超20世纪中的任何时期"[①]。这些正是中国特色社会主义理论与实践不断开拓、不断发展所取得的巨大成功，它在很大程度上扭转了国内外一些人士对中国特色社会主义，特别是"社会主义市场经济体制"所持有的怀疑和否定的看法，从而趋向持有认可的态度，这必然有助于中国特色社会主义话语权的提升。

表3－1　1992—2002年十年期间的中国经济增长率

年份	1992年	1993年	1994年	1995年	1996年	1997年
增长率	14.24%	13.96%	13.08%	10.92%	10.01%	9.3%
年份	1998年	1999年	2000年	2001年	2002年	
增长率	7.83%	7.62%	8.43%	8.3%	9.08%	

数据来源：国家统计局数据中心

（二）关于对外开放

"90年代国际上的变化可以用三句话来概括：政治格局多极化，经济全球化，科技信息化。"[②]特别是经济全球化的浪潮汹涌而来，要缩小与西方国家的差距就必须全面融入世界经济的大潮中。以江泽民同志为核心的第三代领导集体审时度势，在积极"引进来"的同时更加注意推动中国全方位的"走出去"。其实早在1990年，江泽民在与香港《紫荆》杂志记者的一次对话时就开放问题表明了自己的鲜明态度："90年代的中国将更加开放。""更加开放"就是整个20世纪90年代中国的主题词之一。对外开放的范围和对外

① ［美］傅高义：《邓小平时代》，冯克利译，生活·读书·新知三联出版社，2013年，第593页。

② 冷溶：《江泽民领导下的中国》（连载一），人民网，http://www.people.com.cn/GB/guandian/29/173/20010706/505085.html，2001年7月6日。

开放的程度都大幅度提升，特别是2001年12月11日，中国成功加入世界贸易组织(WTO)，这是中国作为一个社会主义大国融入全球经济大潮的标志性事件。当时的各大媒体都纷纷刊载讨论中国加入世贸之后利弊影响的文章，现在这么多年过去了，事实证明了对外开放国策的正确性，同时也证明了一些保守派对中国融入世界经济的担忧是完全不必要的。中国加入世界贸易组织背后所透露出的一个重要的深层次的信号，那就是过去自我封闭的中国、经历了"文化大革命"的社会主义中国开始真正拥抱世界，这是一个全新的社会主义国家，包容、开放、创新、务实的社会主义中国是积极有益的，它向世界呈现出不同于发达国家的新的实现现代化的发展道路。围绕这一进程，中国必然会形成并不断发展具有全新概括和重要价值的政治话语，最为重要的是，以这套话语所代表的中国特色社会主义建设事业，成为中国赢得举世瞩目巨大成就的根本原因，这就进一步拓展了中国特色社会主义的传播范围，提升了影响力。以胡锦涛同志为总书记的党中央领导中国改革开放和现代化建设的十年间继续大力推进改革开放，在"科学发展观"的指引下，中国国内生产总值(GDP)增长近四倍，国内生产总值年均增长率高达10.7%，而同期全球国内生产总值年均增长率仅为3.9%。2010年中国超越日本，成为世界第二大经济体。这十年间，中国经济成功应对了国际金融危机的巨大冲击，全面推进多领域重大改革，经济社会更加协调，人与环境更加和谐，创造了令全球惊叹的"中国速度""中国奇迹"。

(三)关于"一国两制"

"一国两制"理论是邓小平同志创立的，它是中国特色社会主义理论与实践的重要组成部分，是解决港澳台问题的基本国策。在以江泽民同志为核心的党中央领导下，香港和澳门于1997年和1999年相继成功地回归祖国。"一国两制"理论及其成功实践洗刷了鸦片战争以后中国被割地赔款、欺凌压榨的耻辱，为中华民族实现伟大复兴重新树立了信心。"一国两制"是史无前例的国家治理的实践和理论，显示出了中国共产党所具有的强大的创新能力、高超的政治智慧和卓越的领导能力，因而获得了国际社会的普遍赞誉。“一国两制”不仅维护了国家的主权和尊严,保证了香港和澳门的长期繁荣和稳定,同时也为世界上其他还没有解决主权问题的国家提供了一种可资借鉴的方案,推动了中国特色社会主义不断提升其国际影响力。

(四)关于抗震救灾、举办盛会

2002年末爆发的非典疫情,是新世纪中国遭遇的最严重的突发公共卫生事件,一时间引起了全社会的极度恐慌,但最终在党中央的带领下,全国人民万众一心、众志成城,最终于2003年6月末基本消除疫情。发生在2008年5月12日的汶川大地震震级强烈、波及范围广、破坏性强、伤亡惨重。地震发生后,在党中央的带领下开展了一场惊天地、泣鬼神的举国大救援。在两次大灾难面前,党中央与人民群众团结一心、众志成城,胜利抗击疫情和地震。天灾人祸并没有打击中国共产党的信心,反而通过灾难的历练,展现了中国共产党非凡的勇气和卓越的统筹协调能力,凝聚了党心和人心,使广大人民群众更加坚定走中国特色社会主义道路的信心,也使少部分群众从过去对中国共产党所秉持的政治话语持有较为矛盾且复杂认知的状况,转变为持有更为积极和坚定的趋向认同和支持的态度。汶川地震之后不久,我国紧接着成功举办了北京奥运会;2010年,上海又成功举办了世博会。北京奥运会和上海世博会的成功举办促使中国国际影响力大幅度提升,民族自豪感和社会凝聚力大幅增强。无论是成功抗击灾难还是成功举办盛会,这些大事件成功的背后都反映出中国特色社会主义集中力量办大事所显示出来的优越性。社会主义国家与资本主义国家最大的区别就是社会制度不同,社会制度不同是根本性、全局性、深层次的区别。社会主义制度的国家能够做到全国一盘棋,集中力量,保证重点,这在出现一些紧急情况、突发情况的时候表现得尤为突出,这与资本主义制度的国家在这种情况下往往表现得比较懈怠、行动迟缓、问题久拖不决的状况相比存在巨大差别。这四件大事的发生与成功应对,有利于提升国内广大人民群众对于中国特色社会主义制度的极大肯定和拥护,有利于减少国际社会对中国特色社会主义的歪曲或误读,有利于国际人士以更为客观的态度来看待中国特色社会主义。

（五）关于党的建设和政治体制改革

党的建设和政治体制改革取得了较大进展。1994 年 9 月党的十四届四中全会召开，会议通过了《中共中央关于加强党的建设几个重大问题的决定》，该决定的最大贡献是，鲜明地提出了新时期党的建设的总目标和总任务。1997 年党的十五大以后，面对来自国际国内、经济外交及自然界等方面的严峻考验，以江泽民为核心的党中央团结带领全党全国人民迎难而上扎实推进各领域的改革发展，不断把改革开放引向深入：提出并实施“依法治国”方略，稳步推进政治体制各领域改革；实施科技强军战略，坚持走有中国特色的精兵之路；积极适应世界政治经济格局新变化，顺势而为开创全方位外交新局面；深入思考党的建设重大问题，创造性提出“三个代表”重要思想，开辟了马克思主义党建理论发展的新境界。①

（六）关于精神文明建设

随着改革开放的深入，社会上出现了一些道德失范、腐化堕落的现象，拜金主义、享乐主义、官僚主义等现象开始滋生，社会主义精神文明建设更显紧迫性和重要性。1996 年 10 月 7 日至 10 日，中国共产党召开了十四届六中全会，这次会议通过了《中共中央关于加强社会主义精神文明建设若干重要问题的决议》。按照中央的要求，群众性精神文明创建活动和爱国主义教育的广泛开展、社会主义文化事业的进一步繁荣、思想道德建设的不断深入，使得社会主义精神文明建设得到全面加强，出现了新气象。随着社会主义精神文明建设的深入发展，2006 年 10 月，中国共产党十六届六中全会通过了在党的历史上有重要意义的决定，即《中共中央关于构建社会主义和谐社会若干重大问题的决定》，提出了精神文化建设领域新的命题和战略任务——“建设社会主义核心价值体系”，以后又从马克思主义指导思想等四个方面概括总结出“社会主义荣辱观”。在此基础上，我们党于 2012 年召开

① 参见曹普：《当代中国改革开放史》，人民出版社，2016 年，第 497 页。

的党的十八大会议上,第一次提出"二十四字"的社会主义核心价值观。这二十年来精神文明领域建设取得的成果对于凝聚民心、净化社会风气、营造向上向善的社会主义精神风尚具有重要意义。

(七)关于和谐社会与和谐世界的构建

改革开放进入了21世纪,社会矛盾问题日益凸显,社会阶层呈现多样化,利益格局呈现多元化的特征。和谐社会概念的提出正是对这些社会现象在理论层面的积极诠释,构建和谐社会的举措正是对这种社会现象在实践层面的有效回应。早在党的十六大上,党中央就提出了"社会更加和谐"的要求。2004年9月召开的党的十六届四中全会就构建社会主义和谐社会的主要内容进行了初步阐述,2005年"和谐社会"作为党中央施政的战略任务提上了议事日程,2006年10月召开的党的十六届六中全会通过专门的决议,就如何构建社会主义和谐社会做出了全面部署。在和谐社会理念的基础上我们党又提出了和谐世界的概念,这一概念的提出标志着中国对和平、合作的追求,以及为维护世界和平勇担重任的精神,对于推动构建国际秩序多元化、国际关系民主化具有重要意义。针对这一时期国际社会出现的"中国威胁论""中国黄祸论"以及"中国责任论"的声音,和谐社会与和谐世界概念的提出是中国特色社会主义政治话语立足国内现实情况,依据国际形势的变化创新性发展的结果,它有力地回击了"中国威胁论""中国黄祸论"以及"中国责任论"的错误论调,为在国际上塑造一个真实、有为、和谐、创新的社会主义大国在理论和实践两个维度提供了强有力的支撑。

二、政治话语的新发展促使话语结构趋向成熟

1992—2012年的二十年间,改革开放取得的成就不断证明着指导我国现代化建设的理论是正确的,是经得起实践检验的。邓小平理论、"三个代表"重要思想、科学发展观等重大理论先后被确立为党的行动指南和指导思想,共同构成了中国特色社会主义理论体系,这表明全党上下对于"中国特色社会主义理论体系"的高度认可、支持和拥护,至此,中国特色社会主义政

治话语取得进一步新的发展。

1997年,党的十五大第一次使用了“邓小平理论”的概念,并将其上升为党的行动指南和党的指导思想。这意味着中国共产党用“邓小平理论”来概括自1978年以来中国共产党进行改革开放和社会主义现代化建设形成的全部理论,而且以邓小平理论指导中国特色社会主义事业建设。这同时意味着那种把邓小平的理论冠之以实用主义的做法是荒谬和错误的,因为邓小平理论指导改革开放取得了巨大成就,它已经上升到党的政治话语的层面,是中国共产党进行中国特色社会主义建设的政治话语;它已经成为继马列主义、毛泽东思想之后党的指导思想的又一次与时俱进。国内外的一些人士不再武断地认为邓小平的理论是实用主义的,是对马列主义的颠覆,开始认可邓小平的理论与马列主义、毛泽东思想之间的历史的内在的传承性与继承性。这不仅大大增强了邓小平理论指导中国改革开放在国内的政治合法性,而且大大提升了邓小平理论的国际认可度。

继邓小平之后,在以江泽民同志为核心的党中央的带领下,我们党总结执政的经验、改革开放的经验,提出了“三个代表”重要思想,这是我们党在理论层面对社会主义实践进行总结的又一重大成果。2002年党的十六大把“三个代表”重要思想写入党章,将其确立为党的指导思想和各项工作的指针。

在国际社会,虽有少数人对“三个代表”重要思想持有负面甚至否定的看法,但更多的学者是给予认可和正面评价的。美国学者罗伯特·库恩认为:“第一个代表创造性地使用了马克思主义的术语,是党振兴中国的首要目标,即建设物质文明;第二个代表把道德、文明和先进的社会理念、共同的信仰结合一起,即精神文明建设;第三个代表再次明确了党为人民服务的角色,涉及中国所有的社会阶层。”①显然,库恩把“三个代表”和“三个文明”相

① [美]罗伯特·库恩《他改变了中国——江泽民传》,谈峥、于海江等译,上海译文出版社,2005年,第455~456页。

联系进行的分析，角度新颖，很有见地。新加坡学者郑永年认为，"'三个代表'是中国共产党用以扩展其执政合法性的基础"[①]，是中国共产党实事求是精神的体现。"三个代表"重要思想作为1992—2002年这一时期党的政治话语已经深入人心。"三个代表"重要思想是这一时期改革开放向纵深推进的重要理论成果，是中国共产党的立党之本、执政之基、力量之源，在国内外被普遍接受和认可。

科学发展观是党中央在抗击和反思"非典"中逐步酝酿后提出来的，是在以胡锦涛同志为核心的党中央将马克思主义同当代中国实际和时代特征相结合的产物。2007年，党的十七大指出："科学发展观，第一要务是发展，核心是以人为本，基本要求是全面协调可持续发展，根本方法是统筹兼顾"[②]。2007年党的十七大正式把科学发展观写入党章，2012年，党的十八大将科学发展观作为对马克思主义继承和发展的成果确立为党的行动指南和指导思想。这也是十八大在思想理论上的最大亮点和突出贡献，对此，国内外很多专家学者给给予了高度肯定。

二十年理论与实践的巨大进步，促使中国特色社会主义话语权获得了新的进展。总体来看，这一时期中国特色社会主义话语权取得了新的进展，政治话语进一步突破了"左"的思想的束缚和干扰，在继续坚持实事求是的精神的同时，更加务实、包容、开放、创新，既遵循马克思主义关于社会主义的基本原则，又结合中国社会的实际情况和时代特征，开创了新时期的中国特色社会主义伟大实践。不仅成功将中国特色社会主义推向21世纪，而且进一步发展了中国特色社会主义理论，形成了中国特色社会主义理论体系，显示出21世纪中国共产党的政治智慧、政治担当和政治勇气，极大地增强了中国特色社会主义在国内外的影响力和吸引力，提高了国内外民众对中国

---

① [新加坡]郑永年：《江泽民的遗产：在守成和改革之间》，美国八方文化企业公司，2002年，第68页。

② 胡锦涛：《高举中国特色社会主义伟大旗帜，为夺取全面建设小康社会新胜利而奋斗——在中国共产党第十七次全国代表大会上的报告》，《人民日报》，2007年10月25日，第1版。

共产党的认可度，促进了广大人民群众对中国共产党的支持和追随，让国内外民众更进一步了解到中国特色社会主义是一个实事求是、与时俱进的政治话语，是一个跟随时代进步、不断展现出生命力的政治话语。

第三节　中国特色社会主义话语权的提升期（2012 年至今）

自党的十八大以来，国际国内形势都发生了深刻而复杂的变化。在国际上，世界经济在低迷中徘徊，复苏乏力，世界总体上和平，但局部地区战乱不止，社会动荡加剧，全球性问题不断涌现，“世界处于百年未有之大变局”①；在国内，中国共产党人以巨大的政治勇气和强烈的责任担当带领全国各族人民奋勇前进，形成了习近平新时代中国特色社会主义思想，取得了极不平凡的、全方位的、开创性的历史性成就，进入了新时代，开启了走向世界舞台中央的新征程，我国发展由此进入新的历史方位，“我国处于近代以来最好的发展时期”②。这一时期也是中国特色社会主义话语权显著提升的重要时期。

一、十八大以来的历史性成就促使话语权取得质的飞跃

党的十八大以来，以习近平同志为核心的党中央治国理政取得历史性成就，历史性成就的获得促使话语权取得质的飞跃，推动中国特色社会主义产生更加广泛的世界性影响，获得国内外的高度认可。

党的十八大以来，中国经济保持住中高速增长的稳定势头，成为全球经济增长的主要动力。国内生产总值从 2012 年的 51.93 万亿元增长到 2020 年的 101.59 万亿元，特别是 2020 年疫情如此严峻的情况下，仍然实现国内生产总值 2.3% 的正增长，是 2020 年全球唯一一个实现经济正增长的主要

---

①② 习近平：《习近平谈治国理政》（第三卷），外文出版社，2020 年，第 428 页。

经济体，堪称了不起的正增长；人均国内生产总值也从 2012 年的 6316 美元增长到 2020 年的 1.05 万美元，2019 年和 2020 年连续两年人均国内生产总值突破 1 万美元大关；中国近几年对世界经济增长的贡献率也是连续超过 30%，居世界第一位；在迎来中国共产党成立一百周年的重要时刻，我国决战脱贫攻坚取得决定性胜利。党的十八大以来，经过持续八年的努力，截至 2020 年底，在现行标准下，9899 万农村贫困人口全部脱贫，832 个贫困县全部摘帽，12.8 万个贫困村全部出列，区域性整体贫困得到解决，完成了消除绝对贫困的艰巨任务。党的十八大以来，平均每年 1000 多万人脱贫，相当于一个中等国家的人口脱贫。贫困人口收入水平显著提高，全部实现“两不愁三保障”，脱贫群众不愁吃、不愁穿，义务教育、基本医疗、住房安全有保障，饮水安全也都有了保障。改革开放以来，中国累计有 7.7 亿农村贫困人口摆脱贫困，占同期全球减贫人口的 70% 以上，“在一些国家贫富分化加剧的背景下，中国提前 10 年实现《联合国 2030 年可持续发展议程》的减贫目标，显著缩小了世界贫困人口的规模”[①]，为世界减贫事业做出了重大贡献，创造了又一个彪炳史册的人间奇迹！甚至有学者预测中国在不久的将来会成为世界最大经济体。俄罗斯第一副总理舒瓦洛夫如此评价中国经济：“中国是全球经济增长的主要动力，世界各国都对中国满怀期待。”[②]

除了大家普遍关注的经济成就以外，中国在科技创新领域取得的进步更是夺人眼球，一些重大科技成果相继问世：“天眼”探空、神舟飞天、墨子“传信”、高铁奔驰、北斗组网、超算“发威”、大飞机首飞、“天问一号”成功着陆火星……中国“赶上世界”的强国梦实现了历史性跨越，惊艳了世界。

全面从严治党特别是反腐败斗争取得的显著成效极大提高了党的政治话语的国际影响力，提升了国际人士对中国特色社会主义道路、理论、制度和文化的认可和肯定，增强了广大人民群众对“四个自信”的认可和坚持。

---

① 王玉贵：《从全球史角度审视中国减贫贡献》，《中国社会科学报》，2021 年 5 月 6 日，第 A01 版。

② 《新时代，世界抱以新期待》，《人民日报》，2017 年 10 月 24 日，第 5 版。

党的十八大以来,全面从严治党成效卓著,特别是反腐败工作取得压倒性态势,这是党的十八大之后中国共产党给世界留下的最深刻的印象。这使得一些评价中国反腐败工作的外国学者的预言屡屡落空。美国著名中国问题专家傅高义在《邓小平时代》中曾说:“官场腐败引起的民怨自 1989 年以来有增无减。很多中国人担心,没有更加独立的媒体和司法制度,很难在控制腐败上取得进步。”①在国内,一些人认为我们党在十八大之后开始的反腐败必定是“新官上任三把火”,之后将不了了之。这样的假如、担忧和评价,在当今中国共产党领导下取得的反腐败成绩面前显然已经时过境迁,完全是站不住脚的。党的十八大以来,中国共产党的反腐败力度和决心之大、反腐败的范围之广、反腐败成果之巨以及反腐败决心之切可谓是人皆共识,党所进行的反腐败工作振奋了人心,更加坚定了广大人民群众对中国共产党的拥护、对中国特色社会主义的追随。在成绩面前,我们不骄傲、不自满,坚持反腐败斗争永远在路上。在 2021 年 1 月 22 日的十九届中央纪委五次全会上,习近平一方面充分肯定过去一年来全面从严治党取得的新的重大成果,同时也深刻阐述了接下来全面从严治党面临的新形势新任务。习近平强调:“党的十八大以来,尽管党风廉政建设和反腐败斗争取得了历史性成就,但形势依然严峻复杂。必须清醒看到,腐败这个党执政的最大风险仍然存在,存量还未清底,增量仍有发生。”②“党风廉政建设永远在路上,反腐败斗争永远在路上。我们党作为百年大党,要永葆先进性和纯洁性、永葆生机活力,必须一刻不停推进党风廉政建设和反腐败斗争。各级领导干部特别是主要负责同志必须切实担负起管党治党政治责任,始终保持‘赶考’的清醒,保持对‘腐蚀’‘围猎’的警觉,把严的主基调长期坚持下去,以系统施治、标本兼治的理念正风肃纪反腐,不断增强党自我净化、自我完善、自我革新、自我提高能力,跳出治乱兴衰的历史周期率,引领和保障中国特色社会主义巍

---

① [美]傅高义:《邓小平时代》,冯克利译,生活·读书·新知三联书店,2013 年,第 594 页。

② 《习近平在十九届中央纪委五次全会上发表重要讲话》,中国政府网,http://www.gov.cn/xinwen/2021-01/22/content_5581970.htm,2021 年 1 月 22 日。

巍巨轮行稳致远。"[①]这样的党,这样的领导核心,不得不让广大人民群众由衷敬佩,据《反腐倡廉蓝皮书:中国反腐倡廉建设报告 No.10》中统计,超 8 成的城乡居民认为最近一年腐败现象与之前相比"明显减少"或"略有减少",超 9 成居民对今后 5~10 年党风廉政建设和反腐败斗争有信心。76.9% 的企业管理人员、84.1% 的城乡居民认为,接触到的党政领导干部"廉洁"或"大部分廉洁"。81.7% 的企业管理人员、86.1% 的城乡居民认为接触到的普通公职人员"廉洁"或"大部分廉洁"。92.6% 的干部、87.4% 的专业技术人员、88.7% 的企业管理人员、89.9% 的城乡居民对当前反腐败工作表示"满意"或"比较满意"。这再次印证党风廉政建设和反腐败斗争顺党心、合民意,有着广泛和坚实的政治基础和群众基础。这表明,绝大多数党员领导干部和广大群众对党风廉政建设和反腐败斗争充满信心,大多数受访者认为政府控制腐败的努力正在发挥作用,事情正在朝着正确的方向发展。[②]

反腐败斗争所取得的成效,不仅提升了党的政治话语——中国特色社会主义在老百姓心中的分量,而且还赢得了国际社会的普遍赞誉。"过去,美国等西方国家总是在国际社会、各种国际会议的场合上用腐败问题拿捏我们、针对我们。现在,他们对我们的反腐败是佩服的,我们的反腐行动赢得了国际社会的尊重。"[③]甚至连在美国这样的习惯于颐指气使的霸权主义国家中,也有学者感叹希望能有一个类似"中纪委"的职能机构。毫不夸张地说,世界各国都高度肯定中国共产党领导的全面从严治党这一伟大工程。2017 年 3—6 月,中国外文局对外传播研究中心与凯度华通明略(Kantar Millward Brown)、光速公司(Lightspeed)合作开展的第五次中国国家形象全

---

① 《习近平在十九届中央纪委五次全会上发表重要讲话》,中国政府网,http://www.gov.cn/xinwen/2021-01/22/content_5581970.htm,2021 年 1 月 22 日。

② 参见《反腐倡廉蓝皮书:超 8 成城乡居民认为近一年腐败现象有所减少》,澎湃新闻网,https://www.thepaper.cn/newsDetail_forward_12874696,2021 年 5 月 27 日。

③ 《习近平在第十八届中央纪律检查委员会第六次全体会议上的讲话》,《人民日报》,2016 年 5 月 3 日,第 2 版。

球调查结果显示，海外受访者对中国共产党最突出的印象就是“全面从严治党”①。2020年7月，哈佛大学肯尼迪政府学院阿什民主治理与创新中心发布了一项长达13年的调查报告，题为《理解中国共产党韧性：中国民意长期调查》。研究者在2003年至2016年进行了8次独立调查，对来自中国城市和农村的超过3万人进行面对面访谈，报告得出，越来越多中国公民认为地方官员善良、有文化且有效率。2003年超半数受访者认为地方官员善于“耍嘴皮子”，2016年，55%的受访者表示他们是实际问题的解决者。这些正面且积极的评价与党的十八大以来以习近平同志为核心的党中央全面从严治党的卓越成效是分不开的。

在全球治理中积极成为国际事务的参加者和建设者，有助于提升中国特色社会主义在国际社会的吸引力、影响力和感召力。“一带一路”作为中国特色社会主义立场、观点与方法参与全球治理的成功实践，是在经济、政治、文化、外交等多个领域体现中国特色社会主义理论与实践的一项伟大且成功的倡议。自从2015年我国推行“一带一路”倡议以来，超过100个国家和国际组织积极响应并参与其中。“一带一路”秉持共商共建共享的原则，坚持正确义利观，以构建人类命运共同体为价值目标，沿线多数国家大都表示将会从中受益。第五次中国国家形象全球调查结果显示，受访者普遍认为“一带一路”对个人、地区、国家和全球经济及全球治理都具有积极意义。虽然有个别国家，如美国和日本面对中国崛起不免心生怀疑和妒意，妄称中国的“一带一路”是新殖民主义的表现，并明确表示拒绝参与，但是世界上多数国家都给予了正面的评价。来自英国的“中国英国商会”主席克莱尔·皮尔森(Clare Pearson)，对于西方某些国家的质疑明确表态，认为那是很多西方人在羡慕、嫉妒、恨，因为这么多年西方的中东政策都不太成功。想知道“一带一路”怎么样不要去问西方媒体，该去问“一带一路”沿线上的人啊！

---

① 对外传播研究中心：《中国国家形象全球调查报告2016—2017》，对外传播微信公众号，2018年1月5日。

克莱尔解释到，自己作为商会主席，处理的客户80%都是中小企业，站在这些企业的角度上看，他们开展业务所依靠的正是中国所给予他们的市场和机遇。①

特别是近来，在新冠肺炎疫情几乎席卷全球的大背景下，中国共产党不仅带领全国各族人民共同齐心抗疫，发挥出中国特色社会主义制度集中力量办大事的优越性，而且在力所能及的情况下还积极为其他国家提供抗疫物资和人道援助，充分彰显了中国特色社会主义所倡导的“以人民为中心”以及构建“人类命运共同体”的发展理念。正如布基纳法索争取进步人民运动主席西蒙·孔波雷在接受《人民日报》记者采访时坦言：“100年前的中国内忧外患、贫穷落后；今天的中国已跻身世界强国之列。面对新冠肺炎疫情冲击，中国在短时间内便有效控制住疫情、恢复生产生活，并积极帮助其他国家抗疫，中国共产党用实践再次证明了中国制度的优势”，“中国在国际事务中追求的目标是崇高的。因为当今世界需要多边主义，需要更好的全球治理，需要和平、包容和可持续发展。”②

至此，我们可以满怀信心地说，中国特色社会主义话语权已经取得了质的飞跃。未来，中国特色社会主义的伟大旗帜将被举得更高，中国特色社会主义道路将越走越宽广，中国特色社会主义制度优势将更加彰显，中国特色社会主义理论将更具说服力，中国特色社会主义文化将更加显示出其强大的精神魅力。

二、十八大以来中国特色社会主义政治话语展现新气象

党的十八大以来，以习近平同志为核心的党中央，从理论和实践相结合的角度，从历史唯物主义和辩证唯物主义相结合的角度，全面科学系统地回答了新时代坚持和发展什么样的中国特色社会主义、怎样坚持和发展中国

① 参见《西方质疑“一带一路”，看英国人怎么帮我们“怼”回去！》，环球网，https://m.huanqiu.com/r/MV8wXzEwMzMwODAzXzEzOF8xNDg5NzUxNTIw，2017年3月17日。

② 《不惧风浪、创造伟大成就的底气》，《人民日报》，2021年5月6日，第3版。

特色社会主义这一重大时代课题,形成了习近平新时代中国特色社会主义思想。作为党与时俱进并不断发展的指导思想的新成果,新时代中国特色社会主义思想,它与马克思列宁主义、毛泽东思想、邓小平理论、“三个代表”重要思想、科学发展观之间,呈现出继承和发展的关系,是马克思主义中国化在当代中国发展取得的最新理论成果,是中国特色社会主义理论体系的重要组成部分,是中国人民为实现中华民族的伟大复兴这个民族梦想而奋斗的行动指南。从整体结构来看,习近平新时代中国特色社会主义思想具有一以贯之的主题,即坚持和发展中国特色社会主义;蕴含着系统的内容体系,即“八个明确”和“十四个坚持”;凸显了科学的方法论体系,即“八个坚持”的马克思主义思想方法和工作方法;体现了严整的思维逻辑体系,即包括战略思维、历史思维、辩证思维、创新思维、法治思维、底线思维在内的“六大思维”;反映了理论逻辑与实践逻辑的有机统一,是指导我们党治国理政、执政兴国的科学理论体系。[①] 所以说,习近平新时代中国特色社会主义思想进一步展现出中国特色社会主义政治话语的新气象和新风格。

不少研究中国问题的国外人士高度肯定了“习近平新时代中国特色社会主义思想”的世界意义。长期研究中国问题的美国学者阿里夫·德里克认为:“中国特色社会主义的理论价值不仅在于它目前在全球经济中的重要性,而且在于它为广大发展中国家发展提供一种‘替代经验’。”[②]新加坡《联合早报》这样评价:“习近平新时代中国特色社会主义思想注重历史传承,更强调与时俱进,有关中国社会主要矛盾变化的论述,反映出中国共产党对中国现实的准确理解和把握。”[③]2017 年 10 月 24 日英国《卫报》评论,中国进

---

① 参见张首映:《深刻理解习近平新时代中国特色社会主义思想的科学体系》,《求是》,2019 年第 7 期。

② 冯颜利:《好道理还要“说得出”“传得开”——国际社会对中国理论的评价及启示》,《人民日报》,2016 年 11 月 20 日,第 5 版。

③ 《实现中华民族伟大复兴的行动指南——国际社会热议习近平新时代中国特色社会主义思想》,新华网,http://www.xinhuanet.com/politics/19cpcnc/2017-10/22/c_1121839257.htm,2017 年 10 月 22 日。

入享有国际权力和国际影响力的“新时代”,“新时代”需要“新指南”,“习近平新时代中国特色社会主义思想”就是这个“新指南”。印度智库认为,习近平新时代中国特色社会主义思想的诞生彻底告别了邓小平时代,中国正式步入新时代。也有不少国外学者认为,习近平新时代中国特色社会主义思想涉及领域广泛,“两个一百年”奋斗目标定能顺利实现;习近平的新思想提出时间不久,未来还会有所创新、有所发展,期待习近平新时代中国特色社会主义思想焕发出强大生机活力。此外,还有学者指出,中国特色社会主义模式不仅对中国有利,也能为世界提供新的选择,“将对世界社会主义和人类社会产生重要影响”①。

习近平新时代中国特色社会主义思想是具有强大凝聚力和吸引力的社会主义性质的意识形态,它促进了世界社会主义运动的发展,特别是这个历经170多年的运动从外延发展向内涵提升的转变,深化了对人类社会发展规律、社会主义建设规律、共产党执政规律的认识,实现了科学社会主义的又一次伟大飞跃。理论来源于实践,理论又指导实践,伟大理论的指导必定能推动广大人民群众取得更加伟大的成绩。习近平新时代中国特色社会主义思想是21世纪中国的马克思主义,是党的十八大以来中国共产党带领全国各族人民在新时代建设社会主义实践过程中向世界社会主义事业交出的一份优异的中国答卷,这份答卷为中国特色社会主义话语权的提升增添了信心和力量,也进一步展现出中国共产党政治话语的新体系、新气象和新风格,中国特色社会主义话语权迎来了一个质的飞跃。

中国特色社会主义进入新时代,新时代、新思想、新使命、新征程,一系列的全新变化促使中国特色社会主义较以往任何时期都更加具有强大生命力,中国特色社会主义的国际影响力、吸引力、感召力得以全面提升。这个时期,中国特色社会主义在人民群众中间更加具有凝聚力和向心力,在国

---

① 《柬埔寨奉新比克党主席诺罗敦·拉那烈2017年10月26日祝贺习近平当选中共中央总书记的电文》,《人民日报》,2017年10月27日,第3版。

内,话语权表现出前所未有的认同度、支持度;在国际社会,新时代中国特色社会主义更是在很大程度上改变了以往国际上的一些人对我们政治话语的固有偏见,不少发达国家的政要和学者开始以一种更加客观、全面、公正的态度看待不同于本国国家制度的政治话语。新时代的中国特色社会主义的政治话语展现出更高层次的实践意义和理论意义,对世界、对全人类而言,是一套很好的、具有借鉴意义的解决方案,国际社会对其褒义之声明显大于对其贬义之音。

综观上述中国特色社会主义政治话语发展的历史进程,我们可以发现:中国共产党的政治话语的发展过程具有很强的连续性,这不是简单的连续,而是在继承前一段历史时期的政治话语的基础上,在一个更高的层次上实现政治话语的创新、发展和突破,是实事求是和与时俱进的体现。具体来看,一方面,中国共产党的政治话语总是能够做到坚持一切从实际出发的原则,即使发生偏离实际的情况,也能够做到勇于面对现实,坚持真理;另一方面,中国共产党的政治话语不是停滞不前的,而是始终能够做到与社会实际和时代发展保持同步,做到及时更新政治话语的内容、结构、表达方式等话语要素。

从中国特色社会主义话语权发展的历史进程中我们还可以发现:中国特色社会主义理论,也能够做到勇于面对现实,坚持真理;另一方面,中国共产党的政治话语不是停滞不前的,而是始终能够做到与社会实际和时代发展保持同步,做到及时更新政治话语的内容、结构、表达方式等话语要素。

从中国特色社会主义话语权发展的历史进程中我们还可以发现:中国特色社会主义话语权经历了一个从开始塑造再到进一步发展,进而到现在显著提升的历史过程,但话语权的实际影响力和认同度在不同历史时期由于国内外形势的复杂变化而呈现出不同的结果。少数人对中国特色社会主义话语权的认识虽个别时期表现出一定的困惑、不解,但是从整体上看话语权提升的过程还是呈现出不断上升的趋势。因此,我们一定要有信心,相信"只要我们善于聆听时代声音,勇于坚持真理、修正错误,21 世纪中国的马克思主义一定能够展现出更强大、更有说服力的真理力量！”[①]相信只要我们一以贯之坚持和发展中国特色社会主义，中国特色社会主义的话语权必将得到进一步的提升和飞跃！

---

① 习近平：《决胜全面建成小康社会 夺取新时代中国特色社会主义伟大胜利——在中国共产党第十九次全国代表大会上的报告》，人民出版社，2017 年，第 26 ~ 27 页。

第四章
提升中国特色社会主义话语权取得的成就与面临的挑战

从改革开放40年来中国特色社会主义话语权形成发展的历史进程来看，话语权呈现出逐步上升的趋势。同样的，在形成发展的历史进程中，我们的话语权建设取得了诸多成就，这也是新时代提升中国特色社会主义话语权的前提和基础，当然我们在提升话语权方面还存在着一些问题和挑战需要我们去研究和解决。

第一节　提升中国特色社会主义话语权取得的成就

“当苏东剧变、世界社会主义陷入低潮时，世界上没有人预见到中国会成为世界经济的中流砥柱，没有人相信中国特色社会主义会在多极化世界中最具吸引力。中国特色社会主义的生动实践证明，人类历史并未终结，社会主义具有强大生命力、影响力、感召力。”[①]正是这种生命力、影响力和感召力增强了中国特色社会主义在国内的认同度，打破了“历史终结论”的谎言，促进了全球话语体系的多元化发展，提供了可资借鉴的现代化发展模式，开启了社会主义建设的新模式，这些都是我们提升中国特色社会主义话语权取得的显著成就。

---

① 任理轩：《中国特色社会主义的世界贡献（深入学习贯彻习近平同志系列重要讲话精神·治国理政新思想新实践）》，《人民日报》，2016年5月19日，第7版。

一、增强了中国特色社会主义在国内的认同度

面对改革开放和社会主义现代化建设过程中出现的各种问题，各种社会思潮尽显其能，纷纷与中国特色社会主义在斗争中争夺话语权，中国特色社会主义用实实在在的成绩赢得了人民群众的认可，在人民群众心中的认同度大幅增加，在国内的主导权和话语权大幅提升。

（一）中国特色社会主义与各种社会思潮在斗争中争夺话语权

"无论在全人口中间，或者在知识分子中间，马克思主义者仍然是少数。因此，马克思主义必须在斗争中发展。"[①]而这个"发展"的过程，就是要让这个"少数"变成"多数"最终形成"绝大多数"的过程。从某种程度上来说，改革开放40年的历史进程就是一部中国特色社会主义与国内外各种社会思潮之间互相争夺话语权的历史进程。改革开放以前，我国社会意识形态领域的结构比较单一，其他社会思潮基本处于萌芽状态。"改革开放以后，随着利益关系的复杂化，再加上西方各种价值观的传入，我国出现了多种不同的社会思潮"[②]，呈现出结构复杂、形式多样、交融交锋的态势。以新自由主义、民主社会主义、民粹主义、历史虚无主义为代表的各种社会思潮表现活跃，扰乱了当代中国社会的主流价值观格局，在一定程度上干扰了中国特色社会主义在国内的领导权和话语权。

伴随着社会主义建设过程中的利益结构调整和阶层分化，出现了贫富差距拉大、国有资产流失、房价虚高、腐败频发、环境污染、资源分配不公等各种问题和矛盾，这与社会主义的本质特征发生了一定程度的抵牾，于是新自由主义、民主社会主义、民粹主义、历史虚无主义等各种思潮纷纷出现。新自由主义认为，只有完全实行市场化才能消除当前改革出现的各种问题；民主社会主义主张通过改良资本主义的方式实现社会主义；以仇富、仇官为

---

① 中共中央文献编辑委员会：《毛泽东著作选读》（下册），人民出版社，1986年，第785页。

② 任志峰：《当代中国社会主义意识形态主导型研究》，中国书籍出版社，2015年，第122页。

主要特征的民粹主义正好切中了一批社会弱势群体和边缘群体的心理状态和情绪表达，他们倡导绝对的公平与平等；历史虚无主义大搞所谓翻案历史、还原历史，其实质是丑化历史、恶搞历史，具有很强的迷惑性和欺骗性。虽然各种思潮的表现形式不一、内容多样，但其目的和本质都是一致的，那就是与中国特色社会主义在广大人民群众中间争夺话语权。他们不认同中国化马克思主义即中国特色社会主义提出的现代化方案，他们总是把自己打扮成客观真理和群众利益的"代言人"，其目的就是对中国特色社会主义的理论和实践进行否定、歪曲，从而影响群众、争取群众，赢得话语权。如果舆论阵地不去争夺，就是拱手让给他人。社会思潮是绝不会自动退出历史舞台的，相反，它会随着时代的发展不断包装自己，以看似更新的内容和形式继续在历史舞台上表现自己。因此，我们必须认识到这场意识形态领域的斗争是长期复杂的、是曲折艰辛的，需要我们斗智斗勇。

（二）中国特色社会主义认同感大幅度提升

从改革开放的整个过程来看，中国特色社会主义话语权在不同的历史时期表现出不同能量的话语权，在某个特定阶段，话语权也不是固定的，也会因为提出的某个理论、发生的某些事件或取得的某些成就表现出起伏的态势。但是从整体来看，各种社会思潮对中国特色社会主义话语权的影响不是特别大，它们从没有占据舆论的主流、不是主要的，中国特色社会主义话语权的构建、发展和提升始终是依靠自身内在的主导性力量实现的。另外，各种带有不同意识形态色彩的社会思潮的存在也从侧面促使我们增强提升话语权的紧迫感和责任感，倒逼中国特色社会主义话语权的提升。

"一个国家实行什么样的主义，关键要看这个主义能否解决这个国家面临的历史性课题。历史和现实都告诉我们，只有社会主义才能救中国，只有中国特色社会主义才能发展中国，这是历史的结论、人民的选择。"[①]改革开放40多年来，中国特色社会主义取得了举世瞩目的成就，证明了历史的结论

① 习近平：《习近平谈治国理政》，外文出版社，2014年，第22页。

是可信的,人民的选择是正确的,中国特色社会主义用实实在在的成就在广大人民群众中间获得了广泛而真实的认可,中国特色社会主义在人民群众心中的认同感大幅提升。各种形形色色的社会思潮虽然雷声大,但雨点小,根本不能解决中国社会各种复杂的矛盾和问题。相反,中国特色社会主义这边可谓“风景独好”。特别是党的十八大以来,中国共产党团结带领全国各族人民取得了全方位、开创性的历史性成就。这主要集中表现在经济运行稳中有进、提质换挡;全面深化改革取得重大突破、全社会发展活力和创新活力明显增强;民主法制建设迈出重大步伐,特别是监察体制改革试点取得了成功;文化自信大幅增强、中华文化影响力大幅提升;人民生活质量大幅提高、人民安全感、获得感、幸福感大幅增强;全面从严治党成效卓著,人民群众拍手叫好;全方位、多层次、立体化的大国外交布局形成;生态文明建设成效显著、强军兴军开创新局面、港澳台工作取得新进展等。这些成就反映在意识形态领域的直接结果就是各种社会思潮开始逐渐失去市场,影响力大幅下降,中国特色社会主义的认同感大幅提升,广大人民群众对中国特色社会主义的信心大幅增强,中国特色社会主义在国内的主导权和话语权大幅提升。正如党的十九大报告明确指出的:“马克思主义在意识形态领域的指导地位更加鲜明,中国特色社会主义和中国梦深入人心,社会主义核心价值观和中华优秀传统文化广泛弘扬,主旋律更加响亮,正能量更加强劲,文化自信得到彰显,国家文化软实力和中华文化影响力大幅提升,全党全社会思想上的团结统一更加巩固。”①

二、打破了“历史终结论”的谎言

中国特色社会主义的成功实践打破了“历史终结论”的谎言,进一步证明了人类社会发展的必然规律,科学社会主义在中国的崛起和盛兴,向世界

---

① 习近平:《决胜全面建成小康社会 夺取新时代中国特色社会主义伟大胜利——在中国共产党第十九次全国代表大会上的报告》,人民出版社,2017 年,第 4 ~5 页。

证明了中国特色社会主义强大的、具有说服力的科学性和真理性力量。

(一)“历史终结论”曾经躁动一时

20世纪80年代末90年代初,社会主义制度在苏联东欧的失败严重打击了世界社会主义运动的发展,于是乎,日裔美籍学者弗朗西斯·福山就开始极力鼓吹西方自由民主制度是人类社会历史的终结。福山认为,人类历史的前进与意识形态之争正走向终结,西方资本主义和自由民主取得了与之相反的意识形态对手的全面的、彻底的、决定性的胜利,所有的大问题都已经真正解决,并将美国主导的资本主义和新自由主义这套方案定于“一尊”,以西方的自由民主为普适性的人类政府而告终结。加上后来发生在东欧、拉美、亚洲和撒哈拉以南的非洲如火如荼的民主转型的浪潮,“历史终结论”躁动一时,似乎福山的观点是正确的。

随着中国特色社会主义不断取得成功,福山转而开始批评美国衰败的政党制度。2014年,福山在美国《外交》(*Foreign Affairs*)上撰文《衰败的美利坚——政治制度失灵的根源》,细剖美国政治制度诸多流弊,美国自由民主的政治体制失灵了,三权分立的“麦迪逊模式”不仅没有做到防止个别利益集团的独裁统治,结果还导致司法权、立法权与行政权之间相互掣肘,在实际操作过程中,往往是司法权和立法权干扰行政权的正当运作,最终导致政府决策缓慢、无效,甚至失误。国会中的利益集团利用手中的政治资源和社会影响力影响政府政策,操纵政府进行把本应该用于公共基础设施建设的物力和人力用于有利于自己的开支,提高赤字预算,这种用利益绑架政府,不惜牺牲普通民众的利益的行为最终导致的是民众对政府的不信任。文末批评美国政治制度腐朽,政府开支成本高昂,决策效率低下,国内政治弊病顽固不化,分权制衡和两党斗争带来的无休止的纷争和过分的约束,演变成了互相否决的游戏,政客并不是没有认识到这些问题,只是不想切断自己的利益才不愿意触动改革的神经。因此,福山感叹改革无望、死路一条。福山的观点之所以出现如此巨大的转折,其中还有一个重要的原因就是中国特色社会主义取得的巨大成功与新自由主义日益遭受世人质疑之间形成强烈反差的事实。

（二）历史没有终结，社会主义不会灭亡

“历史总是按自己的逻辑向前演进。主观臆断终究抹杀不了铁一般的客观现实。中国特色社会主义在中国取得巨大成功表明，社会主义没有灭亡，也不会灭亡，而且焕发出蓬勃的活力与生机。”[①]中国特色社会主义的成功使得西方盛行一时的“历史终结论”不攻自破，世界见证了科学社会主义在中国的崛起和盛兴，世界各国共产党和左翼政党都期待着中国特色社会主义引领世界社会主义事业从低潮走向复兴，自苏联解体、东欧剧变以后，世界社会主义运动迎来了新的春天。“历史没有终结，也不可能被终结。中国特色社会主义是不是好，要看事实，要看中国人民的判断，而不是看那些戴着有色眼镜的人的主观臆断。中国共产党人和中国人民完全有信心为人类对更好社会制度的探索提供中国方案”。[②] 即便是在当年苏联解体、东欧剧变的严峻时机，中国共产党的领导人邓小平依然有着超常的智慧和清醒的头脑，对时事的分析有着非同寻常的敏锐眼光，坚信社会主义的前途是光明的：“我坚信，世界上赞成马克思主义的人会多起来”[③]。中国特色社会主义用成功的实践证明了当年中国共产党人的判断是正确的、有远见的。中国拥有14亿多的人口，是世界上最大的社会主义国家，中国特色社会主义实践的成功也是世界社会主义事业的重大胜利，中国特色社会主义作为世界社会主义思潮的一股重要力量正在展现出它的独特魅力。中国特色社会主义话语权正是基于中国特色社会主义伟大实践提出的，它有力地打破了西方一度关于“历史终结论”的谎言，是马克思主义历史唯物论在社会主义国家建设领域的生动实践，这在很大程度上壮大了世界社会主义事业的队伍，增强了有志于社会主义和共产主义事业人士的信心，表明了共产主义、社会

① 刘新如：《“中国方案”的时代意蕴》，《解放军报》，2016年7月27日，第7版。

② 参见习近平：《在庆祝中国共产党成立95周年大会上的讲话》，人民出版社，2016年，第13～14页。

③ 邓小平：《邓小平文选》（第三卷），人民出版社，1993年，第382～383页。

主义的真理性，进一步证明了人类社会历史发展的必然方向。中国发展所取得的成就表明，社会主义国家可以比资本主义国家对世界经济增长贡献更多，社会主义国家的民主法制建设所创造的社会稳定与资本主义国家所谓的自由民主所带来的混乱相比孰优孰劣高下立见，社会主义国家的文化繁荣特别是中华民族的优秀传统文化比资本主义国家的可口可乐、好莱坞等流行文化更具有底蕴、更有吸引力，社会主义国家的一党执政可以比资本主义国家的多党执政更加有效、民主、合理。这是社会主义相比较于资本主义的巨大胜利，诚如中国社会科学院戴立兴研究员所言："中国现在站在世界社会主义运动的最前沿。"①"中国特色社会主义进入新时代，正成为21世纪科学社会主义发展的旗帜，成为振兴世界社会主义的中流砥柱。"②中国特色社会主义的伟大成就向世界证明了中国特色社会主义强大的、具有说服力的科学性和真理性力量。

三、促进了全球话语体系的多元化发展

以中国为主要代表的发展中国家和新兴国家的崛起有力地改变了原先以"西方中心主义"话语为主导的全球话语体系，特别是中国特色社会主义不搞世界话语霸权的那一套，而是倡导尊重人类文明的多样性，致力于构建合作共赢的全球话语体系，丰富了全球话语体系的内容，为世界提供了更多的话语表达方式和解读方式，原先处于话语边缘和"失语"状态的国家都开始在全球话语体系中谋取属于自己的话语权，极大地促进了全球话语体系的多元化发展。

（一）"西方中心主义"话语曾一度主导全球话语体系

话语权从本质上来说是平等的，是可以互动分享的，然而这只是理想的

---

① 《为人类做出新的更大的贡献——十九大的世界意义》，新华网，http://www.xinhuanet.com/politics/19cpcnc/2017-10/23/c_1121845715.htm，2017年10月23日。

② 人民日报评论员：《一以贯之坚持和发展中国特色社会主义——论学习贯彻习近平总书记"1·5"重要讲话》，《人民日报》，2018年1月6日，第1版。

状态。在现实社会中，话语权的分布存在大小和强弱之分。“长期以来，西方借助创造工业文明所获得的早发优势，用商品、资本、武力等构成的强大的物质力量不断侵凌征服异域，并顺此将西方文化传播至全球各地。作为西方物质文明、精神文明表达工具的各种西方语汇，特别是作为近代学科发展产物的各种西方术语，亦随之四处扩散传播，形成了覆盖全世界的‘西方话语霸权’。”[①]西方话语霸权对世界和平造成了严重恶果。“寰宇世事，操之在耳”。个别西方国家总是把自己的经济制度、政治理念、伦理道德标榜成世界上唯一优越的模式，以“天命神授”的姿态对别国政治进行强权干涉。追溯20世纪苏联解体和东欧剧变，近看21世纪西亚北非的动荡乱象，无一不显示出是西方话语霸权的鬼魅身影在作祟。这种打着“自由民主人权”的幌子，实质是在不顾他国利益、牺牲他国人民的和平与幸福的前提下，大肆掠夺他国资源的殖民主义和帝国主义的丑陋行径，与“人类命运共同体”“和谐世界”所追求的精神理念和价值诉求显然是背道而驰的。“夫物之不齐，物之情也”。无论人们承认与否，当今世界格局已经不是过去的单极世界了，“单极时代”开始终结，世界多极化时代的曙光已经显现来临，面对多元话语蓬勃发展的事实，全球话语体系正在改变以往那种“西方中心主义”主导的模式。

（二）致力于构建合作共赢的全球话语体系

未来的全球话语体系不会再是一个中心、一种模式，那种发达国家既是世界话语主产地和传播渠道控制者，又是内容与手段操控者的话语霸权图景将消弭不在，随之出现的将是东西方在多元文化和价值观之间相互学习和借鉴，合作共赢的良性局面。全球话语体系差序格局的背后体现的是硬实力的强弱。随着发展中国家和新兴经济体实力的不断壮大，世界经济政治力量的格局开始出现变化，全球话语体系的格局也呈现出此消彼长的趋

① 陈正良、周婕、李包庚：《国际话语权本质析论——兼论中国在提升国际话语权上的应有作为》，《浙江社会科学》，2014年第7期。

势。一方面,由于最近几次金融危机的爆发,新自由主义不断遭受理论质疑和实践困境,导致西方话语霸权的地位开始动摇,日益显示出力不从心的态势。从20世纪70年代开始以美英两国为主导推行的新自由主义,以霸权式的手段在全球强制推广且迅猛扩张,在西方国家和世界上绝大部分地区都曾占有统治地位。然而,自从2008年资本主义国家的金融危机开始,新自由主义便开始遭遇滑铁卢,“使不少青年、民众,乃至政治家、决策者和相当多的资深经济学家又想起了马克思”①。一时间,新自由主义不仅要承受来自被推广国家的批评与责难,就连发达资本主义国家自己也不得不承认其政策的失败。正如2016年3月,特朗普在接受《华盛顿邮报》采访时所说:“我们不该再进行所谓的意识形态建设了,事实证明效果不大,而且现在的美国也与过去的很不同。我们不该再继续向其他国家推销我们的意识形态了,他们不需要我们做这些”②。另一方面,原先处于全球话语体系边缘地带和“失语”状态的国家随着自身实力的提升,开始在国际事务中谋求和争取原本就属于自己的话语权,这势必会对现有话语体系构成挑战。特别是以中国为代表的发展中国家和新兴国家一直致力于改变全球话语体系的不平等现状。与西方话语霸权追求的“唯我独尊”“至高无上”截然不同的是,中国特色社会主义话语权追求“共商共建共享”“合作共赢”,致力于构建“人类命运共同体”“和谐世界”,致力于构建合作共赢的全球话语体系,这为当今世界大大增加了和平因素。中国特色社会主义话语权有力地打破了新自由主义话语霸权的神话地位,打破了全球话语体系以“西方中心主义”主导的模式,在很大程度上改变了原来由超级大国支配的单一的世界政治格局和权力体系格局,有力地促成了世界政治格局从单极向多极方向发展。

---

① 曹天予:《权力与理性——世界中的马克思主义与自由主义》,华东师范大学出版社,2016年,序第2页。

② 转引自张新宁:《特朗普现象:内忧外困的资本主义世界悄然发生重大变化》,《思想理论教育导刊》,2016年第10期。

四、提供了可资借鉴的现代化发展模式

在中国共产党领导下创造的中国特色社会主义不仅实现了中华民族从站起来、富起来到强起来的伟大飞跃，而且还"拓展了发展中国家走向现代化的途径，给世界上那些既希望加快发展又希望保持自身独立性的国家和民族提供了全新选择，为解决人类问题贡献了中国智慧和中国方案"①。

（一）现代化不等于西方化

长期以来，人们对现代化的认识主要来自西方。以为现代化就是西方化。其实，现代化的类型也是多种多样的，并不是只有西方国家一种模式。迄今为止，人类社会从传统社会向现代社会过渡的过程中出现了三种现代化的类型，即原发型、后发型、新发型三种。三种不同类型的现代化模式都有自己各自不同的特点。原发型现代化发展模式即老牌资本主义国家实现现代化的发展模式，这些国家实现现代化并没有先例可循，发展的动力来自社会内部，因此原发型现代化模式具有缓慢、稳定、渐进、和谐的特征。后发型现代化模式与原发型现代化模式不同，后来居上的国家有原发型国家作为样板，因此可以节省不少时间，具有快速、突进的效果，但是后来居上者由于内外环境等多种复杂原因，例如挑战和逼迫等，不可避免地会出现不协调、不和谐，甚至冲突、动荡等现象。新发型现代化发展模式与前面两种又呈现出不同的特征，这种类型的国家主要以发展中国家为主，它们在借鉴原发型和后发型两种模式的基础上，又根据本国实际和时代特征来进行现代化建设，因此民族性和多样性是后发型现代化发展模式中最突出的特征。历史上，西方国家现代化大都伴随着海外扩张和殖民掠夺，给世界人民带来了深重苦难，即使是现在，某些超级大国依然延续着这种发展模式。这种以牺牲他国的利益来满足自身欲望的现代化发展模式不仅不长久，而且已经

① 习近平：《决胜全面建成小康社会 夺取新时代中国特色社会主义伟大胜利——在中国共产党第十九次全国代表大会上的报告》，人民出版社，2017 年，第 10 页。

遭到世界上绝大多数人的摒弃。"'鞋子合不合脚,自己穿了才知道'。一个国家的发展道路合不合适,只有这个国家的人民才最有发言权。"①"世界上没有完全相同的政治制度模式,政治制度不能脱离特定社会政治条件和历史文化传统来抽象评判,不能定于一尊,不能生搬硬套外国政治制度模式"②。那种以为西方化就是现代化唯一途径的错误思维正在不断地被实践抛弃在历史的尘埃里。

中国特色社会主义道路是中国共产党带领全国各族人民走出的一条属于自己的现代化道路。中国没有复制西方现代化发展的模式,而是把中国的发展与世界的发展连在一起,走出了一条具有中国特色的现代化发展之路,避免了走西式对外掠夺和扩张的老路,彻底打破了"西方中心论"认为的西方现代化是最优发展模式的错误甚至虚伪的心理,引领世界共同走向现代化。中国特色社会主义的成功证明了西方道路不是唯一的,中国道路既是中国的,也是世界的。中国特色社会主义拓展了发展中国家走向现代化的途径,为解决人类问题贡献了中国智慧、提供了中国方案。中国的现代化发展成就在世界发展史上都可以说是一个奇迹。西方政党热衷于搞"拳击赛",而我们中国共产党一门心思搞"接力赛",而且我们的"接力赛"有蓝图、有规划,这是西方国家所没有的,因而是它们羡慕的。中国共产党一步一个脚印,踏踏实实地完成了前面两步走,现在谋划的"两个一百年"奋斗目标也就是细化第三步走战略。2020 年即将到来,全面建成小康社会的目标即将实现,因此对于第二个百年目标,我们党又细化成两个阶段,在全面建成小康社会的基础上分两步走,在 21 世纪中叶建成富强、民主、文明、和谐、美丽的社会主义现代化强国。"从全面建成小康社会到基本实现现代化,再到全面建成社会主义现代化强国,是新时代中国特色社会主义发展的战略

① 习近平:《习近平谈治国理政》,外文出版社,2014 年,273 页。

② 习近平:《决胜全面建成小康社会 夺取新时代中国特色社会主义伟大胜利——在中国共产党第十九次全国代表大会上的报告》,人民出版社,2017 年,第 36 页。

安排。”[1]中国的现代化发展模式就是在这样一步接着一步的完成中实现的，这就像“接力赛”，一棒接过一棒，最终到达终点。中国俨然已经从一个现代化的参与者成为现代化的领跑者。

（二）中国方案赢得了世界各国的普遍赞誉

中国实行改革开放40年，取得了举世瞩目的辉煌成就，这样伟大的成绩让全世界羡慕不已。世界从未像今天这样渴望治理方式的迭代创新，而中国道路的探索和成就，恰逢其时地激荡起世界新的思考。周恩来曾经说过：国外对我们国家成就的正面评价，就是世界性影响。今天的中国，这种影响赢得了世界各国的普遍赞誉，中国正在日益走进世界舞台的中央。

中国共产党第十九次全国代表大会的召开可以说是向世界展示中国特色社会主义的一个重要时机，十九大已经不仅仅是国内社会热议的重要话题，而且已经成为世界各国关注的焦点。中国经济对世界的贡献、中国智慧、中国模式的借鉴价值、社会主义的真理性、政治体制的优越性、中国特色的大国外交、“一带一路”、新四大发明、反腐败、执政党的建设等领域取得的成就和经验都是此次大会之后各国政要和学者热议的话题。“中国特色社会主义对世界的贡献带来的是世界对社会主义的信心更足，世界上越来越多的学者和智库开始研究中国的成功之道，试图破解中国成功的密码。”[2]他们越来越清醒地意识到中国模式的优越性，期待学习、分享和借鉴中国发展的经验，以探索符合自身实际的发展道路。2017 年 3 月—6 月，中国外文局对外传播研究中心与凯度华通明略（Kantar Millward Brown）、光速公司（Lightspeed）合作开展的第五次中国国家形象全球调查结果显示，海外受访者普遍认同中国发展道路和模式是中国快速发展的主要原因，并普遍看好中国未来发展，认为中国的国际地位和全球影响力将会持续增强，高达 33% 的受访者认为中国即将成为全球第一大经济体，中国将引领新一轮全球化，

---

① 习近平：《决胜全面建成小康社会 夺取新时代中国特色社会主义伟大胜利——在中国共产党第十九次全国代表大会上的报告》，人民出版社，2017 年，第 29 页。

② 任理轩：《中国特色社会主义的世界贡献》，《人民日报》，2016 年 5 月 19 日，第 7 版。

为全球治理做出更多贡献。2017 年在越南举办的亚太经合组织工商领导人峰会上,菲律宾前众议长德贝内西这样评价中国特色社会主义:“中国特色社会主义是一个很好的解决方案。”①印度尼西亚亚洲创新研究中心主席班邦·苏尔约诺这样评价中国:“与全球分享中国的发展经验是中国越来越自信的体现。中国的发展道路和发展模式正在获得越来越多国家的认同,中国的朋友圈必将会越来越大。”②除了发展中国家以外,发达国家也开始正视中国成就的客观事实。2017 年 11 月的美国《时代》周刊亚洲版的封面首次用中英文写着“中国赢了”(“China Won”),文章指出:美国虽然仍然是世界第一经济强国,但中国的综合实力正在赶超美国,美国则在走下坡路。中国在世界舞台将会占据中心位置。美国世界粮食奖基金会主席肯尼斯·奎因对于《时代》周刊的文章做出了这样的回答:“中国模式的成功实践让西方无法视而不见,让其他国家无法置身事外。”③国际社会对中国的肯定,更是让国内的人民群众备受鼓舞。“厉害了!我的国”“厉害了!中国共产党”,一时间,“厉害了”成了我们中国老百姓家喻户晓的热门词汇,这个通俗易懂的词,反映的正是我们人民群众对祖国现代化成就的认可,对中国共产党的信任和信心,对未来美好生活的热切期待。“中国特色社会主义进入新时代,这个时代是中国日益走近世界舞台中央、不断为人类做出更大贡献的时代,世界有理由对这样一个时代抱以期待。”④

五、开启了社会主义建设的新模式

“中国的成功归根结底是中国特色社会主义的成功。”⑤中国特色社会主

①② 《世界这样评价新时代的中国领袖》,中国干部学习网,http://www.ccln.gov.cn/hotnews/269298.shtml,2017 年 11 月 13 日。

③ 《中国模式,为何西方无法视而不见?》,新华网,http://xhpfmapi.zhongguowangshi.com/share/index.html?docid=2552745&channel=qq,2017 年 11 月 19 日。

④ 胡泽曦:《全球“同步解读”凸显中国分量(盛会说)》,《人民日报》,2017 年 10 月 24 日,第 5 版。

⑤ 陈曙光:《深入理解把握党的理论和实践的主题(深入学习贯彻习近平同志“7·26”重要讲话精神)》,《人民日报》,2017 年 8 月 3 日,第 7 版。

义的成功不仅打破了过去西方国家普遍信奉的“历史终结论”的谎言，有力地证明了马克思主义关于人类社会历史发展规律观点的正确性，开启了社会主义建设的新模式，推动了世界社会主义运动的发展，堪称世界社会主义发展史上的奇迹，这是我们提升中国特色社会主义话语权强有力的实践证明。

（一）苏联模式的失败不是社会主义的失败

苏联模式的失败并不是社会主义制度的失败，而是苏联高度集权的社会主义体制出现了问题，才导致的社会主义在苏联的挫败。社会主义制度是优于资本主义的社会制度，表现在政治上的高度民主、经济上的生产力高度发达和人民生活的高水平、思想文化上的高度自由。但是十月革命是发生在不发达的俄国，这就使革命者面临着极其艰难的任务。列宁曾经采用“新经济政策”来大力发展社会主义国家的生产力，到第二次世界大战结束之前，在斯大林执政下的苏联模式还是大大促进了苏联经济的增长，成为仅次于美国的世界第二大工业大国。但是随着战争的结束，这种高度集中的政治经济模式已经不再适应和平时期的苏联社会主义建设，亟待改革与调整。遗憾的是，苏联一次又一次地错过了改革的时机。先是斯大林拒绝改革，再是赫鲁晓夫想改却又未能走出斯大林模式，然后是勃列日涅夫停止改革，到最后戈尔巴乔夫胡乱改革，再加上西方国家长期和平演变等复杂原因，最终造成了苏联解体的悲剧。20 世纪 90 年代初，苏联解体、东欧剧变给世界社会主义运动造成史无前例的巨创，许多西方学者纷纷断言社会主义已终结，然而，仍然有四个社会主义国家和一些社会主义流派的政党组织和个人活跃在当今世界政坛。特别是以中国为代表的中国特色社会主义的成功为处在低潮发展中的世界社会主义事业带来了一股春天的气息。正如邓小平同志曾经说过的这样：“社会主义经历一个长过程发展后必然代替资本主义。这是社会历史发展不可逆转的总趋势……一些国家出现严重曲折，社会主义好像被削弱了，但人民经受锻炼，从中吸收教训，将促使社会主义向着更加健康的方向发展。”①

马克思、恩格斯在生前对共产主义(社会主义)的描述更多的是侧重于设想、期待、憧憬,并不是身处社会主义国家的建设年代,因此他们在其著作中对共产主义(社会主义)的任何描写都不能被直接拿来套用在任何一个社会主义国家的建设上面。有关社会主义建设的方针、政策、计划、蓝图都应因时因地发生变化、做出调整,没有一套放之四海皆真理的适应任何社会主义国家建设的方案。马克思、恩格斯设想的社会主义革命首先发生在生产力发达的西方资本主义国家,然而事实却恰恰相反,第一个社会主义国家在生产力极不发达的情况下诞生了,后来其他的社会主义国家的生产力状况大致也如此。因此,简单地把马克思、恩格斯的论述直接用来建设社会主义显然是不合适的。但是这并不是说马克思主义的科学社会主义过时了、没用了,关于科学社会主义的一些基本原则还是要学习和遵循的。对于当前的社会主义国家而言,建设社会主义更重要的是吸取教训,在苏联东欧社会主义国家建设社会主义的基础上总结经验,特别是一些具有共性的认识,比如要大力发展生产力、发扬社会主义民主、加强党的监督与建设、解放思想与时俱进、借鉴资本主义优秀成果、正确处理民族关系、重视知识分子的作用等,这些可以在不同的社会主义国家之间互相借鉴,但是最根本的还是应该坚持具体问题具体分析的原则,根据自身的实际国情和时代特征的变迁来做出具体的适合本国国情的社会主义建设的路线、方针与政策。

(二)中国特色社会主义开启了社会主义建设的新模式

“社会主义实践的巨轮,早已抛弃那些被证明是不切实际的东西而破浪前行。最有代表性的成果是形成了中国特色社会主义等革除了和正在继续革除苏联模式弊端的新的社会主义模式。”②中国特色社会主义始终坚持马克思主义关于建设社会主义社会的立场、观点和方法,始终坚持社会主义的

---

① 邓小平:《邓小平文选》(第三卷),人民出版社,1993 年,第 382 ~ 383 页。

② 黄宗良、项佐涛、古明明:《热话题与冷思考——关于“社会主义改革 60 年:从苏联模式到中国道路”的对话》,《当代世界与社会主义》,2016 年第 1 期。

本质属性,但却绝不拘泥于马克思、恩格斯在一百多年前说过的然而却并不适合于当下中国建设社会主义的有关论述,而是根据时代发展的要求,根据中国经济社会的实际情况来建设社会主义。

中国特色社会主义实现了对传统社会主义模式的更新和超越,把社会主义与市场经济结合在一起,改变了社会主义国家实现现代化的方式,做到尊重劳动、解放资本、约束权力,成功实现了人类对更好社会制度的探索。1978 年十一届三中全会以来,以邓小平为核心的第二代中央领导集体大胆推进改革开放,破除姓"资"姓"社"的思想禁锢,创造性地提出了社会主义市场经济理论、社会主义本质理论,初步回答了在经济文化比较落后的国家如何建设社会主义、如何发展社会主义的问题。邓小平创立的社会主义与市场经济结合的理论在世界社会主义发展史上是第一次,属于重大理论创新,开启了社会主义发展的新模式。

在邓小平同志开创的社会主义事业的基础上,中国共产党领导全国各族人民又奋斗了二十年,在经济、政治、社会、文化、生态等各个领域取得了新的成就。自从 2012 年党的十八大以来,我国在以习近平同志为核心的党中央的领导下,"以巨大的政治勇气和强烈的责任担当,提出一系列新理念新思想新战略,出台一系列重大方针政策,推出一系列重大举措,推进一系列重大工作,解决了许多长期想解决而没有解决的难题,办成了许多过去想办而没有办成的大事"①,促使中国特色社会主义顺利进入新时代。特别是党的十八大以来,全面从严治党成效卓著。"不敢腐的目标初步实现,不能腐的笼子越扎越牢,不想腐的堤坝正在构筑,反腐败斗争压倒性态势已经形成并巩固发展。"②党中央以壮士断腕的勇气和破釜沉舟的决心大力打击腐败,重新塑造了党在人民群众心中的光辉形象,挑战了西方所谓的只有多党

① 习近平:《决胜全面建成小康社会 夺取新时代中国特色社会主义伟大胜利——在中国共产党第十九次全国代表大会上的报告》,人民出版社,2017 年,第 8 页。

② 习近平:《决胜全面建成小康社会 夺取新时代中国特色社会主义伟大胜利——在中国共产党第十九次全国代表大会上的报告》,人民出版社,2017 年,第 10 页。

制才能反腐败的谬误言论,使得“反腐亡党,不反腐亡国”的谬论破产。这是社会主义国家共产党自我革命的胜利,也是与苏联时期共产党腐败无能的鲜明对照,是社会主义建设史上的又一次伟大胜利。2017 年 12 月在上海召开的第七届中国学论坛上,斯里兰卡前外交部部长尼哈儿·罗德里格认为,中国特色社会主义是中国重要的创新,中国特色社会主义进入新时代,不仅对中国是一个好消息,对全世界也是一个好消息。越南社会科学院中国研究所杜进森教授表示非常有意向与中国合作,他认为越南应该学习、研究、探讨并借鉴中国特色社会主义这一重要创造。杜进森认为,党的十九大提出的习近平新时代中国特色社会主义思想是对共产党执政规律、社会主义建设规律、人类社会发展规律认识的深化,他希望越南能和中国在社会主义理论研究方面就经济体制改革、社会治理创新、党的建设、社会主义法治国家建设等领域进行研究和合作。以色列希伯来大学荣誉教授伊扎克·希霍认为,虽然中国表示不向外输出中国模式,但是这并不能阻挡其他国家学习、研究甚至选用中国特色社会主义这一新的社会主义模式。[①] 当前,中国特色社会主义已经进入新时代,我们已然完成第一个百年奋斗目标,正在为实现第二个百年奋斗目标不懈奋斗,这就“意味着科学社会主义在 21 世纪的中国焕发出强大生机活力,在世界上高高举起了中国特色社会主义伟大旗帜”。这是中国特色社会主义的新时代,也是世界社会主义事业的新时代,开启了世界社会主义辉煌事业的新篇章!

第二节 提升中国特色社会主义话语权面临的挑战

的确,中国特色社会主义话语权取得了一些成就,从当前我国在世界格局中所处的地位来看,提升中国特色社会主义话语权已势在必行,然而话语

① 参见徐海娜:《全世界都渴望了解新时代的中国——第七届中国学论坛外国学者观点撷英》,当代世界微信客户端,2017 年 12 月 20 日。

权的运行或者说其权力的发挥也面临着诸多挑战，认真分析这些问题和挑战，是我们进一步思考如何提升话语权的前提和基础。

一、话语主体的能力有待提高

中国共产党的长期执政能力、先进性和纯洁性建设能力的高低直接影响着中国特色社会主义话语权力的强弱。

（一）党的长期执政能力有待提高

中国共产党领导下取得的中国特色社会主义的伟大成就是中国特色社会主义话语权最坚强的后盾。然而，中国特色社会主义事业能否继续保持这种令人羡慕的成绩，在很大程度上取决于中国共产党长期执政能力的强弱。改革开放40多年所取得的伟大成就有目共睹，然而由于多方面因素的影响，社会主义制度的优越性没有得到充分发挥。当前社会的主要矛盾集中体现在人民日益增长的美好生活需要和不平衡不充分的发展之间的矛盾，这种不平衡不充分的发展是当前人民追求美好生活最主要的制约因素。“人民美好生活需要日益广泛，不仅对物质文化生活提出了更高要求，而且在民主、法治、公平、正义、安全、环境等方面的要求日益增长。”[①]这些矛盾和问题的存在在一定程度上影响了人民群众对“人民当家做主”“共同富裕”“以人为本”“和谐社会”等社会主义理念和原则的认同度。中国特色社会主义所阐述的美好目标与我国社会主义初级阶段的现实之间依然存在一定差距，人民群众对于社会主义的殷切期盼与当前复杂的现实情况之间仍然存在较大差距。因此，中国共产党作为话语主体，需要不断提高其理论转化为实践成果的能力，提高在复杂情况下长期执政的能力。

（二）党员干部队伍建设水平有待提升

党员干部队伍是提升中国特色社会主义话语权的中坚力量。干部队伍

---

① 习近平：《决胜全面建成小康社会 夺取新时代中国特色社会主义伟大胜利——在中国共产党第十九次全国代表大会上的报告》，人民出版社，2017年，第11页。

建设水平的高低、强弱直接关系中国特色社会主义在国内外的影响力。当前,我国的党员干部队伍建设较之过去有了较大的提升,特别是党的十八大以来,全面从严治党成效卓著,一大批党员干部的精神面貌和思想状况有了较大改观,但离我们承担实现“两个一百年”奋斗目标和“中国梦”历史使命和神圣责任还有一定差距。当前,党员干部队伍建设的问题主要集中在选人用人的能力和水平上。在选择培养发展何种党员干部的问题上,还存在体制机制上的漏洞,相关培养干部的标准体系还有待完善,在塑造“忠诚、干净、担当”的干部形象的具体实践中仍然有许多要研究、分析和探索的地方。当然,这是一个复杂严峻的任务,不是一朝一夕、单独某个部门就能完成的,还需要全党全社会共同努力、久久为功。

(三)反腐败斗争形势依然严峻

“人民群众最痛恨腐败现象,腐败是我们党面临的最大威胁”①,当前,腐败现象可以说是影响中国共产党公信力的最大隐患。中国共产党的执政形象从总体上来看是好的,是向上向善的。然而一些党员、党员干部的不良行为影响了人民群众对中国共产党整体形象的判断和印象,致使中国特色社会主义的公信力受到了一定程度的挑战。其实,毛泽东同志早在七届二中全会上就指出:“资产阶级的捧场则可能征服我们队伍中的意志薄弱者。可能有这样一些共产党人,他们是不曾被拿枪的敌人征服过的,他们在这些敌人面前不愧英雄的称号;但是经不起人们用糖衣裹着的炮弹的攻击,他们在糖弹面前要打败仗。我们必须预防这种情况。”②当前摆在我们共产党人面前的糖弹越来越多、越来越复杂、越来越具有迷惑性和诱惑力,个别党员干部在这些纷繁复杂的糖弹面前败下阵来。中国共产党人在改革开放的时代大潮面前,一方面,必须掌握运用商品经济的原则来驾驭社会主义市场经济的能力;另一方面,又绝不能把商品经济中的等价交换原则那一套带到党内政治

① 习近平:《决胜全面建成小康社会 夺取新时代中国特色社会主义伟大胜利——在中国共产党第十九次全国代表大会上的报告》,人民出版社,2017 年,第 66 ~ 67 页。

② 中共中央文献编辑委员会:《毛泽东著作选读》(下册),人民出版社,1986 年,第 667 页。

生活中来。然而，在现实生活中，一些党员干部往往容易混淆两者的界限，出现了权力寻租引发的一系列有损执政党形象的不良现象。权钱交易、权色交易等各种贪污腐败、行贿受贿的现象致使党与人民群众的关系产生了一定程度的隔阂。虽然党的十八大以来，我们党坚持全面从严治党的重大战略决策取得了从不敢腐到不能腐的基本成效，反腐败压倒性胜利已经基本形成，但是当前反腐败斗争形势依然严峻复杂，面对复杂环境的诱惑，要能够始终保持清醒的头脑，实现不想腐的价值取向，党的先进性和纯洁性建设的能力还需要不断巩固和增强。《反腐倡廉蓝皮书：中国反腐倡廉建设报告No. 10》指出：当前被动求人现象仍然存在。31.3%的干部、25.2%的专业技术人员、13.4%的城乡居民认为当前办事托人请客现象“非常普遍”或“比较普遍”。11.2%的城乡居民认为，到党政机关办事，不找熟人办不成事的现象“非常普遍”或“比较普遍”。20.7%的城乡居民认为求职找工作，24.4%的认为孩子入园、入学、升学，17.6%的认为工作调动、提薪升职，13.7%的认为看病就医需要托人说情或请客送礼才能办成。如果遇到罚款、查封、拘留等麻烦事，8.1%的城乡居民选择“找熟人关系帮忙解决”，0.6%选择“给执法人员送钱送物”。

二、话语内容有待创新发展

话语本身的内容是影响话语权的一个关键性因素。话语内容质量的高低也是判断话语权强弱的一个重要指标。

（一）“中国实践—西方解读”现象有待改变

改革开放以来，一些西方研究者对中国改革开放取得的成就相当认可，对中国道路很有兴趣，纷纷探寻“中国奇迹”背后的理论支撑。但是在现有的全球话语体系和传播体系中，中国发展的实际情况往往难以通过理论全面、客观、真实地加以阐释和说明。相反，中国实践被西方话语解读的现象一直存在。这种以西方经验为基础、以西方思维方式为导向的话语体系，难以准确地解释中国特色社会主义实践。这一现象在一定程度上影响了中国以更加理性、更加文明和更加自信的态度进行现代化建设、参与国际交往和世界交流。一方面,西方一些别有用心的人士和社会团体故意歪曲我国改革开放取得的伟大成就,特别是近些年,新自由主义和历史虚无主义甚嚣尘上,他们把我国的成就归功于资本、私有制和市场经济的作用,对中国特色的社会主义优越性视而不见,反而把失误和问题归咎于社会主义制度,对于中国的复杂国情视而不见,这种经由西方学者所研究出的"成果"往往出自他们的视角,与我们的实际和实践大相径庭;另一方面,在国内"有的人奉西方理论、西方话语为金科玉律,不知不觉成了西方资本主义意识形态的吹鼓手"[①],用西方话语来解释中国的发展实践,究其原因还是对自身理论不够自信。

(二)智库建设尚未成熟

改革开放以来,一些西方研究者对中国改革开放取得的成就相当认可,对中国道路很有兴趣,纷纷探寻"中国奇迹"背后的理论支撑。中国发展的实际情况往往难以通过我们自身的理论来全面、客观、真实地加以阐释和说明。相反,中国实践被西方话语解读的现象一直存在。究其原因还是我国智库建设不成熟。

当前中国智库一个非常突出的问题就是"库多智少",这是导致当前中国智库在世界智库排名靠后、决策正确率不高、影响力缺乏的一个关键性因素。由美国宾夕法尼亚大学"智库研究项目"(TTCSP)研究编写的《全球智库报告2020》显示,虽然中国智库在全球11175家智库中数量排名位居第二,拥有1413家,但是与排名世界第一的美国智库2203家相比较而言,相去甚远。另外,在排名全球顶级智库十大榜单中,美国智库占了五成,欧洲智库占了三成,另外两所分别是巴西和日本的智库,中国则无一家智库入选。可见,中国智库在质量上进一步提升的空间还很大。这些高端智库在国际化的视野、现代化的管理和专业化的人才队伍方面形成了独具特色的优势,

① 习近平:《在全国党校工作会议上的讲话》,《求是》,2016年第9期。

研究成果令人瞩目，并且正在有意识地引领世界话语走向。相比之下，我们国家长期以来对于智库建设的重视程度不够导致我国智库发展和智库人才的培养相对滞后。

这主要表现在高级别智库的质量和数量有待提高；中央智库与地方智库沟通不畅，地方智库中一些优秀的研究成果不被重视，缺乏向上报送的渠道；研究成果转化不及时，未能把优秀的智库成果上升到中央决策层面，为顶层设计服务；理论与实践脱节比较严重，研究成果不接地气，不能很好地解决现实问题。“据权威数据分析，中国智库的决策失误率约为30%，而西方仅为5%。”①这说明我国智库建设的研究成果质量不佳，存在短期性和应景性，缺乏长期性、战略性的思想产品。另外，我国智库在成果转化和开放程度方面还有待增强，理论构建的国际视野和全球思维有待拓展，对于民间智库的建设和重视程度还没有很好地被提上议事日程。所有这些都在很大程度上影响了我国智库的国际化水平和对外影响力的提升。

（三）国际议题的设置能力不足

“一个不容讳言的事实是，在今天的全球话语氛围里，中国在很大程度上仍然未能获得一个对自己有利的国际话语环境”②，还没有足够的努力去争取形成对自己有利的国际议程。“国际议题的设置，既是国际话语权强弱的直观表现，也是国际话语权竞争的重要途径。”③与日益提升的国际地位和综合国力相比，中国特色社会主义在国际上的影响力还不够强大，尤其是在国际议题和国际事务的博弈中，表现为力量不足、相对弱势的状况，这与中国的国际地位极不相称。冷战以后的几大国际性政治议题，如“文明的冲突”“历史终结论”“恐怖主义”“中国威胁论”“中国责任论”“普世价值”“世

---

① 景春梅：《中国特色新型智库建设的七大难题与八项建议》，《光明日报》，2015年10月21日，第16版。

② 陈正良等：《国际话语权视阈下的中国国际议程设置能力提升研究》，《中国矿业大学学报》（社会科学版），2014年第3期。

③ 张志洲：《提升学术话语权与中国的话语体系构建》，《红旗文稿》，2012年第13期。

界是平的”“人道主义干涉”“战狼外交”等，几乎都是由西方大国设置主导的。美国等西方发达国家在国际议题的设置上总是能够先发制人，而中国往往处于被动的位置上，而非主动设置者，不仅不能掌握国际热点问题的主动权，而且往往还按照西方的逻辑和思路来解释自身的现象，这说明中国在国际议题设置的意识和能力方面有待提高。导致这一问题的原因主要有三个方面：首先，我们长期以来在议题设置方面的意识较弱，没有充分认识到主动设置国际议题的重要性。其次，当前我国外宣人才培养不力，储备不足，还没有形成一支专门从事推动“中国特色社会主义”走出去的，涵盖理论研究、对外翻译、媒体宣传、党际交流的人才队伍，这就直接导致了我们对外阐述的能力相比西方而言还比较薄弱，往往陷入“有理说不出，说了也传不开”的尴尬局面。特别是还没有形成一支完善的中国特色社会主义的智库人才队伍。智库人才是设置国际议题的关键与核心，然而我们当前的智库建设尚处于起步阶段。最后是我们目前还缺乏议题设置的丰富经验，对于设置“什么样的议题”“什么时候对外发布议题”“如何提升议题的国际关注度”等问题，我们还没有太多的经验，这需要我们在未来的实践中不断尝试和总结。

三、话语平台的效用有待发挥

当前我们并不缺少话语平台，但是现存话语平台在提升话语权的过程中所应有的效用并没有充分发挥出来。

（一）高质量的旗舰型媒体比较缺乏

长期以来，发达国家的新闻媒体牢牢掌控着全球信息输出的领导权和话语权，其对世界话语的影响不容忽视。第二次世界大战以后，西方发达国家对第三世界国家的殖民侵略从经济、军事领域的“硬实力”镇压转向文化领域的“软实力”渗透。相比较先前的殖民侵略，这是一种更为严重的、更为彻底的全球性的文化帝国主义。发达国家特别是美国，通过媒体控制全球信息、传播和娱乐行业，无论是在传播载体的标准化、媒介组织的产业模式上，还是在媒介实践中的价值观、媒介内容上，都占据着主导位置，控制发展中国家乃至全球，最终实现文化统治的目的。当发展中国家的人民不断持续地消费着来自发达国家的媒介产品、文化商品（动漫人物、好莱坞电影、可口可乐、娱乐明星等），他们也在累积性地接受着隐含在这些媒介产品和文化商品中的西方价值观和意识形态，而发展中国家的传统和民族文化则会被西方文化逐渐地同化甚至销蚀，从而导致对人类文化多元性和丰富性的抹杀，这种现象的危害就在于它在不知不觉中制造并加深了本就不公平、不对称的国际等级关系。世界著名的facebook（脸书）、twitter（推特）、Youtube（优兔）三大媒体公司总部都设在美国。我国的主流媒体如新华社、中国国际电视台、《中国日报》《人民日报》《环球时报》等都在这些平台注册了账号，通过这些国外媒体推送与中国有关的新闻，这其中的主要原因还在于我们缺乏一批高质量的旗舰型媒体。这对于我们提升中国特色社会主义话语权来说，是一个不小的挑战。面对这种西方拥有信息霸权的局面，我国应充满自信，努力建设适应信息全球化、负责任、高质量、多功能的信息旗舰媒体，让中国信息输出的主动权和话语权掌握在中国的媒体手中。

（二）媒体的传播理念和能力有待创新改进

一国话语权的强弱与该国媒体的传播理念和传播能力都有着密切的联系。当前，互联网领域是中国特色社会主义话语权争夺的场域之一，然而我国媒体在互联网领域的传播手段和传播理念还有待改善和提高。理论宣传大量地还是见诸一些传统媒体，然而这些媒体的宣传形式不够灵活，缺乏感官上的冲击力和吸引力，话语表达不给力。虽然现在许多媒体在微信这一平台上开通了公众号，但是在进行宣传主流话语的过程中未必能起到预想的结果。这主要还是其在表现形式、传播技巧上存在问题导致的。要想吸引更为广泛的受众的注意，必须要大力提升符合时代发展要求的传播理念和传播手段。特别是一些官方的网络媒体，对网络受众心理方面的研究不够充分，对文化传播规律认识不太清晰，在资源传输速度、画面质量、资源共享的开放程度上设置的门槛过高、障碍过多，有些资源在开放时间上还设置了严格的条件和限制。总之,传播手段和传播理念上的保守和相对落后削弱了理论宣传的效果。

(三)对外阐述话语的意识和能力有待提高

目前,中国特色社会主义这套话语在世界上的影响力相对于实践的影响力明显滞后,首先是在推动中国特色社会主义走出去方面的意识不强,话语阐述的工作主要还是集中在国内,虽有个别科研机构举办过有关"走出去"的学术活动,但此类活动一方面主要局限在学术层面,没有扩展至新闻媒体、公民个人、社会组织等领域,另一方面"走出去"事宜还没有大范围地提上议事日程,没有在战略层面引起有关党政部门的高度重视。其次是对外阐述的能力还比较薄弱,往往是做好了却总结不到位,总结出来了但说的不太好,说出来了只能自己听,其原因在于当前我国还缺乏主要从事于推动中国特色社会主义走出去的,涵盖学术交流、对外翻译、媒体宣传、党际交流的综合性的部门和机构。

明显的一个例子就是,由当代世界出版社于 2020 年 7 月在黎巴嫩,和 2021 年 5 月在武汉,分别出版的阿拉伯语版本和中英文版《坚定——一个外国人的武汉日记》一书,并没有起到预想所产生的对外宣传的效果。该书记录了黎巴嫩在华留学生阿德汉·赛义德如何在"封城"隔离期间与武汉人民并肩作战,并通过数据和事实向国际社会讲述武汉及中国抗疫真相的故事。该书的出版也举行了新闻发布会,一些国内的主流媒体也做了相应报道,但该书和为该书出版所举行的新闻发布会并没有引起太大的社会反响,该书的中文版在国内并没有为许多人所知晓,该书的英文版也没有很好地在疫情背景下对外传递中国真实抗疫信息、宣传中国疫情防控成果、讲好中国抗疫故事等方面发挥积极作用。这反映出我们当前在对外讲好中国故事方面的意识和能力还有许多需要思考和提高的空间。

四、话语外部环境存在一定障碍

话语权的运作需要一个良好的外部环境,虽然当前西方社会混乱、政治动荡的乱象给了我们一个提升话语权的良好机遇,但是一直存在的意识形态的隔膜和差异、西方话语霸权的僵化思维,以及“逆全球化”思潮的泛起会在相当长的时间内成为我们提升话语权的一个主要障碍。

(一)意识形态的隔膜和差异

资本主义国家对社会主义制度的天然抵触和排斥造成中国特色社会主义话语权的提升面临历史文化和思想观念的障碍。只要世界仍然是“一球两制”的格局,意识形态领域的斗争就会一直存在。中国特色社会主义话语权回避不了“社会主义”这个敏感的话题。一个社会主义大国来参与全球治理,还要在全球治理中发挥话语权,很容易让其他人联想到我们要利用全球治理推广社会主义制度,再加上冷战思维的影响,“资本主义”与“社会主义”两大意识形态存在长期对立的现象,中国特色社会主义提升话语权很容易给人一种强烈的意识形态色彩,容易产生误解、排斥和反感的心理。诚然,中国在全球治理中所倡导的“人类命运共同体”和“共商、共建、共享”的理念不是美国的自由国际主义,也不是欧洲的改良国际主义,而是具有社会主义意识形态性质的国际主义,是对马克思国际主义的坚持和发展,具有鲜明的中国特色和社会主义特色。我们主张在全球治理中运用马克思主义的立场、观点和方法解决全球性问题,从而推动中国特色社会主义“走出去”。然而,在其他社会制度下的国家会认为我们是要强行推广社会主义,会产生误解,甚至会抹黑中国特色社会主义。比较典型的就是英国广播公司(BBC)在涉华报道中使用了“阴间滤镜”,把原本鲜明、正面的图片加以暗色调处理,其目的很显然就是要塑造一个阴郁、冷清、压抑、缺乏活力、令人无法被吸引的中国形象。“随着我国全球战略布局的稳步推进,由于根本利益立场和价值取向的差异,我们与发达国家在意识形态战线上或明或暗的斗争只会更加频繁和激烈,双方势必在国际话语权、道义制高点以及发展模式等方面展开愈加正面和广泛的较量。”[①]因此，提升中国特色社会主义话语权仍然存在较大的意识形态的隔膜和差异。

（二）西方话语霸权的僵化思维

作为权力话语的“东方主义”是造成当今西方中心主义话语霸权的主要思想来源。中国已经完成了由站起来到富起来的历史任务，现在正处在强起来的路上。自1500年，西方开启大航海时代以来，西方开始领跑东方，国际政治格局呈现“西主东从”的局面，进入21世纪，特别是2010年以后，国际政治格局呈现“五百年未有之大变局”，“东升西降”的局面开始出现。西方发达国家对此并没有做好准备，这就势必会引来某些西方国家的非议和排挤。面对突如其来的话语权挑战，西方还沉浸在长期以来话语霸权的优越感之中，他们不能正视话语霸权正在衰落的事实，反而极力抹黑中国特色社会主义，以图能够继续维持昔日话语霸权的地位。一些西方学者趁势利用“修昔底德陷阱”来故意渲染中国崛起是与美国争霸，借中国崛起制造美国衰落的威胁感，无端指责中国，无据评判中国，胡乱给中国贴标签，抛出类似“威胁论”“责任论”“新殖民主义”等论调，对“中国崛起”现象故意渲染、极力否定，竭力遏制中国特色社会主义在世界舞台上的正常表达和传播，这在一定程度上阻碍了中国特色社会主义话语权的提升。虽然2013年美国在加利福尼亚州安纳伯格庄园召开的“习奥会”和2017年在佛罗里达州海湖庄园召开的“习特会”都发表了要加强对话与合作、互利互惠、合作共赢的声明，但是事实上，美国仍然把中国看作是竞争对手，特别是特朗普上台以后，美国就把中国列为最大的战略竞争对手，这已经体现在了很多份白宫和五角大楼的重要文件里。虽然现在特朗普走了，但是“遗产”仍在，拜登上台后依然坚持美国优先的思想，拜登团队上台之后发布的《美国国家安全战略临时指南》就明确了中国是美国最大的竞争对手。按照他们的思路，中国作为

① 王向明:《意识形态工作怎样更有亲和力——如何应对全球话语体系中的“三种论调”》,《人民论坛》,2016年第11期。

一个崛起中的大国，必定是想通过参与全球治理而获利，要与其他国家特别是美国争利。

(三)“逆全球化”思潮泛起

“英国脱欧、特朗普当选、欧洲极右翼政党的得势乃至全球民粹主义的盛行展现了一幅逆全球化的图景。”①这种逆全球化的趋势虽然还没有在世界范围形成大气候，但势必会阻碍全球治理的健康发展。当前西方这股“逆全球化”思潮严重违背了全球治理的初衷和基本精神，在相当程度上对全球治理的健康发展起到了阻碍作用。这集中表现在以下四个方面：首先，观念赤字。观念赤字主要是公平、民主、公正等观念的赤字。由于全球治理旨在解决全球共同面临的问题与挑战，所以每个参与全球治理的行为体都是全球治理的平等参与者和建设者，大国或强国绝不能凌驾于小国或弱国之上。然而实际上，全球治理的主导权一直掌握在发达国家手中，发展中国家难以获得平等的话语权。霸权式思维是当前主导全球治理的主要价值模式。其次，制度赤字。一些传统的全球治理制度或规则严重失衡，“非中性色彩十分浓重，并业已成为维护和扩大少数既得利益国家或国家集团利益的工具”②。发达国家一直霸占着规则制定、解释和执行的权力，希望发展中国家只是事务性的参与，并不希望它们进入到结构性或制度性参与。再次，产品赤字。当前全球治理的公共性产品明显供给不足，这与逐渐增大的需求构成了冲突和矛盾，很多国家都希望享受公共产品带来的利益或好处，却都不希望承担提供公共产品的高额成本，这导致了全球治理过程中公共产品供给的稀缺。最后，责任赤字。“发达国家享受了全球治理的主要权利，但受西方个体本位主义以及近来民粹主义思潮的影响，在责任面前尽力推脱。

---

① 徐海娜：《全球化的严峻挑战与全球治理的中国方案》，本文根据作者在锐评2016研讨会上的发言整理而成，光明网，http://theory.gmw.cn/2016-11/29/content_23136975.htm，2016年11月29日。

② 张宇燕：《全球治理的中国视角》，《世界经济与政治》，2016年第9期。

而发展中国家仍无法获得与自身实力相适应的话语权。”[①]按照理论层面来说，在全球治理过程中，权利与责任应该是对等的，享受多大的权利，就应该承担多少的责任，享受的权利越大，承担的责任自然就越多。然而，在实际的操作过程中，权利与责任往往是不对等的，甚至是极不对等的。全球生态问题就是一个典型的例证。发达国家把大量的污染型企业转移到发展中国家，自己在享受优美舒适环境的同时，不仅让发展中国家承担治理环境污染的高额成本，还故意歪曲事实，指责发展中国家是造成全球环境污染的主要责任人。综上，中国在参与全球治理过程中遇到的困难是多方面的，也是必须着力加以应对的，这是我国提升话语权必须越过的障碍。

① 徐秀军：《逆全球化思潮下中国全球治理观的对外传播》，《对外传播》，2017 年第 3 期。

第五章
苏联话语权兴衰的历史实践与经验启示

要研究中国特色社会主义话语权，绕不开对苏联话语权问题的研究。研究苏联话语权兴衰的历史进程，可以做到明历史知兴替、明历史知得失。

1917 年俄国十月革命的胜利以及苏维埃社会主义共和国联盟的成立是 20 世纪最具有影响的重大历史事件之一，从此打破了资本主义一统天下的格局，形成了资本主义与社会主义两分天下的局面。苏联共产党政治话语的影响力一度超越了资本主义制度政治话语的影响力，在世界社会主义国家阵营以及广大落后国家中，苏联话语权的兴衰展现出一幅从逐步提升、确立巩固到动摇丧失的历史图景，这一图景是悲壮的、令人惋惜的，但同时也是令人印象深刻的、让人痛定思痛的，值得我们每一位共产党人深思。

第一节 苏联话语权建设的兴与衰

一、话语权的形成与发展——列宁时期

要回顾苏联话语权的形成历程，必须追溯至苏联之前的苏俄时期。苏联全称是苏维埃社会主义共和国联盟，其前身是 1917 年十月革命胜利以后建立的俄罗斯苏维埃联邦社会主义共和国，即苏俄。从苏俄的建立到 1924 年 1 月 21 日列宁的逝世，这一段时期是苏联话语权从形成到逐步发展的阶段。这一时期的政治话语主要是以列宁主义为代表的马克思主义话语体系，这一话语体系的作用发挥主要体现在以列宁为代表的共产党人对于这

一时期社会主义建设的理论贡献和初步实践。苏联话语权的建立和发展，其前提和基础是苏共的政权能否得到巩固，苏共的政策能否得到人民的拥护。由于这一时期的理论与实践基本上是适应当时社会需要的，符合广大人民群众利益的，所以说，列宁时期的苏联政治话语处于兴盛时期的起始阶段。本书主要从经济建设、政治建设和文化建设三个维度进行简要的分析和阐述。

（一）实事求是的经济政策，提升了人民对于新生政权的认可度

马克思主义唯物论认为，经济基础决定上层建筑。人民群众在经济层面的感受是直接的、感性的，这种感受的好坏直接影响到人民群众对于政治上层建筑的态度。在苏俄和苏联前期，列宁在经济建设方面所做出的重要贡献对于刚刚诞生的苏维埃政权以及苏维埃人民而言，都是极其宝贵的，直接影响到苏维埃人民对于政权的拥护、对于列宁主义的认可和支持。

1. 从“军事共产主义”向“新经济政策”的转变

十月革命胜利以后，面对内忧外患的情况，新生的苏维埃政权不得不实施了“军事共产主义”政策。当时，所有的共产党人，包括列宁在内，都认为“军事共产主义”并不是战时的，它不只适合于内战的某个发展阶段，而是万能的、普遍适用的，也就是胜利了的无产阶级的经济政策的正常形式。列宁后来曾多次承认一度有过“直接过渡”的思想。他说：“我们计划用无产阶级国家直接下命令的办法在一个小农国家里按共产主义原则来调整国家的产品生产和分配。现实生活说明我们错了。”①正是因为“军事共产主义”的政策内含着用军事强制的方法在全国实行共产主义的生产和分配，以便直接过渡到共产主义的思想，所以国内战争结束之后，军事共产主义不仅没有停止，而且变本加厉，在 1920 年至 1921 年初达到了高潮。战争结束后，当苏维埃政权试图继续推行这一政策时，便很快陷于全面的经济和政治危机之中。从 1920 年底到 1921 年春天，各地普遍发生了农民暴动，1921 年二三月间，

---

① 《列宁全集》（第 42 卷），人民出版社，1987 年，第 176 页。

喀琅施塔得水兵起义,提出了“要苏维埃,不要布尔什维克党”“政权归苏维埃,不归布尔什维克党”“立即取消粮食征购队”等口号。喀琅施塔得水兵起义事件表明,国内存在的不满情绪已经到了危及革命政权的地步,如果再不调整政策,苏维埃政权将会遇到更大更严重的危机。

“军事共产主义”政策对于保证国内战争的胜利和保卫苏维埃政权的确发挥了积极作用,但随着战争的结束,这种模式已经不再适应和平环境下的苏维埃,需要及时做出调整。正是在这种形势下,1921 年 3 月召开的俄共(布)第十次代表大会根据列宁的报告,通过了《关于以实物税代替粮食征收制》的决议,开始实施以粮食税为中心内容的“新经济政策”。“新经济政策”的实质在于通过市场、商业把社会主义工业经济和农业经济结合起来,在此基础上巩固工农联盟。这一政策的实施使苏维埃俄国迅速摆脱了困境,工农业生产都得到恢复和发展。

2. 允许利用商品经济和资本主义优秀成果建设社会主义

在“军事共产主义”政策时期,列宁曾试图取消商品经济和货币,但现实证明,这种极端的做法是行不通的。“新经济政策”的重要内容就是发展商品经济,用商品交易代替产品分配。列宁强调,“商业正是我们无产阶级国家政权、我们居于领导地位的共产党‘必须全力抓住的环节’。如果我们现在能紧紧‘抓住’这个环节,那么不久的将来我们就一定能够掌握整个链条。否则我们就掌握不了整个链条,建不成社会主义社会经济关系的基础”①。列宁在如何对待非社会主义经济成分问题上,前后有比较大的变化。在“军事共产主义”政策时期,列宁主张用“赤卫队进攻资本”的方式,没收大企业、中小企业。但是后来列宁发现,在小生产占优势的国家里,单靠剥夺剥削者不能解决问题,在过渡时期,多种经济成分并存是必不可免的。于是列宁提出了利用资本主义的思想:“我们应该利用资本主义(特别是要把它纳入国家资本主义的轨道)作为小生产和社会主义之间的中间环节,作为提高生产

---

① 《列宁全集》(第 42 卷),人民出版社,1987 年,第 248 页。

力的手段、途径、方法和方式。”毕竟，与中世纪制度、封建官僚制度相比，资本主义是一种先进的制度，特别是国家资本主义制度，相比于当时苏俄大量存在的小生产状况来说，是一个巨大的进步。“社会主义能否实现，就取决于我们把苏维埃政权和苏维埃管理组织同资本主义最新的进步的东西结合得好坏。”①为此，列宁提出了这样一个公式：“苏维埃政权 + 普鲁士的铁路秩序 + 美国的技术和托拉斯组织 + 美国的国民教育等等等等 = 总和 = 社会主义。”②

列宁在建设社会主义的态度上不是一味排斥资本主义，而是利用商品经济和资本主义来建设社会主义，这种根据客观环境发生变化及时对政策做出调整的举措，这种实事求是、不拘泥于教条的态度是基于苏维埃人民利益的需要，是基于保证苏维埃政权健康发展的需要，这也是为什么这一时期成为苏联话语权的奠定时期的一个重要原因。

3. 倡导通过合作社引导农民走上社会主义道路

俄国是一个农民占人口绝大多数的国家，农民的政治倾向如何直接关系苏维埃政权能否长期稳定存在，苏联的政治话语能否得到绝大多数农民的支持，关键在于苏共的政策是否有利于广大农民的根本利益。列宁认为，处理好与农民的关系，是社会主义建设事业成败的关键。由于农民具有劳动者和小私有者的两重性，因此必须慎重对待。根据苏俄的初步实践，列宁认为合作社是吸引农民走上社会主义道路的最好途径，但是他批评强迫农民入社的做法，必须通过慎重的组织工作来改造他们，切不可采取强迫镇压的手段。在《论合作社》一文中，列宁进一步提出要重新估价合作社的作用，认为合作社应该是对农业进行社会主义改造的根本途径。合作制是农民感到简便易行和容易接受的组织形式，是使所有小农阶级都能参加社会主义建设的阶梯。但是实行合作社必须遵循自愿的原则，采取典型示范、逐步推

---

① 《列宁全集》(第 34 卷)，人民出版社，1985 年，第 170 ~ 171 页。

② 同上，第 520 页。

进的方针。

（二）规范制约党的领导和监督制度，增强了人民对政权的信心

十月革命胜利以后，列宁极为关注苏维埃的政权建设，尤其是在晚年，他在《宁肯少些，但要好些》《我们怎样改组工农检察院》等文章中提出了一系列关于社会主义政治建设的思想，丰富和发展了马克思主义关于国家和政权的理论。只可惜从十月革命到列宁逝世只有6年多的时间，其中还有3年处于国内战争时期，他有些特别有见地的政治建设方面的主张并没有付诸实践，但是列宁关于社会主义政治建设的思想是相当丰富且宝贵的，特别是关于权力制约与监督的思想、社会主义民主与法制的思想、实行党的集体领导制度的思想等。这些主张推动了苏维埃政权的初步建设和改革，提高了无产阶级政权领导人的自我约束、自我监督的自觉性，增强了人民群众当家做主、建设社会主义事业的责任心，和对新生政权、社会主义事业未来发展的信心，毫无疑问，这些都有助于提升苏维埃人民对于列宁主义这套马克思主义话语体系的信任和支持，也有助于苏联话语权的巩固与发展。

1. 改革和完善监督制度

苏维埃政权建立以后面临如何防止国家机关工作人员滥用权力，由社会公仆变成社会的主人，以及如何解决党内权力过于集中的问题。为此，列宁提出了加强对中央机关的监督和改组工农检察院的设想。党的十大决定成立中央监察委员会，并根据任职条件选出7名委员。列宁认为，委员会的任务就是“同侵入党内的官僚主义和升官发财思想，同党员滥用自己在党内和苏维埃中的职权的行为……现象作斗争”。① 中央监察委员会作为党内最高监督机关，只对党的代表大会负责。他在《我们怎样改组工农检察院》一文中要求：“凡与政治局会议有关的文件，一律应在会议前24小时送交中央委员会和中央监察委员会的各委员，刻不容缓的事情除外，这类事情要通过

① 参见《苏共决议汇编》（第2分册），人民出版社，1964年，第70页。

特别程序通知中央委员会和中央监察委员会委员并加以解决。”①为进一步推进党的监督工作的规范化、制度化，根据列宁的建议，1922 年 3 月苏共党的十一大制定出台了《监察委员会条例》，1922 年 8 月，党的十一大通过的党章又首次规定必须建立各级监察委员会，从制度层面更加明确规范了监察委员会的工作。1923 年，列宁又向党的十二大建议，进一步扩大监察委员会的权力，中央监察委员会委员可以享有中央委员的一切权利，可以对政治局委员和中央委员提出质询，系统地审查政治局的一切文件，这样就能起到监督党的各级领导机关和领导人员的作用。

2. 发展社会主义民主，反对官僚主义

从社会主义理论上讲，代表人民利益的并且是无产阶级先锋队的共产党取得了政权，就意味着广大人民群众享有了当家做主的权力。但从实际操作层面上来看，随着社会主义实践的展开，走上领导岗位的党员干部的官僚化、特权化会使人民群众“当家做主”的权力虚化，这些现象引起了列宁的关注。列宁认为，官僚主义是社会主义发展的严重祸害，如果每个苏维埃代表都能担负一定的管理工作，并逐步把所有的劳动人民都吸收来参加国家管理，这是反对官僚主义的有效措施。对此，列宁建议把中央委员会扩大到 50～100 人，以防止中央可能发生的分裂。

3. 密切党与群众的关系，实行党政分开，建立党的集体领导制度

社会主义制度从诞生之日起就面临着共产党与人民群众的关系日益脱节的问题，这必然会严重损害社会主义民主。列宁比较清楚地看到了这一点，他深刻指出，“最严重最可怕的危险之一，就是脱离群众，就是先锋队往前跑得太远，没有‘保持排面整齐’，没有同全体劳动大军即同大多数工农群众保持牢固的联系”。正因如此，列宁不仅严厉地批评了当时党内存在的各种脱离群众的现象，而且强调要发扬党内民主，实行集体领导。他认为，集体领导是党的领导的最高原则，但同时要实行个人负责的制度。党必须有

① 《列宁全集》(第 43 卷)，人民出版社，1987 年，第 376 页。

一批受过教育和训练、富有才能、经过考验，并能彼此密切配合的领袖。共产党的领袖不是圣人，绝对不能培植对领袖的个人崇拜。为了防止上述这些问题的发生，列宁还提出党政职权要分开，加强党对所有国家机关的全面领导。列宁指出："必须十分明确地划分党（及其中央）和苏维埃政权的职责；提高苏维埃工作人员和苏维埃机关的责任心和独立负责精神，党的任务则是对所有国家机关的工作进行总的领导，不是像目前那样进行过分频繁的、不正常的、往往是琐碎的干预。"①

（三）坚持用马克思主义占领思想文化阵地，统一了思想、凝聚了人心

"俄国在半个世纪里，经受了闻所未闻的痛苦和牺牲，表现了空前未有的革命英雄气概，以难以置信的毅力和舍身忘我的精神去探索、学习和实验，经受了失望，进行了验证，参照了欧洲的经验，真是饱经苦难才找到了马克思主义这一唯一正确的革命理论"②，因此苏联人民格外珍惜这种来之不易的马克思主义——列宁主义。再加上列宁对苏维埃文化建设提出的许多富有建设性的理论，特别是关于无产阶级文化领导权问题、灌输理论、对知识分子的政策问题、文化教育事业领域的措施彰显了新生的苏维埃政权对社会主义意识形态的高度重视，这有利于列宁主义这一政治话语在苏俄及在苏联前期影响力的提升，有利于凝聚人心，统一苏维埃人民的思想，增强列宁主义在苏维埃人民心中那种被强烈认可和需要的程度，从文化形态以潜移默化的方式建立和巩固苏联共产党的话语权。

1. 坚持"灌输理论"就是坚持党对意识形态工作的领导

19 世纪末 20 世纪初，经济主义思潮兴起，这种观点认为只有"经济斗争具有头等重要的意义"，这在一定程度上造成了苏共党内思想的混乱。为了消除这种负面影响，建立思想统一、行动坚定的无产阶级政党，列宁于 1902 年写下了《怎么办？》一书，系统阐述了"灌输理论"。列宁认为："意识到自

① 《列宁全集》（第 43 卷），人民出版社，1987 年，第 64 页。
② 《列宁选集》（第四卷），人民出版社，1995 年，第 137 页。

己的奴隶地位而与之作斗争的奴隶,是革命者。没有意识到自己的奴隶地位而过着默默无言、浑浑噩噩、忍气吞声的奴隶生活的奴隶,是十足的奴隶。对奴隶生活的种种好处津津乐道并对和善的好主人赞赏不已以至垂涎欲滴的奴隶是奴才,是无耻之徒。"①由此可见,没有从外部灌输的先进思想,就无法发挥无产阶级先进战士的作用,先进的理论武装对无产阶级政党建设是极其重要的。那么科学的理论从哪里来呢? 列宁认为,工人阶级文化水平最低,存在较强的阶级局限性,如果只靠自己的力量,只能是工联主义,社会主义思想在工人身上是不会自发产生的,要想拥有先进理论,就必须依靠知识分子、党组织或者工会组织从外面主动传播到工人群众中去,而非工人阶级的自我觉悟。"为了向工人灌输政治知识,社会民主党人应当到居民的一切阶级中去。"应当全面研究各个阶级、各个阶层的特点,应当全方位地向工人阶级灌输政治意识,是在无产阶级政党的领导下有方向、有标准、有方法、有意识的灌输,而不是随便任意地"胡乱灌输"。另外,列宁指出:"资产阶级思想体系的渊源比社会主义思想体系久远得多,它经过了更加全面的加工,它拥有的传播工具也多得不能相比。"②自发的工人运动容易受到资产阶级思想体系的控制,因此,对工人群众进行理论灌输是一项长期而艰巨的任务。

2. 坚持新闻出版及其宣传文化领域的党性原则,确保马克思主义的指导地位

"在国内战争的狂风暴雨的年代里,没有可能对提高普通党员的马克思主义教育和文化水平给予足够的注意和提供人力。最近几年内应当进行的正是这一头等重要的大事。"③十月革命以后,列宁作为苏维埃人民委员会主席,公务极其繁重,但却高度重视新闻出版及其宣传工作。1917 年 11 月 4 日,列宁在全俄中央执行委员会会议上发表了关于出版问题的讲话,并起草

① 《列宁全集》(第 16 卷),人民出版社,1988 年,第 36 页。
② 《列宁全集》(第 6 卷),人民出版社,1986 年,第 40 页。
③ 《列宁全集》(第 43 卷),人民出版社,1987 年,第 196 页。

了《关于出版自由的决议草案》。他指出:“资产阶级认为,出版自由就是富人有出版报纸的自由,就是由资本家霸占报刊。这种霸占的实际结果是使包括最自由的国家在内的世界各国到处都有卖身投靠的报刊。工农政府认为,出版自由就是使报刊摆脱资本的压迫,把造纸厂和印刷厂变成国家的财产,让每一个达到一定人数(如 1 万人)的公民团体都享有使用相应数量的纸张和相应数量的印刷劳动的同等权利”①。“出版自由”这个口号从中世纪末直到 19 世纪成了全世界一个伟大的口号。列宁在《关于“出版自由”给 R. 米雅斯尼科夫的信》中对“出版自由”这一口号深表赞扬,为什么呢?因为它反映了资产阶级的进步性,即反映了资产阶级反对僧侣、国王、封建主和地主的斗争。但是资产阶级眼中的出版自由是资本的自由,是让新闻媒体做少数大资本家的代言人,我们社会主义国家不要这样的自由,我们不仅要形式上的自由,也要实质上的自由,这是列宁对马克思主义新闻思想的重要贡献。

在 1921 年 8 月的《关于出版自由》中,列宁尖锐地指出,资产阶级的“出版自由”,虽然曾反映了资产阶级反对封建专制统治的进步性,但是在无产阶级取得政权后,就要看到“出版自由”是帮助资产阶级的自由,它会助长资产阶级的力量,会成为资产阶级向无产阶级进攻的武器。列宁指出,党的写作事业将是真正自由的创作,因为很多从工农群众中产生的新生力量将会来到文学艺术创作队伍中来,文学也将为千千万万的劳动人民服务,反映现实生活,而不是为少数贵妇人服务。“为了确保马克思主义思想体系的全面传播,在列宁领导下,苏维埃政权在文化、科学、出版和教育等领域展开了激烈的思想斗争,查封了攻击苏维埃政权的资产阶级报纸,成立了一些传播和宣传共产主义思想和培养意识形态干部的科研和教学机构,如共产主义大学(1919 年)、马克思恩格斯研究院(1921 年)、党史研究会(1920 年)、红色教授研究院(1921 年)、列宁研究院(1923 年)、东方劳动者共产主义大学

① 《列宁全集》(第 33 卷),人民出版社,1987 年,第 47 页。

(1921 年)等。”[①]意识形态具有阶级性和党性,因此在宣传及文化领域,同资产阶级意识形态进行不妥协的进攻性斗争,用马克思主义占领思想文化阵地,这是共产党人的神圣使命。

3. 珍视资产阶级专家,为社会主义文化事业服务

有数据显示,十月革命前,俄国的成年居民中,大约有 75% 以上的人既不能读也不能写,而在城市工人中,有 60% 以上是识字的,但是在农村识字的人不到 20%,妇女识字的只占 7%。新生的苏维埃政权在人口上不占优势,在文化上也不占优势,俄国民众的知识素养和文化水平普遍较低,急需资本主义有益文化成果的滋养。由于缺少文化,共产党员中间充斥着官僚主义和奥勃洛摩夫习气,因此列宁得出结论,“不识字就不可能有政治”[②],那种排斥或反对资产阶级专家的情绪,恰恰说明了共产党员的无知,而这样“无知”的共产党员在俄国数量是巨大的,列宁生气地说道:“宁可拿出几十个来换一个老老实实研究本行业务的和内行的资产阶级专家”[③],“应该珍视每一个专家,把他们看作技术和文化的唯一财富”[④]。

1921 年 8 月 25 日,列宁签署人民委员会法令,给予知识分子特殊的照顾,他们可以根据个人的实际情况申请多分配一间住房,住房问题在当时的社会比较尖锐,因为知识分子有大量的书籍,没有足够的空间是不可以的。为了使知识分子的住房问题落到实处,列宁要求人民委员会颁布关于《提高国内工程技术知识水平和改善俄罗斯联邦共和国工程技术人员生活条件的办法》,规定更具体的要求:“在法律上、科学上和物质上为他们创造良好的工作条件和生活条件,最有效地利用他们的创造力量和主动精神,克服有害的兼职现象和解除妨害专家主要工作的副业。”[⑤]列宁如此重视资产阶级专

① 张树华:《俄罗斯之路 30 年》,中国社会科学出版社,2018 年,第 21 页。

② 《列宁选集》(第四卷),人民出版社,2012 年,第 590 页。

③ 同上,第 442 页。

④ 同上,第 107 页。

⑤ 《苏联共产党代表大会、代表会议和中央全会资料汇编》(第 1 分册),人民出版社,1964 年,第 145 页。

家,并不是轻视工农阶级,其目的是要通过充分尊重资产阶级专家,给予充分的物质保障,虚心请教专家,从而实现充分合理地利用每一位资产阶级专家来为苏维埃的社会主义文化事业服务的目的。

正是经过列宁及其执政党苏联共产党在新生政权建立初期所进行的政治、经济和文化等方面的努力,广大人民群众对社会主义政权、对执政党都给予了热情的支持,并积极投身于社会主义建设事业中,苏联的话语权不仅初步形成,而且得到了巩固。它同时也对周边地区、其他国家,特别是中国产生了重大而深远的影响,这也使得苏联话语权走出了国门,走向了世界。

二、话语权的巩固与衰退——斯大林时期

斯大林时期是苏联党和国家历史上最为重要、最为辉煌和最有尊严的时期,这一时期确立了世界上第一个社会主义国家的各项制度,把一个落后的农业国建设成了一个先进的工业国,沉重打击了法西斯主义,取得了卫国战争的胜利,捍卫了世界上第一个社会主义国家,在世界上形成了强大的社会主义阵营;但是这一时期也是苏联党和国家历史上波折最多、最为困难和最复杂的时期,过度的农业集体化、逐渐失去活力的国民经济、泛滥的民族主义、国际上的大党主义大国沙文主义、被严重削弱的集体领导原则、扩大的肃反运动,这一切又为后来苏联共产党话语权的削弱乃至丧失埋下了隐患。但是这一时期,毕竟"社会主义制度刚刚建立,国外敌对势力一直对苏联施加思想高压,在思想教育领域,积极向上的社会主义主流思潮占领了文化阵地。苏联人民相信社会公正,对未来生活充满了信心,面对'二战'前敌对势力的包围圈,思想理论上可谓是'铁板一块',坚不可摧"①。所以在斯大林时期,苏联的话语权建设整体上还是呈现出不断巩固发展的态势,影响范围遍及世界。

① 张树华:《俄罗斯之路30年》,中国社会科学出版社,2018年,第21~22页。

（一）卫国战争的胜利带动世界形成了强大的社会主义阵营，苏联话语权一度达到高潮

1941 年 6 月 22 日，纳粹德国撕毁《苏德互不侵犯条约》，伙同仆从国匈牙利、罗马尼亚、芬兰，以事先拟订好的一份代号为“巴巴罗萨”的计划，集结了 190 个师共 550 万人、4900 架飞机、3700 辆坦克、47000 门大炮、190 艘军舰，划分为三个集团军群，从北方、中央、南方三个方向以闪击战的方式对苏联发动袭击，苏联卫国战争全面爆发。这场战争于 1945 年 4 月 30 日苏军攻占德国首都柏林为终结。在这场战争中，苏联用巨大的牺牲彻底打败并摧毁了强大的纳粹德国的法西斯政权，为世界反法西斯战争胜利做出了不可磨灭的贡献，改写了战后世界格局，从此，苏联一跃成为世界超级大国。卫国战争的胜利，促使苏联社会主义大国的形象在东欧、亚洲国家大大提升。战后，在苏联的支持下，罗马尼亚、保加利亚、捷克斯洛伐克、匈牙利、波兰和南斯拉夫很快就从联合政府变为由共产党执政的国家，建立了社会主义制度。随后又在阿尔巴尼亚、东德建立了社会主义政权。至此，欧洲除苏联外就出现了 8 个社会主义国家。在亚洲，中国、朝鲜、越南在争取民族独立和解放的斗争中，也得到苏联和东欧社会主义国家的支持，先后走上社会主义道路。此时的苏联，国际影响力与日俱增，无论是苏联内部还是在其他社会主义国家，苏联的影响力、号召力、辐射力、凝聚力都是前所未有的，苏共的话语权也达到了高峰。

（二）高速发展的、以重工业为主的工业体系大大增加了民众对苏联话语的认同，也为后来话语权的衰落埋下了隐患

苏联的社会主义工业化就是要把苏联由一个农业国变为一个工业国。十月革命以后的俄国在经济上是一个相当落后的农业国，工业占整个国民经济的比例还很低，不可能跨过工业化直接过渡到共产主义社会，再加上帝国主义在政治上的孤立和经济上的封锁，急需使自己成为一个具有牢固基础的工业国。早在列宁时期，在党的十四大的一项决议中就明确表示：“使苏联从输入机器和设备的国家变成生产机器和设备的国家，从而使苏联在

资本主义包围环境下绝不会变成资本主义世界经济的经济附庸，而成为一个按社会主义方式进行建设的独立经济单位。”[①]斯大林认为，工业化的核心就是把苏联由农业国变为工业国，其重心是发展工业，而且也并“不是发展任何一种工业都是工业化，工业化的中心，工业化的基础，就是发展重工业（燃料，金属等），归根结底，就是发展生产资料的生产，发展本国的机器制造业”[②]。斯大林所谓的工业化，就是以重工业和军事工业为中心的工业化，这种模式的工业化对于卫国战争的胜利、维护苏联的安全和独立起着至关重要的基础性作用。随着苏联工业实力的不断增强，也大大提高了民众对社会主义和苏联共产党的认同和敬仰，苏共话语权得到了迅速提升，但也为后来苏联体制的僵化及西方攻击苏联留下了口实。

1. 以重工业为主的、独立的工业体系的建成，彰显了新生社会主义制度的成就和伟大

工业化的完成对当时及其后一段时间的苏联确实有非常重要的积极意义。苏联工业化的突出特点是：在斯大林直接指导下并以大规模群众运动的方式实施。1925 年，联共（布）十四大确立了社会主义工业化方针，从 1928 年 10 月起，苏联开始实行第一个五年计划，在“一五”期间，苏联各地出现了许多突击队和突击手，在全国开展以提高劳动生产率为主要内容的社会主义劳动竞赛运动。到 1932 年底，第一个五年计划提前 9 个月完成。从 1933 年 1 月底开始，苏联开始实施第二个五年计划（1933—1937），主要任务是“彻底消灭资本主义成分，肃清经济中和人们意识中的资本主义残余，在最新技术基础上完成整个国家经济的改造，掌握新技术和新企业，实行农业机械化和提高农业生产率”[③]。1937 年 4 月，苏联的第二个五年计划提前 9

---

① 《苏联共产党代表大会、代表会议和中央全会决议汇编》（第 3 分册），人民出版社，1956 年，第 77 页。

② 郑异凡：《布哈林论稿》，中央编译出版社，1997 年，第 229 页。

③ 中央编译局译：《苏联共产党代表大会、代表会议和中央全会决议汇编》（第 4 分册），人民出版社，1957 年，第 384 页。

个月完成。经过两个五年计划,苏联由一个落后的农业国变成了以现代技术为基础的工业国,一些指标有了明显的改变:在工农业总产值中的占比上,农业产值 1913 年占 58%,1932 年降为 29.3%,1937 年则进一步降为 22.6%;工业产值 1913 年是 42%,1932 年上升到 70.7%,1937 年进一步升至 77.4%。在钢铁产量方面,生铁从 1913 年的 422 万吨上升到 1937 年的 1450 万吨,钢由 1913 年的 423 万吨升至 1937 年 1770 万吨。更为重要的是,苏联形成了门类比较齐全的工业体系,沙皇时期没有的机械加工和制造业都建立起来了,苏联相继建立了汽车制造业、拖拉机制造业、发动机、飞机、炼铅业、仪表制造业、人造纤维、合成树脂、合成橡胶、塑料等新兴工业部门。

这时的苏联,工业产值跃居欧洲的首位,世界的第二位。这从根本上改变了苏联在世界经济中的地位,缩小了与先进资本主义国家在经济上的差距。更重要的是,高度发展的重工业不仅使苏联消除了工业技术落后的面貌,而且大大促进了国防工业的发展,增强了苏联的防御能力,为打败法西斯德国的入侵赢得了时间,为苏联夺取卫国战争的胜利奠定了物质基础。"在法西斯逐渐崛起、战争乌云重现欧洲的时候,这种工业化对于苏联维护自己的安全与独立,赢得后来的卫国战争的胜利以及第二次世界大战后成为世界两大强国之一来说,是一个基本条件。"①这极大彰显了新的社会制度的成就和伟大,增加了民众对社会主义和苏共及主要领导人的认同和敬仰。即便是戈尔巴乔夫,也对这一时期的高速发展的工业化持有肯定性的评价:"工业化需不需要呢?难道像我们这样一个大国,如果不成为工业发达的国家,在 20 世纪能够生存下去吗?从另一个理由也很容易看清楚,当时不加快工业化进程是不行的。法西斯的威胁从 1933 年起就开始迅速增长。如果苏联不起来阻止希特勒的战车前进,世界将处于何种境地?我国人民用他们在 20 世纪 20 至 30 年代建立起来的力量粉碎了法西斯。如果没有工业化,

---

① 孔寒冰、项佐涛:《社会主义制度从一国到多国的演进》(1917—1991),北京师范大学出版社,2018 年,第 82 页。

我们就会在法西斯面前处于手无寸铁的境地。我们能粉碎法西斯,不仅是靠战士的英雄气概和自我牺牲精神,而且还靠优良的钢、优良的坦克、优良的飞机。而所有这些都是在我们苏维埃时代制造出来的。”①

2. 严重失调的轻重工业比例为苏联体制的僵化埋下了隐患

苏联的工业化的主观色彩和服务于政治的思想比较浓厚,工业发展中的重工业与轻工业的关系存在严重的比例失调的现象,从这个角度可以说,苏联工业化是主观主导的政治性的工业化,而非客观主导的经济性的工业化,这为苏联及其他社会主义国家的发展埋下了隐患。苏联把优先发展重工业的方针引申为普遍规律,认为只有优先发展重工业,才是社会主义工业化的正确道路。另外,苏联的工业化建设规模过于庞大,盲目追求高指标,特别是以牺牲农业为代价的发展模式导致苏联农业长期的停滞不前,引发了许多农民的不满。因此,从某种程度上来说,高度发展的工业化也积下了不少的民怨和对体制、对苏共及苏联领导人的恩恩怨怨。

(三)操之过急、强制推广实行的农业全盘集体化破坏了农村生产力,农民利益遭到损失,部分农民对苏联和苏共产生了失望的情绪

为了解决高速发展工业化所需要的资金问题,斯大林发动了农业的全盘集体化,把个体农民组成集体农庄,实行义务交售制,主要是进行粮食收购。在两个五年计划进行的过程中,为了解决粮食收购危机,1927 年 12 月,联共(布)第十五次代表大会通过了关于尽力开展农业集体化的决议,提出应该把个体小农经济联合改造为大规模集体经济这一任务作为党在农村中的基本任务。斯大林认为,苏维埃制度不能长久地建立在社会主义工业和以生产资料私有制为基础的个体小农经济的两种不同的基础之上,当时出现粮食收购危机是小农经济的劣根性和“富农”捣乱造成的。因此,实行“农业社会主义化”既是为了解决粮食收购问题,也是为了“铲除一切产生资本

① [苏]米·谢·戈尔巴乔夫:《改革与新思维》,苏群译,新华出版社,1987 年,第 41 ~ 42 页。

家和资本主义的根源并消除资本主义复辟的可能性"[①]。但是在这个过程中,行政性指令色彩过于浓厚,在具体的操作中出现了不征求个人意愿、强制集体化的现象,所以从总体上来看,农业集体化较大程度地破坏了农业生产力,部分农民对苏联和苏共的态度开始转向观望、游移,甚至失望。

1. 农业集体化运动推动苏联由农业国向工业国转变

1929 年夏,在各主要产粮区开始大规模组建集体农庄,并且出现了一些集体化的村、乡,甚至区。斯大林把个别村、乡、区实现全盘集体化的事例作为典范,推广到全国,要求在全国开展全盘集体化运动。1929 年底,斯大林宣布,这一年为"大转变的一年",要实行从"限制富农"过渡到"消灭富农阶级"的政策。1930 年 1 月,联共(布)中央通过决议,提出在"一五"计划期间完成"绝大多数农户集体化的任务",实行"消灭富农"的政策,以集体农庄为集体经济的基本形式。这项运动于 1932 年结束,全苏约有 60% 的农户加入了集体农庄,这一年也被宣布为"完成全盘集体化的年份"。此后,集体农庄便成为苏联农业发展的一种标准和经典模式。1934 年 7 月,有 71.4% 的农户和 87.4% 的播种面积实行了集体化。1937 年,有 93% 的农户和 99% 以上的播种面积实行了集体化,至此,农业集体化的任务实现了。

农业集体化的实现消灭了苏联社会中人数最多的一个剥削阶级——富农阶级,使占人口绝大多数的劳动农民走上了社会主义集体化的道路,从根本上改变了农村的生产关系和阶级结构,建立和巩固了农村的社会主义阵地,推动苏联由农业国向工业国转变。"只要真正是从真理和科学的立场出发来考虑当时的情况和我们苏联社会发展的特点,只要不是闭眼不看农业生产的极端落后(而只要农业生产仍然是分散的小农经济,就不可能有克服这种落后状态的前景),最后,只要是正确地评价集体化的真正结果,就不会不得出一致的结论。集体化是极其伟大的历史业绩,是 1917 年之后发生的

① 中央编译局:《苏联共产党代表大会、代表会议和中央全会决议汇编》(第 3 分册),人民出版社,1956 年,第 402 页。

十分重大的社会转折。”[①]

2. 过度的集体化破坏了生产力、挫伤了农民的积极性

十月革命后，小农经济的发展潜力远没有充分发挥出来，斯大林就过分关注农村社会中生产关系的变革，忽视了当时的生产力水平，一味追求一大二公。许多地方为了追求快速完成集体化的任务，以不供给灌溉用水、工业品，剥夺选举权等方法，威逼农民加入集体农庄。由于实行住宅、小牲畜和家禽的公有化，大批牲畜被绝望的农民屠宰了，粮食产量和牲畜头数急剧下降，斯大林自己也承认了这一事实。斯大林在联共(布)十七大上的报告中总结说："农业改组达到最高潮的年份，即 1931 和 1932 年，是谷物减产最厉害的年份"，1933 年马、牛、羊、猪头数分别比 1929 年减少约 51%、43%、66%、42%。[②] 他们试图通过变革农村生产关系，提高农业产量，结果事与愿违，造成本国农业生产的长期裹足不前。例如在哈萨克斯坦，1928—1932 年间，畜牧业遭受严重破坏，牛从 650 万头锐减至 96 万头，羊从 1860 万只减至 130 万只，马从 350 万匹减至 30 万匹，骆驼从 100 万峰减至 60 万峰。特别是消灭富农的政策，极度地伤害了当时所谓的"富农"，他们当初是在列宁实行新经济政策的条件下富裕起来的农民，并不是真正的富农，真正的富农早在十月革命后不久就被基本消灭了。首先，富农是没有资格加入集体农庄的，他们要接受没收财产的事实，当时，遭到没收财产的有 850 万 ~900 万人，占总户数的 6% ~7%，有的地方甚至高达 15%。据统计，有 500 万人被强迫迁往西伯利亚和北极地区，其中有四分之一的人在途中死去。[③] 其次，他们还要被驱逐甚至处以极刑。按照联共(布)中央的规定，富农被划为三类，分别实行处以极刑、驱逐到苏联边远地区、迁移到本地区的特别地方三种措施。因此，苏共在农业集体化中对待富农的政策不仅极度地伤害了富农过去对苏共和社会主义的信心，更让富农对苏联、苏共以及社会主义充满了愤懑、

---

① [苏]米·谢·戈尔巴乔夫:《改革与新思维》，苏群译，新华出版社，1987 年，第 41 ~42 页。

② 参见《斯大林全集》(第 13 卷)，人民出版社，1956 年，第 270 页。

③ 参见姜长斌、左凤荣:《读懂斯大林》，四川人民出版社，2001 年，第 245 ~246 页。

怨恨和失望……

对于某些不愿意参加集体化的农民，执政当局以种种罪名加以镇压或放逐，致使农牧业生产遭受严重损失，许多地方出现饥荒。在大饥荒中，230万哈萨克居民死亡，还有90多万哈萨克牧民由于不堪忍受饥荒及被硬性改变生活方式，迁徙到中国、蒙古、阿富汗、伊朗等国。强制推行农业集体化还引起农民的不满和反抗，在哈萨克斯坦共发生400多次农民武装反抗，有时参加者达到5000人之众，苏联当局曾动用飞机、大炮镇压反抗者。苏联领导人普遍存在贪大求公心理，为了尽快地在农村实行全盘集体化，不征求个人意愿，不惜动用行政手段强制推行集体化，认为公有化程度越高越好，人为提高农村生产关系水平的做法严重破坏了农村生产力，伤害了广大农民的积极性，同时更是失去了广大农民对苏联政权、对苏联共产党及苏联领导人的信任和支持。

（四）过度集权的政治体制破坏了党内民主，扼杀了广大干部群众的积极性，苏联社会主义的吸引力、影响力和苏共的凝聚力、话语权受到了较大程度的影响

在列宁时期，列宁把党政军三大权分归三个人掌管，由“三驾马车”运作。他自己担任委员会主席，斯大林任党的总书记，托洛茨基担任军委主席，并且列宁坚决反对搞个人崇拜，搞歌功颂德。因此，列宁对于接替自己的候选人有慎重的考虑。列宁在1923年1月4日写过一份建议，其中说道：“斯大林粗暴，这个缺点在我们中间，在我们共产党人的来往中是完全可以容忍的，但是在总书记的职位上便是不可容忍的了。因此，我建议同志们想个办法把斯大林从这个位置上调开，另外指定一个担任总书记”①。列宁的夫人克鲁普斯卡娅将此移交给中央委员会时，已是1924年的5月。此时的斯大林已经当选党的总书记。斯大林一上台就表现出贪恋权力的思想和独裁的倾向。在斯大林时期，过度集权的政治体制严重破坏了党的民主生活，

① 沙舟：《克里姆林宫70年内幕》，山东人民出版社，2005年，第14页。

集权、揽权的肆意行为严重剥夺了其他党员的正常权利,特别是肃反扩大化更是对社会主义制度的吸引力、影响力和优越性产生了潜在的负面影响,这种影响的长期化最终导致苏联共产党丧失了执政地位。

1. 党的集体领导制度被严重削弱,党内民主遭到严重破坏

在实现了工业化和农业集体化的同时,斯大林也将党和国家的大权集于一身,直至听不进任何不同的意见,容不得任何不同的声音和行为。从1939年到1952年,长达13年不召开党的代表大会,对此赫鲁晓夫抱怨道:“有13年没有召开党的代表大会,8年没有举行全体会议,政治局怎么能20年都不开会呢?我们政治局委员们都知道,政治局是如何工作的,我们对此非常清楚。在深夜2点钟的时候,把我们叫起来,说有一些问题需要解决。大家都到了,问我们:‘想吃点什么吗?’而深夜2点钟吃什么饭呢?可大家都吃了,然后就散了。这就是政治局会议。当时的情况就是这样的。”[①]从理论上说,人民群众是社会主义国家的主人,但如果搞得不好,如果不能通过制度来加以保证,这种民主权利就会被虚化,而无实质性的表现。又如苏联在干部制度上,选举制基本流于形式,任命制普遍流行。1947年到1952年,长达5年不召开中央全会。1952年10月,苏共十九大确定的由25人组成的中央主席团名单,都是由斯大林和某些领导人秘密决定然后公布的,并不是由党的代表大会共同商议决定,中央主席团的人员构成全系于斯大林的个人好恶和主观意志。苏共十九大后设立的中央主席团常务委员会,其成员也由斯大林确定,没有经过任何选举程序。苏联共产党党章规定的权力运作机制被倒置,形成总书记—总书记办公室—书记处—政治局—中央委员会—党代会和全党组织的金字塔。就这样,斯大林站在权力金字塔的顶端号令一切,不受任何监督,集党、政、军最高权力于一身,而且其职务也是终身制的,这又导致民众对他的迷信和崇拜。在斯大林时期,原先党的集体

---

① [俄]亚历山大·佩日科夫:《“解冻”的赫鲁晓夫》,刘明等译,新华出版社,2006年,第83~84页。

领导制度变成了一人独裁制度，党内民主遭到严重破坏，在这种高压的政治气氛下，其他党员只能是敢怒不敢言。特别是最高层领导干部的权力几乎没有受到任何制约和监督，逐渐形成了官僚阶层、特权阶层及各种腐败现象。

2. 肃反扩大化导致党和国家的形象遭到严重损害，大量优秀干部和人才遭到迫害

农业的全盘集体化和肃反扩大化导致苏联社会关系和党群关系的紧张，党内外的不满情绪也随之出现。苏联的肃反扩大化与斯大林对于阶级斗争的错误认识有直接的关系。他说："我们的进展愈大，胜利愈多，被击溃了的剥削阶级残余也愈加凶恶，他们愈要采用更尖锐的斗争形势。"[①]随后，斯大林在一系列的演讲、报告和文章信件中反复强调了这一论述，随之逐步形成了关于社会主义制度下阶级斗争尖锐化的一整套理论，伴随阶级斗争尖锐化理论接踵而至的便是肃反扩大化。这些错误的肃反运动，使党和国家失去了一批优秀的领导人、知识分子和骨干力量，严重破坏了法治，损害了社会主义制度的声誉，扼杀了干部和群众的创造性与积极性。

虽然斯大林时期存在着农业集体化过急过快的问题，肃反扩大化也影响了部分群众对党的认识，但总的来看，斯大林时期的苏联共产党领导苏联人民取得了社会主义建设事业的巨大胜利，工业化有了巨大进展，跃升世界第二；科技水平和创新能力与日俱增，国民经济体系得到完整构建，人民生活水平显著提高，随着卫国战争的胜利，苏联共产党的话语权到达了相当高的程度，苏联在国际社会有极高的声誉。但是战后，苏联斯大林体制的弊端逐渐显现，特别是斯大林个人专权、个人崇拜等问题日益严重，使得苏联共产党的话语权受到了严重损害。

① 《斯大林文集(1934—1952)》，人民出版社，1985 年，第 153 页。

三、话语权的复苏与滑坡——赫鲁晓夫和勃列日涅夫时期

从赫鲁晓夫执政开始，苏联尝试进行改革，开启了改革的步伐，开始了所谓的“非斯大林化”。但是改革没能从根本上破除斯大林模式，所谓改革，只是在旧有的高度集中高度集权的体制内徘徊。1956 年赫鲁晓夫在苏共二十大上做了题为“关于个人崇拜及其后果”的秘密报告，引起全世界的轩然大波，不仅搞乱了苏联内部的政治思想，而且对国际共产主义运动造成了不可挽回的损失。勃列日涅夫执政前期的改革虽然取得了一些成效，但是好景不长，在执政后期出现的“持不同政见者”运动进一步加剧了本已濒临危机的社会思想基础，这一时期，苏联话语权基本呈现出一种复苏中有波折、波折后又滑坡的复杂态势。

（一）开启了社会主义国家改革的发端，第一次冲击了苏联僵化集中模式的弊端，政治氛围开始活跃起来，民众生活条件也得到了较大改善

“到 20 世纪 50 年代中期，苏联的社会主义实践已经近 40 年了，其非均衡性发展的正面效应递减，而负效应逐渐凸显”[①]，特别是苏联人民经历了卫国战争以后，“作为胜利者走出了人类历史上一场最血腥的战争，他们体会到必须转而过更有尊严的生活。这种情绪渗入到苏联社会的所有阶层之中”[②]，所以赫鲁晓夫开始了在内政外交各个领域的改革和调整。1957 年 5 月 22 日，赫鲁晓夫在列宁格勒发表讲话，提出了“赶超美国”的口号。他认为，在与资本主义国家进行比赛中只能胜利不能失败，这是证明社会主义必将取得历史性胜利的一个决定性条件。他讲道：“这将是我们的巨大成就。要知道，现在美国正在利用它们的生产量对整个西方世界施加心理影响。经济落后的国家成天战战兢兢过日子，哪里还敢想与美国一比高低，过去俄国就是一个这样的国家。只有在苏联人民夺取了政权、建立了社会主义的

---

① 孔寒冰、项佐涛：《社会主义制度从一国到多国的演进》（1917—1991），北京师范大学出版社，2018 年，第 241 页。

② ［俄］亚历山大·佩日科夫：《“解冻”的赫鲁晓夫》，刘明等译，新华出版社，2006 年，第 1 页。

经济以后……才有可能提出完全切实可行的任务——在人均生产水平方面赶超美国。”①

围绕“赶超美国”这个目标,在经济发展方面,紧要的是改变过去重工业过度发展的局面,加大对轻工业的投入,确保轻工业和消费、食品行业获得更加迅速的发展。在农业领域,主要是减少国家对农业生产的干预,充分发挥农民自身的积极性和创造性,从而提升农业的生产力。苏共和苏联政府采取了大幅度降低集体农民私人副业义务交售的标准、提高农产品收购价格、减免农业税等一系列有利于发展农业生产的举措。在政治方面,苏联针对斯大林时期的冤假错案进行了大规模的平反,多次颁发大赦令,释放了一些政治犯。为此,苏联成立了一个由波斯别尔洛夫领导的专门委员会,负责审查这些案子,数百万含冤“罪犯”的名誉由此得到了恢复。在社会发展方面,苏共和苏联政府为改善苏联人民的生活水准,从 1957 年开始实行普遍提高工资标准的计划,1961 年工资比 1950 年提高了 130%,并以立法的形式规定了最低工资标准,把周工作时长缩短了两个小时,工人和职员的数量也从 4000 万人增加到 6200 万人。另外,对于退休人员,也提高了退休金的标准。苏联在国内还首次为集体农庄的庄员建立了国家退休金制度:男性 65 岁,女性 60 岁就可以领取退休金。在赫鲁晓夫时期,苏共和苏联政府对住房困难的居民给予了特别的关注,不仅从联盟中央到各政府部门、各级市政当局和各企业扩大了住房建设,而且还为居民提供了很多优惠政策,鼓励居民自建合作社性质的住房。在国防科技方面,1957 年苏联发射了世界上第一颗人造卫星,1961 年,世界上第一位宇航员上天。在外交方面,赫鲁晓夫提出了和平共处的总路线。他认为,国际紧张的局势有所缓和,现代战争是有可能避免的,要求资本主义国家的共产党放弃暴力革命,主张走议会道路的方式,对此提出了“三和路线”,即“和平共处”“和平竞赛”“和平过渡”。他强调,不同社会制度的国家之间虽然存在分歧甚至对抗,但两者可以通过谈判

① [俄]皮霍亚:《苏联政权史》,徐锦栋等译,东方出版社,2006 年,第 211 页。

而非暴力解决问题,要让资本主义“和平过渡”到社会主义。这些新的思想的提出标志着苏联对外政策实现重大转变。

总体来看,赫鲁晓夫开启的改革取得了一定的成效,苏联模式的印记在不断地淡化,有力地冲破了教条主义的束缚,改变了思想僵化的状态,苏联人民的生活开始改善,人民的积极性、主动性和创造性开始复苏,苏联国内的一些人也开始转变对苏共、对社会主义制度的负面认识。

(二)苏共二十大的秘密报告揭了盖子、捅了娄子,破坏了世界共产主义运动事业的团结

在1956年2月24日苏联共产党二十大已经闭幕的一个深夜,一些代表们被重新召回克里姆林宫开了一个秘密的会议,在这个会议上,赫鲁晓夫做了《关于个人崇拜及其后果》的报告,也就是我们现在大家所熟知的“秘密报告”。“秘密报告”虽然揭开了斯大林个人崇拜和苏联模式弊端的盖子,在一定意义上有助于推动各国探索适合本国国情的社会主义发展道路,但是实际结果却产生了严重的负面影响。“秘密报告”在很大程度上挑战了苏联特别是苏共在世界社会主义事业中作为领导者的权威性,不仅影响了东欧的社会主义国家,而且对中国社会的发展,以及世界社会主义运动事业产生了负面影响。但是受到报告影响最深远和最沉重的还是苏联和苏共本身,“一部分人在了解赫鲁晓夫的报告后对斯大林本人和斯大林体制产生了怀疑,但是另一部分人却不赞成对斯大林的指责和批判并将这些视为对他的污蔑和诽谤。褒扬者认为斯大林体制让苏联成为工业国,使苏联取得了卫国战争的胜利并且成为世界强国。贬损者则不以为然或指出其让社会和人民付出代价过大”①。这个报告犹如一石激起千层浪,对斯大林问题认识的不一致导致整个联盟在思想领域出现了混乱,一些人对马克思主义的信仰开始动摇,严重影响了苏共在国内以及在国际共运中的影响力和权威性。

---

① 张盛发:《60年前苏联国内对赫鲁晓夫秘密报告的反应——写在苏共二十大召开60周年之际》,《俄罗斯学刊》,2016年第5期。

“赫鲁晓夫在1956年苏共二十大上把地位高如上帝一般的斯大林送上了历史审判台,由此掀起了苏联历史上第一次去斯大林化的浪潮。”[①]1956年2月24日的那个深夜以后,“秘密报告”就在苏联家喻户晓了。苏共二十大闭幕后不久,赫鲁晓夫所谓的“秘密报告”开始传达到全苏基层党组织。与此同时,6月4日,美国中央情报局搞到了报告的全文,并在当天的《纽约时报》上发表;6日,法国的《世界报》也刊登了全文。由于“秘密报告”对斯大林和苏共历史的否定甚至超过了西方国家有关反共产主义的出版物,这为西方和平演变苏联、东欧等社会主义国家提供了契机和口实,西方媒体对于如何利用“秘密报告”抱有特别积极的态度,他们不仅宣传报告的内容,而且夸大了“秘密报告”的地位和作用。

“秘密报告”在社会主义阵营和国际共产主义运动中引起了巨大反响,多半是疑虑、震惊和茫然。东欧国家长期以来对苏联强加给东欧的发展模式感到不满,始终存在明里暗里要摆脱苏联模式的心理,于是东欧一些国家就利用民众政治运动的方式来表达要摆脱苏联模式的情绪,反应最强烈的是1956年在波兰和匈牙利前后发生的波兹南事件和匈牙利十月事件。这些事件的起因虽然都是经济问题,但是深层次的原因都是针对苏联模式的不适应性和摆脱苏共控制的强烈意愿。“秘密报告”在资本主义国家共产党队伍内部也引起了巨大混乱。匈牙利十月事件发生后,全世界许多国家的共产党员纷纷宣布退党,最著名的就是当时的美国共产党领袖法斯特公开谴责苏共对匈牙利人民的暴力镇压,并宣布退出共产党。美国共产党于6月25日发表声明称:“我们认为,苏联共产党自己原是应该发表这篇演说的。我们不能同意这样的看法:所谈到的问题,不管多么令人痛心和可恶,完全是苏联共产党内部的事……把所有的错误和违反社会主义原则的行为都归于一个人是同把苏联社会主义进展中的一切成就和伟大成绩归于一个人一样

① 张盛发:《60年前苏联国内对赫鲁晓夫秘密报告的反应——写在苏共二十大召开60周年之际》,《俄罗斯学刊》,2016年第5期。

错误的。”[①]

“中共中央和毛泽东最初对苏共二十大和赫鲁晓夫的意见，主要集中在斯大林问题提出的方式上。据吴冷西《十年论战》一书回忆，毛泽东于3月17日召集中央书记处会议讨论这个报告。毛泽东说，赫鲁晓夫反斯大林的秘密报告，一是揭了盖子，这是好的；二是捅了娄子，全世界都震动。揭开盖子，表明斯大林及苏联的种种做法不是没有错误的，各国党可根据各自的情况办事，不要再迷信了。捅了娄子，搞突然袭击，不仅各国党没有思想准备，苏联党也没有思想准备。这么大的事情，这么重要的国际人物，不同各国党商量是不对的。事实也证明，全世界的共产党都出现混乱。这是中国方面对赫鲁晓夫在苏共二十大秘密报告最初的也是最具权威的评价。”[②]

西方国家对“秘密报告”的评价比较具有代表性的是尼克松。美国总统尼克松在他的著作《领导者》一书中指出：“是他揭露了斯大林，从而永远破坏了共产主义运动的团结，特别是，他应当对苏联和共产党中国的分裂承担主要责任。这次分裂是共产主义遭受的最大挫折，也是二次大战以后发生的最重要的地缘政治事件。在外交政策方面，他尽管取得了一些成就，采取了一些主动行动，但人们也许不会忘掉他最惨重的失败——失去了中国。”[③]

“历史事实证明，‘秘密报告’虽然揭开了斯大林个人崇拜和苏联模式弊端的盖子，一定意义上有助于推动各国探索适合本国国情的社会主义发展道路，但是实际结果却产生了严重的负面影响。关键在于有关斯大林问题提出方式的草率性和对斯大林功过评价的片面性。苏共在没有做好充分思想准备和组织准备的情况下抛出斯大林问题，传达的步骤之乱、范围之广和速度之快都脱离了人们的接受能力，事后又缺乏周全的解释和教育工作。在这种情况下，产生严重的后遗症就是不言而喻的了。”[④]总之，苏共二十大及其“秘密报告”公布于世以后，东欧社会主义国家对于苏联的崇拜、迷信被

---

① 转引自俞邃：《苏共二十大的内外反响和中苏关系》，《百年潮》，2008年第3期。

②④ 俞邃：《苏共二十大的内外反响和中苏关系》，《百年潮》，2008年第3期。

③ ［美］尼克松：《尼克松文集——领导者》，尤勰等译，世界知识出版社，1997年，第253～254页。

打破，过去苏联国内“一盘棋”的社会局面被打乱，整个世界社会主义事业开始出现下滑的趋势，苏联“老大哥”的形象已经不再辉煌、高大。

（三）对社会主义国家搞大国沙文主义，严重影响了中苏友好关系

苏联的大国沙文主义突出表现在苏联对待中国的问题上。1960 年 8 月，苏联违反《中苏友好同盟互助条约》，召回全部在华专家，并带走全部技术资料。20 世纪 60 年代初，随着中苏两党分歧的表面化，中苏两国国家关系也出现裂痕。苏联驻中国新疆领事馆在塔城等地活动，煽动中国边民外逃。1962 年 4 月 22 日开始，不断有边境民众要求跨过霍尔果斯口岸前往苏联，就这样，在阿尔泰、塔城、伊犁等地方的二十多个县，大量的边境民众涌向苏联。苏联人则用广播和探照灯等方式来为民众指明方向。这样的情况持续了几个月，总共有 6.7 万多人逃亡到了苏联。这就是“伊塔反革命暴乱事件”，是二战以来人数最多的一次边民外逃事件。1963 年 7 月，为改善两党两国关系，中苏两党代表团在莫斯科举行会谈。会谈是在矛盾十分激化、关系严重恶化的情况下举行的，没有取得任何进展。会谈期间，苏方违背双方已经达成的会谈期间双方不发布任何关于会谈消息的协议，于 7 月 14 日公开发表了《给苏联各级党组织和全体共产党员的公开信》，肆意攻击中国共产党，将中苏两党的争论公之于世。至此，两党两国的关系完全破裂了。

（四）勃列日涅夫执政前期内外政策的调整一度提高了苏联的国际影响力

1964 年 10 月，赫鲁晓夫被迫下台，勃列日涅夫接任苏共中央第一书记职务。在勃列日涅夫执政前期，苏联在经济和政治体制领域进行了一系列的调整。在经济层面，最著名的就是 1965 年开始实施的、由柯西金主持的“新经济体制”。其主要内容是减少中央的指令性计划指标，扩大企业的自主权，利用经济杠杆的作用刺激生产力的发展。由于采取了新的措施，工业增长率、企业经营效果和主要经济增长指标都有了明显的提高。“1965 年柯西金式的经济改革对原地空转的国民经济起到了明显推动作用。第八个五年计划中工业增长了 50%，劳动生产率提高了三分之一。民用必需品增长

速度终于赶上了向来被偏重的生产资料的增长速度。"①特别是农业政策的调整,提高农产品收购价格、降低农业税,1965—1982 年间,苏联农业总产值从 607 亿卢布增加到 1274 亿卢布,增长了 109.9%;粮食产量从 10750 万吨增加到 18627 万吨,增长了 73.7%。同时,农业机械化的水平也有了进一步的提高,特别是拖拉机产量已经占据世界第一位。在政治体制方面,勃列日涅夫积极调整党和联盟的领导体制,废除了按生产原则划分党组织的做法,受到了各级干部的拥护和支持。在外交领域,1975 年以后,苏联开始在全球范围扩张,同美国争夺世界霸主的地位,特别是 1979 年苏联入侵阿富汗以后,军费开支由 1965 年的 326 亿美元增加到 1981 年的 1550 亿美元。在这期间,苏联在第三世界国家建立了 40 多个军事基地,在十几个国家驻扎军队和军事人员达 70 多万人。

勃列日涅夫在这一时期的政策和措施基本上是成功的,不仅提高了苏联国内的生产力,改善了苏联人民的生活条件,而且极大地扩大了苏联的国际影响,在外交上出现了苏攻美守的态势,一度引起了资本主义世界的恐慌。

(五)"持不同政见者"运动导致意识形态出现危机,冲击了苏联政治思想基础

勃列日涅夫在军事领域的扩张政策直接导致苏联背上了沉重的经济包袱,所以,到了勃列日涅夫的后期,苏联由于体制僵化和对外扩张等原因,社会发展开始进入衰退时期,国内外危机开始显现。在政治领域的问题主要表现在两个方面:一是官僚特权阶层的扩大。官僚特权阶层在当时有 50 万 ~ 70 万人,加上家属共有 300 多万人,约占全国人口的 1.5%,这是一群以苏共党内高级干部为核心的既得利益集团,他们完全丧失了共产党人的先进性和纯洁性,严重影响了苏共在民众中的威信和影响力。另一个衰退的表现就是"持不同政见者"运动的兴起。这个运动的兴起主要源于苏联党和政府

---

① [俄]皮霍亚:《苏联政权史》,徐锦栋等译,东方出版社,2006 年,第 308 页。

对当时苏联社会中存在的问题视而不见，不同社会阶层的人民对此表示不满并且强烈要求改变这些现象。苏联著名的“持不同政见者”罗·麦德维杰夫曾经给“持不同政见者”下过这样一个定义：“所谓持不同政见者是这样一些人，他们对于任何社会（包括苏联在内）所赖以存在的意识形态、政治、经济或道德基础都多少持有不同的见解。不仅如此，他们还公开表明自己的观点，并以这样或那样的方式将这些观点表达出来。”苏联的“持不同政见者”在赫鲁晓夫时期还不成气候，但到了勃列日涅夫时期，已经发展成为一种“运动”。这其中主要以索尔仁尼琴为代表，在当时苏联社会的影响力较大。西方资本主义国家曾打着“维护人权”的旗号，以各种方式鼓励苏联的“持不同政见者”，颁发诺贝尔奖给“持不同政见者”是比较典型的一种方式。1970 年索尔仁尼琴获得诺贝尔文学奖，由于政治原因没能去瑞典领奖，但事后发表了演讲词。他在演讲词中写道：“除却作家外，有谁来指责统治者的不当与社会的腐朽？”[①]一些流亡在外的“持不同政见者”也在西方的支持下，出版了《来自苏联的信息》一书。西方媒体也有意识地报道宣传苏联“持不同政见者”活动的情况，这对社会主义国家的意识形态造成了很大的冲击，动摇了苏联社会的政治思想基础。

1972—1974 年间，苏联政府对“持不同政见者”采取了一系列的镇压措施，这个运动曾一度陷入低迷，但是 1975 年 8 月，苏联与美国及 33 个欧洲国家共同签署了《欧洲合作与安全会议最后文件》，以允许“东西方人民之间思想与商业更自由地交换与往来”为代价，换取了西方国家对“所有欧洲的边界都不可侵犯”的承诺。这一文件的签署，促使“持不同政见者”运动在苏联再度活跃起来，可以说苏联社会充斥着漫天飞舞的政治笑话，苏联模式的社会主义已经到了晚期。

---

① 《历史上最伟大的演说辞》，天津社会科学院出版社，2006 年，第 296～303 页。

四、话语权的瓦解与崩溃——戈尔巴乔夫时期

安德罗波夫和契尔年科都有一个共同的特点,那就是老年政治。他们执政的时候都已经身患疾病,且年事已高,因此两人在苏联的主政时间也非常短暂。此时的苏联社会,正面效应已经发挥到极致,而负面效应则几近极致,苏联到了非进行变革不可的时候了。因此,苏联对于戈尔巴乔夫的期待是非常高的。可事实却往往不尽如人意。正是在戈尔巴乔夫时期,苏联的经济状况不断恶化,原来加盟苏联的各个共和国也开始逐步脱离苏联,最终改革换来的却是苏共解散和苏联解体,换来的是苏联话语权在各个加盟共和国中的瓦解和崩溃。

(一)戈尔巴乔夫在经济和政治领域的改革导致苏联经济恶化、社会动荡

戈尔巴乔夫在刚开始上任的时候才 54 岁,在人民心中树立了一副"改革派"的形象,苏联上下都对戈尔巴乔夫充满了期待。"这是个不用讲稿讲话的人,这简直是个奇迹,人民把戈尔巴乔夫视为一个正常的、活生生的、自然的人,仅此一点,就使人们有巨大好感。"①美国前总统尼克松对戈尔巴乔夫也大加赞赏,认为他"衣着讲究、举止文雅、夫人美貌、善于同记者周旋,这些都使他在报界和外交使团成为明星。戈尔巴乔夫目前的处境是令人羡慕的。他不但能成为今年的风云人物,甚至能成为本世纪的风云人物"②。然而,现实却是残酷的。在戈尔巴乔夫担任总书记的 6 年多的时间里,在经济和政治领域进行的改革让原先对他满怀希望的苏联人民感到无限痛心和失望。

1. 全面"私有化"的经济改革导致苏联经济陷入泥潭

"在 1985 年的四月全会上,苏共中央提出了'加速战略'(即'加速国家

---

① [俄]皮霍亚:《苏联政权史》,徐锦栋等译,东方出版社,2006 年,第 505 页。

② [美]尼克松:《1999 年:不战而胜》,王观声等译,世界知识出版社,1989 年,第 19 页。

社会和经济发展战略’），主要目的是集中财力和物力，大力发展机械制造业，购买西方技术，实现工业部门的快速增长。”[①]不可否认，从1985—1987年的这段时间里，苏联的经济发展取得了一些成绩。从国民收入来看，1985年按实际价格增加的国民收入为5785亿卢布，1986年为5874亿卢布，1987年为6000亿卢布。同时，人民生活水平和社会发展方面也有所改善。国家增加了对居民住宅建设的投资，中小学校数量比上个五年计划增长了38%，幼儿园设施增长了15%，医疗站增加了41%，医院增加了19%，俱乐部及文化宫增加了58%。但这种发展势头并没有持续下去，经济形势很快就“自由落体般”地快速恶化起来。经济出现了负增长，1990年的工业总产值增长为-4.6%，社会总产值增长为-4.4%，国民收入增长为-5.6%，这是卫国战争以来苏联经济首次出现负增长。在这个过程中，另一个经济发展的方案即“500天计划”呼之欲出。这个计划主张在大规模私有化的基础上，从1990年11月1日到1992年3月14日的500天内，分四个阶段将苏联从计划经济迅速过渡到市场经济，这份计划其实是西方国家以高额经济援助为诱饵、逼迫苏联采取激进的市场化手段，将所有国有行业全面私有化的一个巨大的阴谋。1990年10月，戈尔巴乔夫以总统的名义提出《稳定国民经济和向市场经济过渡的基本方针》，为了形成市场经济，需要尽快把大部分企业从国家包办下解放出来，实行私有化。据统计，1990年、1991年经济年均下降近9.5%，而在1991年就达到了15%，[②]财政赤字严重，国家陷入了债务泥潭，黄金储备急速下降，通货膨胀加剧，经济状态空前恶化，大约有80%的人进入贫困状态，成百万的贫困者流落街头。无奈之下，戈尔巴乔夫多次向“七国集团”的首脑们乞求财政和经济援助，但这些国家的元首们都一致地做到了“口惠而实不至”，以各种理由拒绝了戈尔巴乔夫的请求。

---

① 张树华：《俄罗斯之路30年》，中国社会科学出版社，2018年，第84页。

② 参见[美]大卫·科兹等：《来自上层的革命——苏联体制的终结》，曹荣湘等译，中国人民大学出版社，2002年，第101页。

2. 狂风暴雨式的政治改革加剧了社会动荡，导致马列主义逐渐失去主导地位

戈尔巴乔夫在经济领域的改革没有取得预期成果，就急于开启政治体制改革。他认为，之所以经济改革不见成效，其根源在于政治体制的束缚，因此戈尔巴乔夫逐渐将改革的重心转移到政治体制中来。

1987 年 11 月，戈尔巴乔夫出版了《改革与新思维》一书。在他看来，改革必须改变当前的世界格局，“确立新的政治思维，以及能保障人类生存的新的和平概念”①。其中，“新的政治思维”主要表现为民主化、公开化、多元化。“民主化”主要体现在政治体制上，提倡多党制、议会民主、自由选举、三权分立和总统制，提倡人民群众对干部的监督。1988 年，戈尔巴乔夫在苏共第十九次代表会议上的报告中提出，苏联应该实行西方资本主义国家的“三权分立”制度，而不是十月革命后形成的高度集权的行政命令体制。在“三权分立”的思想指导下，苏联开始改革苏维埃制度，实行西方的议会制度。逐渐地，苏联开始实行总统制，用总统委员会来取代苏共中央成为国家大事的决策中心；“公开化”包括公开党务政务、披露党风问题、公民可以公开发表意见，特别是对党和国家的“阴暗面”和“消极现象”进行全面的揭露和公开，人们可以任意发表意见，肆意抨击时局，导致苏共的权威和形象大面积坍塌；“多元化”包括言论多元化、意见多元化、利益多元化和政治多元化。自从苏共第十九次代表会议提出“意识形态多元化”以来，各种反马克思主义、反社会主义、反苏维埃政权的社会思潮粉墨登场，导致苏联人民的思想混乱起来，逐渐丧失了对马克思主义的信仰。

1989 年 11 月 26 日，戈尔巴乔夫在《真理报》上发表了《社会主义思想与革命性改革》一文，系统地阐述了“人道的民主的社会主义”理论，提出了许多错误的观点，如苏联正在建设人道的社会主义，而且是民主的社会主义。改革使党的职能发生变化，重新确定它在政治体系中作为人民的思想、政

① ［苏］米·谢·戈尔巴乔夫：《改革与新思维》，苏群译，新华出版社，1987 年，第 181 页。

治、道德先锋队的地位。党不能对社会和国家发号施令等。

1989年12月,苏联国家国民教育委员会颁布命令,全面取消高校马列主义课程。1990年7月,苏共二十八大通过了一系列决议,不再提苏共最终奋斗目标是“实现共产主义”,只强调苏共的目标是“人道的民主的社会主义”;不再提“马克思列宁主义”是苏共的指导思想,只提利用其他“进步的社会思想的成果”;不再提苏共是工人阶级的政党,强调是“志同道合的共产党的自愿联合体”,是“所有劳动者利益的党”。这就等于否认了共产党的领导,否定了苏联共产党的主导地位,严重造成了苏共执政的合法性和信任的危机。

戈尔巴乔夫在政治领域的改革对于揭露苏联特权阶层和特权现象方面的确发挥了积极作用,但是他倡导的“毫无保留、毫无限制”的公开性,所产生的负面效应严重影响了苏联经济社会的正常发展,各种抹黑苏联共产党、否定苏联社会主义的现象可谓铺天盖地,严重削弱了苏共的领导地位,导致反对派趁势崛起,社会动荡日益加剧。

(二)苏联大俄罗斯主义导致民族问题日益严峻,各加盟共和国逐步脱离苏维埃联盟,大大削弱了苏联在联盟中的影响力和话语权

苏联是一个多民族国家,组成统一联盟国家的15个加盟共和国都有各自不同的主体民族。多年来,苏联内部大俄罗斯民族主义的倾向非常严重,自从斯大林执政以来,就经常发生虐待弱小民族、镇压少数民族的事件。戈尔巴乔夫上台以后,不仅没有重视民族问题,而且认为苏联的民族问题已经解决了,这种错误的认识导致苏联的民族问题更加尖锐化。1986年12月,哈萨克斯坦首都阿拉木图爆发了知识分子和学生参加的抗议事件,喊出了“俄罗斯人滚出去!”的口号。1988年2月又发生了亚美尼亚和阿塞拜疆为争夺“纳戈尔诺—卡拉巴赫”的激烈冲突。1989年,乌克兰出现了民族主义组织——争取人民改革运动,其实,差不多同时,其他加盟共和国也都出现了类似的民族主义组织。种种迹象都表明,苏联的民族问题已经到了危急关头。1990年2月,立陶宛“争取改革运动”的领导人维·兰茨贝基斯当选

为立陶宛最高苏维埃主席,3 月,立陶宛最高苏维埃通过独立宣言,成为第一个宣布脱离苏联的加盟共和国。此时的戈尔巴乔夫开始感到形势不妙,特别是叶利钦在当年 5 月举行的俄罗斯联邦第一届人民代表大会上当选为俄罗斯联邦最高苏维埃主席之后,向俄罗斯联邦第一次人民代表大会提出了《俄罗斯联邦国家主权宣言》。《主权宣言》虽承认苏联,但强调加盟共和国作为主权国家的地位,共和国有独立的经济和文化权力。到了这时,戈尔巴乔夫的危机感就更加强烈了。为了挽救苏联,戈尔巴乔夫于 1990 年 6 月急忙抛出"社会主义主权国家联盟"的设想。10 月,苏联最高苏维埃通过了《关于保证苏联法律效力》的法律文件,强调在联盟范围内苏联法律高于各共和国的法律。对此,各共和国开展了无休止的主权争夺战。直至 1991 年 3 月,新联盟条约草案才在联邦委员会会议上获得通过,声明各共和国在自己的领土上拥有全部权力。此时的戈尔巴乔夫真正感觉到了苏联作为"老大哥"在各加盟国中的地位和影响几乎已经不存在了,苏联的话语权几乎气数已尽。3 月 15 日,戈尔巴乔夫在电视上号召人民在全民公决中投票赞成保留联盟。两天后,全苏就是否保存苏联进行了全民公决,有 80% 的公民参加了投票,结果是 76.4% 的投票者赞成保留苏联。即便当时分离主义情绪很强的乌克兰,也有超过半数以上的民众要求继续留在苏联。

然而这是一场被设计了的公投。当时苏联公投的选票上写的是:你是否认为保留苏联,并将其转变为一个各国权利和自由,得到充分尊重的、平等的主权共和国联邦是必要的?也就是说,对于当年参加这场公投的苏联老百姓来讲,他们只有两个选择:要么认为苏联不要保留了;要么认为保留苏联,但是同时要让它转变成一个主权共和国的联邦。保留的不是原来那个旧的中央集权制的苏联,保留的是新的,各个主权共和国愿意加就加,不愿意加就不加的新苏联。公投结束后不久的 6 月 12 日,俄罗斯举行了历史上第一次全民性和有竞争的总统选举,叶利钦以 57.3% 的得票率当选为俄罗斯联邦第一任总统,在与叶利钦的政治博弈中,戈尔巴乔夫显然已经失势。叶利钦等支持分裂的苏联高官们在政治斗争中获得了优势,苏联局势开始急转直下。

（三）“8·19”事件不仅没能挽救苏联，而且加速了苏共衰亡的进程

1991年4月3日，戈尔巴乔夫与俄罗斯联邦、乌克兰、白俄罗斯、乌兹别克斯坦、哈萨克斯坦、阿塞拜疆、塔吉克斯坦、吉尔吉斯斯坦、土库曼斯坦9个加盟共和国总统举行了“9+1”会晤，决定于8月20日签订经过修改的、更加突出加盟者主权地位并且取消了社会主义的《苏维埃主权共和国联盟条约》，新联盟条约取消了联邦的社会主义性质，大大加强了各共和国的权限，联盟中央仅保留国防、安全、外交及有限的经济权。如果这个条约签了，就意味着苏联不复存在了，代之以一个松散的联邦，社会主义也将在苏联消失。就在这样的背景下，苏共党内一些不甘心苏联解体、依然对社会主义事业恋恋不舍的“左派”骨干分子欲利用手中的武器做最后一次的努力，希望能够挽救已经陷入深渊的苏联。

1991年8月4日，戈尔巴乔夫携全家到苏联南部的克里米亚黑海福罗斯镇的总统别墅区休假。原定19日返回莫斯科，不料，18日下午16时50分，负责苏联领导人安全的国家安全保卫局局长普列汉诺夫，总统办公厅主任博尔金，苏共中央政治局委员舍宁，苏联国防会议第一副主席巴克拉诺夫和苏联陆军总司令、国防部副部长瓦连尼科夫从莫斯科赶到戈尔巴乔夫所在的休假地，要求戈尔巴乔夫签署紧急状态令，或者自愿交权，或者辞职。这一要求被戈尔巴乔夫拒绝后，克格勃主席克留奇科夫向普列汉诺夫下令，对戈尔巴乔夫进行软禁，切断了他一家人与外界的联系。这样的状态维持了三个昼夜。19日6时，苏联副总统亚纳耶夫发布命令：苏联总统戈尔巴乔夫因为健康原因不能履行总统职务，根据苏联宪法第127条，由副总统代行总统职务。在苏联个别地方实行为期6个月的紧急状态，并成立苏联国家紧急状态委员会，在此期间，由国家紧急状态委员会行使国家全部权力。紧接着紧急状态委员会发表《告苏联人民书》：“我们伟大的祖国面临致命的危险！由戈尔巴乔夫发起并开始的改革政策已走入死胡同。无信仰、冷漠和绝望取代了最初的热情和希望。各级政权失去了居民的信任。在社会生活

中，玩弄权术取代了对国家和公民的命运的关心、对国家各级机构进行恶毒的嘲弄。整个国家实际上已失去控制。”①

政变开始后，紧急状态委员会立刻向叶利钦表态请求支持，叶利钦不仅明确地拒绝了这一请求，而且对“8·19”事件反应最强烈的也是叶利钦。叶利钦立即举行记者招待会宣布国家紧急状态委员会是“非法的”，是“右派反宪法的反动政变”。对此，8月20日15时15分，美国总统布什同叶利钦通电话，表示将无条件支持戈尔巴乔夫和叶利钦，并称赞叶利钦的勇敢行为。同时宣布中止对苏联的经济援助，向苏联国家紧急状态委员会施加压力。美、英、法、德、意、日、澳等西方国家统一口径，对苏联国家紧急状态委员会大加谴责，形成围剿之势。美国还利用“美国之音”，转播叶利钦号召推翻亚纳耶夫等人及布什表示同情的讲话，使叶利钦有了一个向俄罗斯人民发表讲话的重要机会。戈尔巴乔夫也发表声明，宣布他已经完全掌控了局势。8月22日，戈尔巴乔夫发布《关于废除政变组织者反宪法文件的命令》，宣布废除国家紧急状态委员会的全部决定，对参与这场政变的人提出刑事诉讼。至此，原先策划“8·19”事件的苏共高层领导人谁也没能逃脱这场不幸的遭遇。8月24日，曾任苏军总参谋长和戈尔巴乔夫军事顾问的阿赫罗梅耶夫元帅在他的办公室含恨自杀。他在遗书中写道：“我为之奋斗的一切都已经毁掉。”

实际上，这起事件的领导人本身意志不够坚定，事前考虑不周，最终在这场复杂的政治博弈中失败了，而且是迅速失败了，本想挽救社会主义苏联，却加速了它的衰亡，这不得不让后人唏嘘。

“8·19”事件在某种程度上来说，给叶利钦打击苏共提供了绝佳的机会。“8·19”事件以后，叶利钦宣布苏军中的共产党为非法组织，暂停《真理报》《苏维埃俄罗斯报》等6份苏联共产党中央的出版物，查封苏联共产党中央大楼，其财产由俄罗斯总统办公厅接收。据俄联邦检察院的统计数据，被

---

① 辛灿编：《“8·19”事变后的苏联》，新华出版社，1992年，第3页。

查封的苏共财产包括:4228 栋行政办公大楼,180 多个社会行动中心、16 所社会政治研究院、41 所学校、134 座宾馆、145 个汽车场、840 座汽车库、23 座疗养院和休养所,还有几千栋郊外的别墅,在国内各大银行的账户上的 50 多亿卢布存款,与此同时,苏共各级党委和机构停止办公和运作,陷入瘫痪。苏联的许多历史纪念物特别是伟人的雕像也被大范围拆毁。8 月 22 日,莫斯科市长波波夫在俄罗斯会议大厦前的群众集会上甚至露骨地叫嚷:“可以把列宁的遗体移除红场,迁至列宁的故乡安葬。”8 月 24 日,戈尔巴乔夫发表声明,不仅自己宣布辞去苏联共产党中央总书记的职务,而且要求苏联共产党中央自行解散,各共和国的地方党组织可以自行决定自己的前途。次日,苏共中央书记处不得不接受自动解散苏共中央的决定。至此,具有 88 年建党史、74 年执政史、1500 多万党员的苏联共产党就这样退出了历史舞台。

“8 · 19”事件以后,戈尔巴乔夫可以说是已经威信扫地,这给年富力强的叶利钦创造了夺取政权的最佳机会。叶利钦通过处理“8 · 19”事件,成功且巧妙地夺取了军权、财权、通信权和最重要的核按钮权,此时苏联的命运实际上已经掌握在叶利钦手中。联盟议员团领导人彼得鲁申科这样评价:“戈尔巴乔夫已经丧失政权,他在跟着叶利钦的音乐跳舞。”①

(四)戈尔巴乔夫欲重建联盟,奈何无力挽救苏联解体的悲剧

面对这样的情形,戈尔巴乔夫出于巩固自己失去的总统权力、挽救联盟的目的,开始处心积虑起草新的联盟条约草案,希望重建联盟。他多次发表声明、呼吁其他加盟共和国的领导人支持他组建新联盟。原《真理报》主编、前国家杜马主席根 · 尼 · 谢列兹尼奥夫这样评价重建联盟及苏联解体,戈尔巴乔夫当时以为通过签订一个新的联盟条约就可以拯救苏联,但为时已晚。从 1990 年开始,陆陆续续闹独立的活动在全苏蔓延开来,规模越来越大。② 截至 1991 年 10 月底,除了俄罗斯联邦和哈萨克斯坦还保持着苏联的

---

① 辛灿编:《“8 · 19”事变后的苏联》,新华出版社,1992 年,第 109 页。

② 参见李慎明主编:《苏联亡党亡国 20 年祭——俄罗斯人在诉说》,社会科学文献出版社,2013 年,第 104 页。

主权国家的地位以外，其余13个国家都宣布独立，此时的苏联已经是一个空架子。1991年12月8日，一个震惊世界的协议诞生了。俄罗斯、乌克兰和白俄罗斯的首脑叶利钦、克拉夫丘克和舒什科维奇在白俄罗斯的自然保护区——别洛韦日丛林共同签署了《关于建立独立国家联合体的协议》，正式向世界宣告："我们白俄罗斯共和国、俄罗斯联邦、乌克兰曾作为苏维埃社会主义共和国联盟的发起国签署过1922年联盟条约，现在我们三国明确指出：苏联作为国际法主体和地缘政治现实已不存在。"[①]12月10日，白俄罗斯和乌克兰最高苏维埃相继批准了在别洛韦日签署的协定。两天后，俄罗斯议会也批准了这个协定。12月21日，11个共和国的首脑再次抛开苏联总统戈尔巴乔夫，以创立国的身份签署了《关于建立独立国家联合体协议的议定书》和《阿拉木图宣言》等重要文件，其中《阿拉木图宣言》宣布：随着独立国家联合体的成立，苏维埃社会主义共和国联盟将停止存在。所谓的"独立国家联合体"既不是国家，也不是超国家的实体，而是一种非常松散的主权国家的联合形式而已。至此，戈尔巴乔夫再也没有能量使苏联起死回生了。12月25日，苏维埃社会主义共和国联盟从此消失了。

"苏联的解体是一个巨大的历史悲剧，是20世纪乃至影响到21世纪的巨大政治灾难"[②]，更是世界社会主义运动事业的巨大悲哀，每一个热爱苏联、热爱社会主义，致力于为共产主义事业奋斗的人都为之心痛！

第二节　苏联话语权丧失带给中国共产党的经验与启示

苏联解体的过程也是苏联失去话语权的历史过程，苏联话语权的丧失给我们展现了一幅苏共从执政到解散的悲壮图景。苏联解体带来的负面效

---

① 陈之骅、吴恩远、马龙闪主编：《苏联兴亡史纲》，中国社会科学出版社，2004年，第812页。

② 李慎明主编：《苏联亡党亡国20年祭——俄罗斯人在诉说》，社会科学文献出版社，2013年，第110页。

应是巨大的，特别是对东欧其他社会主义国家和中国的社会主义事业都产生了不小的冲击。但是苏联的解体并不意味着社会主义事业的失败，马克思、恩格斯关于人类社会发展规律的思想是科学的理论，实现共产主义是由一个一个阶段性目标逐步达成的历史过程，不可能一蹴而就，有挫折是正常的，伟大的社会主义事业不可能一帆风顺，只要不断总结经验，就能开拓前进。正如邓小平同志所言："一些国家出现严重曲折，社会主义好像被削弱了，但人民经受锻炼，从中吸收教训，将促使社会主义向着更加健康的方向发展。"①

同样作为社会主义国家的中国，和苏联有着许多类似之处：如共产党领导、社会主义制度、多民族国家、生产力欠发达……因此，苏共74年的执政史给我们建设社会主义留下了许多宝贵的经验和值得警醒的教训，对于我们当前进行的改革开放事业具有非常重要的借鉴价值。"历史真实地记录着一个国家和民族形成和发展的过程，既是对过去各种知识和经验的积累，也是兴衰成败的真实足迹。通过回眸历史、反思历史，对于当前时代的发展和一个民族、一个国家未来的发展方向提供借鉴意义。通过反思历史，我们可以用厚重的历史警示现实，从对历史趋势的把握中明确方向、指引未来。"②

一、与时俱进的马克思主义是赢得话语权的理论基础

众所周知，苏联解体是多种因素共同作用下的结果，是"合力"的产物，"最致命的政治性根本原因是以戈尔巴乔夫为首的苏共领导集体背叛了马克思主义和科学社会主义"③。的确，科学的理论是一国经济社会发展的重要指导思想，是我们拥有话语权的理论基础，但是即使再科学的理论，如果停滞不前、不思进取，也会缺乏活力。一种不能回答和解决现实问题的理论

① 邓小平：《邓小平文选》（第三卷），人民出版社，1993年，第383页。

② 李正义：《历史思维的方法论意义》，《学习时报》，2020年6月15日，第A2版。

③ 刘子旭、程恩富：《苏联经济发展状况与苏联解体的原因分析》，《思想理论教育导刊》，2018年第1期。

就会被人们抛弃。正如前保加利亚共产党领导人日夫科夫所总结的:“马克思所奠定的原理没有被进一步发展,特别重要的是,它没有被进一步发展到让我们能够回答什么是社会主义。几十年来,社会主义就是按照那些为它后来的垮台奠定了基础的‘原则’建立起来的。”[①]一种科学的理论必须随时能够回答社会发展过程中出现的现实问题,否则这种理论就会失去生命力,历史一再告诉我们,搞教条主义和本本主义是绝对走不通的。

列宁时期是苏联历史上马克思主义生命力最旺盛的时期。只有“沿着马克思的理论的道路前进,我们将愈来愈接近客观真理(但绝不会穷尽它);而沿着任何其他的道路前进,除了混乱和谬误之外,我们什么也得不到”[②]。列宁正是遵循着了这样的原则,即便当时俄国的革命环境十分凶险,整个俄国革命和建设却依然生机勃勃。然而斯大林却把列宁主义泛化、神化以及工具化,利用其对列宁主义解释权的垄断地位,排挤不同政见者。从赫鲁晓夫时期开始,苏联社会的意识形态就开始出现混乱的苗头,逐渐走上歧途,到了1967年,勃列日涅夫提出“发达社会主义”理论,体现出苏联领导人不顾现实,急于求成、粉饰太平的心理,这种对美好社会的描述与社会现实的矛盾更是加剧了苏联话语权的衰弱。苏联《真理报》主编阿法纳西耶夫在《(真理报)总编辑沉浮录》一书中回忆说:为勃列日涅夫起草文件,并不要求有什么“新思想”,更不要说有什么“独到的思想”了。只要你善于把那些早已陈旧、无人感兴趣的思想换上新的形式,找到新的表达方式,应当说就已经体现出十分的“创造性”了。我们就这样一天一天地、一周一周地、一月一月地写作、炮制。“这样工作好像十分光荣”,但是“当你看到、感到美好的理想、崇高的言词和信誓旦旦的许诺与事实不符,你就会对自己的所作所为感到痛苦”。等到戈尔巴乔夫上台以后,苏联彻底放弃了马克思主义,大搞意识形态的多元化,苏共的党报党刊也被查封,最终导致苏联话语权在整个联

---

① [保]托多尔·日夫科夫:《日夫科夫回忆录》,吴锡俊等译,新华出版社,1999年,第228~229页。

② 列宁:《列宁选集》(第二卷),人民出版社,1995年,第103~104页。

盟内的彻底崩溃与瓦解。“从一定意义上讲，苏联后期出现的各种非马克思主义的思潮泛滥成灾，正是对马克思主义教条化的惩罚。”①

马克思主义在苏联失去主导地位的过程给我们的启示是多方面的：一方面，我们要坚定不移地坚持马列主义和中国特色社会主义思想，注重意识形态的一元主导地位，同时坚持用马克思主义新闻观指导新闻工作，注意对各类媒体特别是网络舆论的管控，防止西方敌对势力通过意识形态领域的斗争对我们实施和平演变。“21 世纪两大权力转移正在进行：一是权力在不同国家间的转移，二是权力从国家行为体向非国家行为体的扩散。”②因此，当前我们要高度关注非国家行为体特别是一些在社会上有相当影响力的群体利用网络的高速连通性，传递错误信息以实现权力转移的目的，相关部门和负责人要自觉担当起引导社会舆论朝着正确的、有利于人民利益的方向发展的职责，坚决防止被一些所谓的“公知”“大 V”带偏方向的现象出现，要牢牢掌握意识形态领域的主导权。另一方面，我们对待马克思主义绝不能教条，绝不能搞本本主义，要坚持实事求是的原则，让我们的话语体系做到科学、完善、理性，既接地气、解决问题，又体现老祖宗的真理。列宁以后，苏联在对待马克思主义的态度方面，教条现象几乎达到了泛滥的地步，这一点我们一定要吸取经验教训，做到坚持但不拘泥、继承又发展马克思主义，要让时代化、本土化、大众化的马克思主义成为我们在国际舞台上讲好“中国特色社会主义为什么好”的理论底气。

二、党的先进性和纯洁性是赢得话语权的道德基础

社会主义国家执政党的先进性和纯洁性建设直接影响着这个政党在人民心中的形象，也直接反映了其在国际舞台上的话语权和影响力。苏联解体前，苏联社会科学院曾作过调查问卷，结果令人十分吃惊，被调查者认为

---

① 季正矩：《崩坍的山岳——苏联共产党兴衰成败经验教训研究》，湖南师范大学出版社，2015年，第 331 页。

② ［美］约瑟夫·奈：《权力大未来》，王吉美译，中信出版社，前言，第XXII页。

苏共代表劳动人民的只占7%，代表工人的只占4%，代表全体党员的只占11%，而代表官僚、干部、机关工作人员的竟达85%。还有21%的被调查者认为，党组织已经不具有任何政治威信，67%的人认为它残存的一点威信也正在丧失。苏联剧变后的进程证明，最大的赢家不是黑市倒爷，甚至也不是持不同政见者，而是过去党和政府的各级领导成员变成的新显贵。苏共垮台和苏联解体使他们实现了从权贵阶层向资产阶级的迅速置换，完成了从特权阶层向一个阶级的转变，使他们长期以来通过不合法、不正当手段占有的社会财富和各种权益合法化。

苏联的官僚特权阶层是逐步形成的。在苏联建国初期，列宁就十分重视党群关系，经常告诫领导干部要保持艰苦奋斗的精神，警惕和防止自身的腐化堕落。1921年，列宁为了说明官僚主义的危害性，他把官僚主义形容为国家制度上的“脓包”，并且指出：“我们所有经济机关的一切工作中最大的毛病就是官僚主义。共产党员成了官僚主义者。如果说有什么东西会把我们毁掉的话，那就是这个。”[①]因此，列宁时期苏共干部基本上可以说是意志坚定的，能做到与苏联人民同甘共苦。到了斯大林时期，官僚主义逐渐扩散，“官僚特权阶层”已经开始形成。这个阶层有着自己的特殊利益乃至特殊的文化和心态。他们高高在上，作威作福，名曰“人民公仆”，实则“地道的老爷”。他们有着比普通工人多得多的工资、额外的“红包”、特殊的医疗等，根据级别的不同享受相应的特权。斯大林时期，最高工资与最低工资之比甚至超过了50倍。到了勃列日涅夫时期，这种特权被固定下来成为制度，甚至发生了震惊全国的“驸马案”。据勃列日涅夫侄女柳芭在1990年移居美国后写的回忆录，连勃列日涅夫自己也“不再相信社会主义的胜利、马列主义的原则或者共产主义的前途”。他告诉弟弟：“什么共产主义，这都是哄哄老百姓的空话。”可以说，勃列日涅夫时期是苏联官僚特权阶层的黄金时代。到了戈尔巴乔夫时期，他认为党内官僚是改革的阻碍，他要用社会民主推动

---

① 列宁：《列宁全集》，（第52卷），人民出版社，1988年，第300页。

改革。但是他推行的改革操之过急，特别是在推行国有企业私有化的过程中，许多高级领导人利用种种关系、多种形式，趁机侵吞国家财产，逐渐从管理者变成占有者，把管理权变成所有权。此时的苏共干部，布尔什维主义的先进性和革命性已经荡然无存，反而走向了人民的反面。"伴随着权贵阶层的形成过程，苏共逐渐走上了腐败变质的道路，切断了同人民群众血肉相连的关系，使权力异化。"①

保持党的先进性和纯洁性是党的建设一项长期而又常新的战略任务，需要不断地结合新形势新任务，从理论和实践结合上进行研究。最紧要的是要从思想上、政治上加强党的先进性和纯洁性建设，坚持从思想教育入手，从思想上摆正公仆与主人的关系；在实践中，认真践行群众路线，解决"公仆"的腐败问题，坚持"老虎""苍蝇"一起打，带领全党建立制度铁笼；强调"自我净化、自我完善、自我革新、自我提高"的严要求，以确保党的先进性和纯洁性。正如习近平总书记指出的："先进性和纯洁性是马克思主义政党的本质属性，我们加强党的建设，就是要同一切弱化先进性、损害纯洁性的问题作斗争，祛病疗伤，激浊扬清。"②当今世界一些国家发生社会动荡、政权更迭，腐败都是很重要的导火索。在实现中华民族伟大复兴的战略全局中，党员干部要胸怀"两个大局"，更加主动地把全面从严治党的工作放在"两个大局"的背景下去思考和谋划。全面从严治党既是政治保障，也是政治引领。尤其在大是大非面前，党员干部要敢于亮剑，绝不能以国家利益换取个人利益，绝不以人民利益换取小集团利益，绝不以民族利益换取眼前利益，始终贯穿着对民族命运的担当、对人民幸福的担当、对管党治党的担当、对美好世界的担当。

① 季正矩：《崩坍的山岳——苏联共产党兴衰成败经验教训研究》，湖南师范大学出版社，2015年，第340页。

② 《习近平在庆祝中国共产党成立九十五周年大会上的讲话》（2016年7月1日），习近平：《论中国共产党历史》，中央文献出版社，2021年，第133页。

三、发达的生产力是赢得话语权的物质基础

雄厚的物质基础、强大的经济实力是任何一个国家欲立足于民族之林的根本前提，特别是对于处在社会主义初级阶段的社会主义国家而言更甚，相比较于西方发达资本主义国家，社会主义制度能否具有比较优势，归根结底还是取决于生产力的发达程度。苏联丧失话语权与苏联执政半个多世纪还摆脱不了"短缺经济"的困扰有着直接的关系。"保证一切社会成员有富足的和一天比一天充裕的物质生活"①，这是马克思主义执政党巩固执政基础以及赢得国际话语权的物质基础。

众所周知，苏联的社会主义制度是在生产力极不发达的现实基础之上建立的，这与马克思主义经典作家当年所设想的"物质财富极大丰富"的社会主义的基础是完全不一样的，因此作为社会主义国家的苏联需要大力发展经济建设。战争结束后，列宁不失时机地强调，现在"经济工作则是我们大家的事情，是我们最感兴趣的政治"。列宁去世后，斯大林逐步取消了新经济政策，把整个国家纳入阶级斗争的轨道。这种以阶级斗争为纲来促进经济发展的政策使得原本落后的俄国经济雪上加霜。赫鲁晓夫上台以后，苏联开启了改革的步伐，人民生活开始得到改善，但是这种改革并没有突破苏联高度集中的政治经济体制的束缚。到了勃列日涅夫时期，"为了对外扩张和争霸，不顾国内人民生活，大搞军备竞赛，使国民经济严重军事化，狂热地卷入与美国军备竞赛的漩涡之中，严重掣肘了苏联经济的健康发展"②。到了戈尔巴乔夫上台以后，苏联又开始了所谓的"民主化""新思维"的政治改革，再加上半个世纪的冷战，"吞噬了国家几乎80%的智力、思想、政治和物质资源"③，苏联经济陷入恶化。"可以说，苏联解体垮台，不是缺乏大炮和

① 《马克思恩格斯选集》(第三卷)，人民出版社，1995年，第633页。

② 季正矩：《崩坍的山岳——苏联共产党兴衰成败经验教训研究》，湖南师范大学出版社，2015年，第344页。

③ [俄]切尔尼耶夫：《在戈尔巴乔夫身边六年》，世界知识出版社，2001年，第13～14页。

导弹,而是缺乏面包和黄油。”①

长期以来,苏联的国民经济结构极不合理,高度发展的重工业限制了轻工业和日常消费品领域的发展,人民群众的日常生活水平并没有得到较大程度的提高,特别是到了20世纪70年代中期以后,日益增长的军费开支导致苏联经济疲惫不堪。与此同时,西方发达国家利用第三次科技革命的成果促使经济发展驶入了快车道,苏联人民的生活水平与西方民众的生活水平差距日益拉大,这导致苏联人民对社会主义事业的不满情绪日益增加。十月革命前,俄国人的生活水平居欧洲第五位,70年后则居欧洲的倒数几位。按照1991年4月,1美元等于1.3卢布折算,苏联职工月工资只相当于美国的18.8%。前波兰统一工人党第一书记拉科夫斯基在谈到教训时说:“经济搞不好,群众不拥护,说话没人听。”社会主义国家的经济发展要普惠人民群众,要赢得与资本主义相比较的优势,至少不能落后于同等起步的资本主义国家,否则,人民群众就会在与东西方对比中,对社会主义的优越性和共产党的领导能力产生怀疑,最终丧失走社会主义道路的信心。

我们国家与苏联也有相似之处,都是建立在生产力不发达的基础之上的,这样的社会主义是初级阶段的社会主义,因此发展生产力是当务之急,这也是社会主义本质的内在要求。发达的生产力恰恰又是我们提升话语权的底气所在,“在社会主义国家,一个真正的马克思主义政党在执政以后,一定要致力于发展生产力,并在这个基础上逐步提高人民的生产水平”②。只有这样,人民才不会去羡慕西方资本主义制度的繁荣生活,保障社会主义国家的制度优越性。

贫穷不是社会主义,社会主义的本质就是要实现共同富裕。雄厚的物质基础是社会主义大厦的根基,只有地基牢固,社会主义事业才会发展。我们要认真吸取苏联在经济结构领域的经验教训,始终把发展作为第一要务。

---

① 季正矩:《崩坍的山岳——苏联共产党兴衰成败经验教训研究》,湖南师范大学出版社,2015年,第344页。

② 邓小平:《邓小平文选》(第三卷),人民出版社,1993年,第28页。

虽然当前中国的经济总量居世界第二位,对世界经济增长贡献率超过30%,但这和我们巨大的体量有着密不可分的关系,切不可以为我们已经具备了根本改变全球权力格局的能力,我们仍然要集中力量大力发展生产力,特别是要坚持“以人民为中心”的发展理念,在把蛋糕做大的同时也要注意把蛋糕切均匀,处理好人民日益增长的美好生活需要和不平衡不充分的发展之间的矛盾,缩小各地区、各领域、各行业、各阶层之间的差距,不断释放发展效能,让这种发展的红利惠及最广大的人民群众,夯实中国共产党长期执政的群众基础。另外,新冠肺炎疫情引发世界经济深度衰退,导致更多不确定性因素增加,以美国为首的一些西方发达国家遏制中国发展的手段频频出现,在一些高科技领域还依赖国外的中国,卡脖子技术更是直接影响了我国经济的高质量发展。在这种情况下,需要充分发挥我国超大规模的市场优势和内需潜力,以国内大循环为主体,构建国内国际双循环相互促进的新发展格局,稳住民生这个基本盘,同时努力提升在关键领域的发展水平,在危与机的转化中谋划后疫情时代经济发展大格局,确保经济发展领域的主动权和话语权。

四、正确的发展道路是赢得话语权的政治基础

社会主义制度的优越性在苏联高度集中的政治经济体制下长期得到不释放和展现,导致苏联的社会主义无法体现与西方资本主义相比较的制度优势,这也是西方国家借口抨击苏联制度的和苏联共产党的一个主要原因。为了稳定不去改革政治体制中那些明显阻碍社会发展的东西是不对的,苏联模式长期得不到修正,阻碍了社会主义制度优势的发挥,但是在社会动乱中是更不可能进行改革和经济社会发展的,苏联最终选择放弃社会主义,这就等于选择放弃了制度优势的根基,放弃了话语权的掌控力。

苏联解体的一个重要原因,就是长期以来没有实施真正意义上的改革,虽然有过一些“修修补补”,但都没有触及高度集中的政治经济体制,到了戈尔巴乔夫时期,苏联推行的又是疾风暴雨式的改革,缺乏科学思维的指导,

缺乏总体顶层设计的判断与把握，更缺乏明确的目标和清晰的计划，不清楚苏联的改革要怎么改，究竟要走向何处。当然戈尔巴乔夫时期的改革除了自身的因素以外，也离不开西方国家长期“和平演变”的因素。于戈尔巴乔夫执政7年间一直担任美国驻苏大使的马特洛克，在他撰写的《苏联解体亲历记》中承认，并具体记述了西方是怎样挑拨苏共高层领导人之间的矛盾；怎样鼓励、帮助波罗的海沿岸三国和格鲁吉亚、乌克兰、俄罗斯的激进民主派开展民族分离主义活动的；特别是“8·19”事件期间，他们是如何帮助叶利钦打败紧急状态委员会的；在戈尔巴乔夫推行议会代表竞选期间，他们是如何帮助激进民主派战胜对手当选的；美国总统布什和英国首相撒切尔夫人是怎样以种种利诱手段促使戈尔巴乔夫成为西方颠覆苏联的最得力的政治工具的，以至苏联取消了宪法第六条——关于苏共的领导地位的条文。戈尔巴乔夫时期的政治体制改革正是在美国等西方国家的策划下开展的，它“并没有使苏联经济走出停滞状态，反而触发和加深了苏联的经济危机。理论上诱人的民主社会主义‘妖姬’，吞食和埋葬了苏联七十多年社会主义建设的成果，换来了横蛮的‘官僚和寡头的资本主义怪兽’，倒退到犯罪猖獗、黑势力猖獗的原始资本主义泥潭”①。连在戈尔巴乔夫身边的人也怀疑，这一改革将导致通货膨胀、失业、物价上涨和社会分化。事实也正如所料，自从1985年戈尔巴乔夫实施改革至1991年苏联解体期间，苏联的黄金储备下降了90%，卢布兑美元贬值为原来的1/150，石油出口下跌了一半以上，外债增加了4倍。戈尔巴乔夫在政治领域的改革对于揭露苏联特权阶层和特权现象方面的确发挥了积极作用，但是他倡导的“毫无保留、毫无限制”的公开性所产生的负效应严重影响了苏联经济社会的正常发展，抹黑苏联共产党、否定苏联社会主义的现象可谓铺天盖地，严重削弱了苏共的领导地位，导致反对派趁势崛起，社会动荡日益加剧。

一个国家的改革要始终掌握在发展路径选择问题上的主导权，绝不能

---

① 张树华：《俄罗斯之路30年》，中国社会科学出版社，2018年，第209页。

被其他国家牵着鼻子走。2013 年 3 月，习近平在莫斯科发表演讲说：鞋子合不合脚，自己穿着才知道。一个国家的发展道路合不合适，只有这个国家的人民才最有发言权。道路关乎党的命脉，关乎国家前途、民族命运、人民幸福。近代以来，无数仁人志士对于“走什么样路”的问题进行过长期艰辛的探索，但都未能找到答案。中国共产党带领全国各族人民赢得了新民主主义革命和社会主义革命的胜利，成功走上了社会主义的道路。改革开放以来，我们既不走封闭僵化的老路，也不走改旗易帜的邪路，而是坚持走中国特色的社会主义道路。四十年改革开放的成就证明，中国特色社会主义道路是中国共产党和中国人民做出的正确选择。从“摸着石头过河”到逐步实现社会主义现代化，中国特色社会主义道路的吸引力、凝聚力和影响力不断提升，中国特色社会主义制度的优越性正不断彰显。

然而在当前和未来很长一段时间内，我们面临的国内外环境是复杂多变且异常严峻的，国际上，疫情依然没有实质性好转，以美国为首的西方国家利用疫情甩锅中国，从而转移国内矛盾，推卸自身责任，以减少疫情对西方体制和价值观的冲击。2020 年中印边境的军事冲突就是印度转移国内矛盾的惯用手段。面对百年未有之大变局的世界形势，加之国内有序防控疫情和复工复产的双重考验，我们面临的压力和挑战是前所未有的，在这个时候，国际反华势力抓紧了趁机“和平演变”的步伐，因此我们要有足够的政治定力，始终高举中国特色社会主义伟大旗帜，坚定走中国特色社会主义道路的信心，在全面深化改革的道路上稳步走向中华民族伟大复兴。

五、成功的民族政策是赢得话语权的民族基础

多民族的国家由于民族成分复杂，其语言、宗教信仰、风俗习惯等方面存在诸多差异，这是多民族国家普遍存在的问题。因此，如何保持和谐团结的民族关系，在分歧和差异面前寻求共识，对于多民族国家维护社会稳定、巩固国家统一、提升多民族国家的凝聚力、防止形成分裂力量，具有至关重要的影响。苏联失去话语权的一个非常重要的原因是不容忽视的，那就是

由来已久、积怨已深的大俄罗斯主义。苏联解体的直接表现形式是一个统一的多民族国家分裂成15个独立的国家，在苏联解体的问题上，苏联的民族政策无疑起到了极大的负面影响。因此，成功的民族政策是赢得话语权的民族基础。

列宁对于大俄罗斯主义的危害性是非常清楚的，他深知“沙皇俄国是个民族大监狱，历史上的民族积怨甚深，潜伏着巨大的离心力”[①]。1922年，列宁在生病期间还专门写了《关于反对大俄罗斯主义的给政治局的便笺》：“我宣布要同大俄罗斯沙文主义决一死战。”[②]但是在列宁之后，苏共在民族理论与实践方面存在着严重的失误。从斯大林时期开始，大俄罗斯主义的倾向就愈演愈烈。在肃反运动中，斯大林清洗了一大批少数民族干部，在卫国战争中，有的民族被强行迁移，人为地造成了更深的民族隔阂。到了勃列日涅夫时期，则把大俄罗斯主义推向了巅峰。各共和国的自治权大幅度降低，强制推行俄语教学、提拔非当地民族的干部等手段，导致各加盟共和国摆脱压迫，追求独立的呼声日益高涨。1985年戈尔巴乔夫推行的“人道的民主的社会主义”更是为民族矛盾的爆发提供了绝佳的政治环境，各加盟共和国纷纷要求独立，民族独立倾向的增强和中央政权的削弱，直接导致了国家认同感的缺失和苏联的解体。

中国也是一个多民族国家，这是与苏联的相似之处。因此，我们在民族问题上坚决要吸取苏联解体的教训，要慎之又慎。民族问题能否成功解决直接关系中国各民族之间的良好情谊，直接影响到中国社会的稳定。民族问题是一个特别敏感的问题，最近一年多来，西方国家借“新疆棉”事件屡屡挑衅，包括一些国际大牌也发出抵制新疆棉花的声明，这在一定程度上破坏了我们的国际形象，削弱了国际话语权。其实，“我国在国际事务中已经有了体量，但目前需要增强的是声量。进入新时代，我们要深刻意识到国际民

---

① 季正矩：《崩坍的山岳——苏联共产党兴衰成败经验教训研究》，湖南师范大学出版社，2015年，第349页。

② 《列宁全集》（第33卷），人民出版社，1987年，第334页。

族事务正处在一种全新的、深刻的、复杂的演变进程中，我们必须不断完善我国民族事务的话语叙述，有效应对在民族问题上对我国核心利益的潜在挑战”①。我国在脱贫攻坚领域取得的成就是有目共睹的，其中，少数民族和民族地区始终是国家重点脱贫对象。2020 年发布的《中国少数民族地区扶贫进展报告(2019)》指出，2019 年民族八省区已有 484 万农村贫困人口实现脱贫，贫困人口总数从 2018 年的 603 万人下降到 119 万人，贫困发生率从 4% 下降到 0.79%。所以，我们完全应该积极展现民族地区扶贫脱贫的现实成就，在世界民族事务中占据主动，掌握话语权，尽可能地减少因民族问题带来的负面影响。

因此，中国的民族政策一定要“坚定不移走中国特色解决民族问题的正确道路，坚持各民族一律平等，坚持各民族共同团结奋斗、共同繁荣发展，保证民族自治地方依法行使自治权，保障少数民族合法权益，巩固和发展平等团结互助和谐的社会主义民族关系”②。在形势多变的外部环境下，民族问题更敏感、更复杂，对此，我们要坚决明确团结统一是国家最高利益，是实行民族区域自治的前提和基础。按照“共同团结奋斗，共同繁荣发展”的原则，不断提高各族群众生活水平，确保共同富裕路上一个民族都不能少。尊重差异、包容多样，通过扩大交流交往交融，让各民族在中华民族大家庭中手足相亲，守望相助，最终实现铸牢“中华民族共同体意识”的目标。

六、合宜的外交政策是赢得话语权的外交基础

苏联长期以来推行大国霸权主义和大党主义，直接干预和插手其他民族和其他国家的内政外交，这种强势的外交政策是促使苏联解体的催化剂。

列宁从执政初期就一直坚持实行不同社会制度国家的和平共处原则和政策。“十月革命胜利后，列宁就把反对帝国主义战争、争取世界和平作为

---

① 赵磊:《不断提升中国民族事务的国际话语权》,《中国民族》,2017 年 Z1 期。

② 《中共中央关于坚持和完善中国特色社会主义制度、推进国家治理体系和治理能力现代化若干重大问题的决定》,《人民日报》,2019 年 11 月 6 日,第 1 版。

苏俄对外政策的根本原则。1917 年 11 月 8 日,全俄工兵苏维埃代表大会就颁布了由列宁亲自起草的第一个外交文件《和平法令》。《法令》首先正式向一切交战国政府和人民提议立即就缔结公正的、民主的、不割地不赔款的和约问题进行谈判,揭露帝国主义列强为瓜分弱小民族而进行掠夺性战争的罪行,提出强大民族和弱小民族一律平等的原则,宣布苏维埃国家将为实现和平而努力。"[①]列宁的这份外交文件赢得了广大劳动群众的拥护,反映了要求和平的愿望。随着国际形势的发展和认识的深入,苏维埃国家逐步放弃了世界革命思想,列宁提出了与资本主义国家和平共处、在资产阶级和平主义纲领的原则基础上发展和资本主义国家关系的思想,列宁的探索意义重大,它为苏维埃和平共处外交奠定了坚实的思想基础,非常可惜的是探索仅仅开始列宁就病倒了。可以说,初掌国事时的斯大林不完全了解或者说不完全理解列宁在外交方面多年来进行的理论探索,尤其是列宁外交思想在 1920 年前后发生的重大转变,斯大林还是坚持俄共(布)党内当时普遍信仰的世界革命理论。主要表现为苏联的直接干预和插手,把兄弟党、兄弟国变成父子党、父子国。更为严重的是,苏联竟然同帝国主义共同瓜分势力范围。赫鲁晓夫执政以后,虽然他开始彻底反对斯大林、否定斯大林,但是依然没有改变苏联那种"老子党"和大国霸权主义思想,仍然试图用各种办法以至靠强权控制各社会主义国家。如 1958 年,苏联建议在中国设长波电台,建立中苏联合舰队,遭到中国政府拒绝后,苏联用各种方法向中国施压。1959 年 6 月,苏联单方面撕毁了国防技术协定,拒绝向中国提供原子弹生产技术资料。1960 年 4 月,《红旗》杂志发表题为《列宁主义万岁》的文章,不点名地批评了赫鲁晓夫。6 月下旬,赫鲁晓夫派苏联驻华大使契尔年科向中国政府递交了苏联撤走全部在华专家的照会,单方面决定在一个半月内召回所有苏联在华专家。勃列日涅夫执政以后,苏联的外交政策中那种"左"

---

① 李宗楼:《列宁的外交思想和苏俄的对外政策》,《江苏师范大学学报》(哲学社会科学版),1992 年第 1 期。

的倾向愈加严重,大国沙文主义思想暴露无遗,大量增兵在中苏边境,导致中苏关系更加紧张。1968 年 12 月 27 日,苏军 75 名全副武装的军人分乘 7 辆装甲车、卡车和吉普车侵入珍宝岛,打伤正在岛上执行巡逻任务的中国边防军人,1969 年 3 月,中国边防部队被迫自卫反击,将入侵的苏军逐出珍宝岛。另外,1968 年苏联还强烈干涉捷克斯洛伐克改革,甚至在 8 月 20 日夜里出动 50 万华约国家军队占领捷克斯洛伐克全境。勃列日涅夫时期这种对外进攻性的战略,在国内,不仅没有广泛的民意基础,而且这种长期的庞大的军费开支耗尽了苏联的人力、物力和财力,如:它为了同美国对抗,花费了 7000 亿卢布;为了同中国对抗,花费了 2000 亿卢布;为了进行阿富汗战争,花费了数百亿卢布;在国际上更是削弱了苏联社会主义的大国形象,增加了其他社会主义国家对苏联的不满情绪,大大削弱了苏联大国国际影响力。

苏联的这种霸权主义的外交政策不仅没能赢得国内民众的支持,而且加重了人民群众的负担,苏联自身与其他国家的关系也变得高度紧张。因此我们必须以苏为鉴,制定符合自身实际的且有利于促进世界和平发展的外交政策,从国内和国际两个视角思考制定合宜的外交政策。

第六章
提升中国特色社会主义话语权的对策研究

2015年8月23日，在致第二十二届国际历史科学大会的贺信中，习近平写道："人事有代谢，往来成古今。历史研究是一切社会科学的基础，承担着'究天人之际，通古今之变'的使命。世界的今天是从世界的昨天发展而来的。今天世界遇到的很多事情可以在历史上找到影子，历史上发生的很多事情也可以作为今天的镜鉴。重视历史、研究历史、借鉴历史，可以给人类带来很多了解昨天、把握今天、开创明天的智慧。"①在了解了苏联话语权兴衰的历史实践之后，我们可以更好地把握今天中国特色社会主义事业的得与失，开创中国特色社会主义话语权的光辉未来！

在新时代的大背景下，中国共产党必须实事求是地看待话语权面临的挑战和问题，抓住机遇、展望未来、谋划对策。

第一节　提升中国特色社会主义话语权应遵循的原则

"有权力能平等言说且被倾听、有影响。通俗来说，就是既有发言权，又有说服力、影响力。这是赢得话语权的最高衡量标准。"②中国特色社会主义在世界舞台发挥影响力的过程中，必须始终坚持马克思主义的立场、观点和方法这一基本原则。具体来说，包括以下三点：

---

① 《习近平致第二十二届国际历史科学大会的贺信》，新华网，http://www.xinhuanet.com/politics/2015-08/23/c_1116344061.htm，2015年8月23日。

② 韩庆祥：《中国话语权的五个基本层次》，《湖北日报》，2014年6月19日，第10版。

一、充分尊重话语权

中国特色社会主义要在世界舞台上发挥话语权力的作用，首要前提就是尊重他国的话语权力。话语权不是世界话语的霸权。横行霸道、唯我独尊，认为自己的话语有天生别于其他国家的优越感，这种霸权思维模式只能遭到来自其他国家的排斥和反对。不得不承认的是，世界各国的话语权力的确有大小之分、强弱之别，在话语的实际操作中，话语权被自身实力的大小划分为三六九等，但是无论其话语权处在何种阶层，中国都要学会尊重他国，在不牺牲他国利益的前提下发挥话语优势，这是一个成熟稳重的大国、一个负责任的大国所应有的态度、风范和智慧。

当今全球话语体系还没有完全改变发达国家掌握话语主动权的态势，它们依然习惯于自说自话、唯我独尊。为了自己的利益，可以毫不犹豫地牺牲发展中国家的利益。中国是发展中国家的一员，在国际舞台上发挥话语权的作用必须顾及发展中国家的利益，尊重发展中国家的权益，尊重发展中国家的话语权，并积极主动营造有利于发挥发展中国家话语权的氛围，促使理论上的话语平等转变为事实上的平等。尊重不是一句空话，其背后体现的是一个国家的制度、文化、价值理念等各种软实力层面的内容。尊重他国话语权是中国在世界舞台上行使话语权力的基本前提。

二、公平竞争话语权

公平竞争理应是处理国际关系和国际事务的基本规则。然而，西方发达国家利用其先发优势在世界舞台横行霸道，任意破坏国际秩序和规则，私自建立自认为是公平合理的游戏规则。其实，话语权不是争来的，也不是抢来的，是靠强大的自身实力赢得的，绝不是你态度强硬、蛮横无理就能获得的。只有通过公平竞争获得的话语权，才令人信服，才牢靠、稳定、持久。未来，中国特色社会主义话语权在实际运作过程中，必须积极营造公平竞争的国际环境，制定公平竞争的国际规则、争做公平竞争话语权的践行者和模范者。

中国在参与全球话语体系的过程中，不仅要与其他发达国家包括发展中国家公平竞争话语权力，还要率先垂范，努力营造一种公平竞争话语权的国际氛围，要让其他国家了解，只有公平竞争才能促使全球话语体系实现多元化发展，破坏国际规则、暗箱操作只能促使西方话语霸权更加有恃无恐，这有悖“人类命运共同体”的构建，也绝不是中国特色社会主义参与全球话语体系建设的初衷。仅凭硬实力的单独支撑，缺失软实力的道义力量，无理抢夺来的话语权也不长久、不可靠。因此，中国要积极带动其他国家一道遵守公平竞争的原则，在全球治理领域、在国际大舞台上树立起社会主义大国的稳重形象。

三、有效保留话语权

保留话语权是为了更好地行使话语权，更好地在世界舞台上发挥中国特色社会主义的影响力。中国特色社会主义在世界舞台发挥话语影响的过程中，绝不可不顾他国国情、社会制度和实际情况，肆无忌惮、生搬硬套，我们只是通过文化软力量的方式方法行使话语权，通过中国特色社会主义在国际社会产生的影响力来吸引其他国家了解、学习和借鉴，我们绝不强迫，那套利用马克思主义的基本原理结合实际国情和时代特征的经验可以学习、利用，但同时要适当保留话语权，切不可推广、套用，切不可狂妄自大。

有效保留话语权的目的其实是为了更好地行使话语权。一些西方发达国家为了自身国家利益不顾一切，横行霸道、为所欲为，表面上看是获得了利益，其实是短期的、不长久的。中国特色社会主义则不一样，我们不是推广话语权，我们在提升话语权的过程中，始终坚持有理、有利、有节，即有道理，事出有因；有利益，于我有利，不损害自己的利益；有节制，要适可而止。提升话语权不能过了头，凡事过了头不行，过犹不及。中国特色社会主义话语权不仅要有利于自己的利益，也不能牺牲别国的利益，还要坚持正确义利观，帮助别国共同发展，实现共享的目的。中国特色社会主义话语权力想要保持长久有效,就必须遵循有效保留话语权的基本原则。

第二节　提升中国特色社会主义话语权的现实路径

我们应认真思考和分析中国特色社会主义话语权面临的挑战,努力提升中国特色社会主义的话语权,转变全球话语体系西强东弱的局面,为当今全球话语体系建设贡献中国智慧和中国力量。

一、强化话语主体,提升执政形象

话语主体的形象直接影响到话语权力的强弱。中国特色社会主义话语权的话语主体——中国共产党的执政党形象直接影响着中国特色社会主义在国内外的影响力和话语权。因此,要想提升中国特色社会主义的话语权,这套话语的领导者必须率先垂范、以身作则,在世界范围内树立起令人信服的执政形象。

(一)加强党的长期执政能力建设,为提升话语权打牢民心基础

新时代下,中国共产党应努力致力于提高把理论转化为实践成果的能力,全面增强长期执政的本领,凸显共同富裕的显著优势,破除利益固化的藩篱,坚持以人民为中心的发展思想,让广大人民群众公平享有中国特色社会主义的实践成果,切实提高中国特色社会主义在广大人民群众心中的认同度,努力夯实话语权的民心基础。

1. 全面增强执政本领

当前国际形势依然复杂严峻,社会主义国家仍然面临着发达国家在经济、科技、军事等方面的巨大压力;在国内,长期执政的考验、改革开放的考验、市场经济的考验以及外部环境的考验仍然是中国共产党在执政能力建设方面需要长期面临和解决的大问题,因此,要把中国特色社会主义这一政治话语转变成看得见、摸得着的现实生活,转变成人民群众能真切感受得到的切实利益,还需要中国共产党努力增强学习本领、政治领导本领、改革创

新本领、科学发展本领、依法执政本领、群众工作本领、狠抓落实本领、驾驭风险本领这八大执政本领。一方面,中国共产党要形成自觉增强执政能力建设的意识,积极主动增强执政本领,决不能等着组织召唤你去学习培训,更不能靠着自己原本的专业知识和工作经验想当然地应对执政挑战。中国共产党要养成能够及时弥补自身缺点和不足的能力,不断提升长期执政的八大本领,否则,执政能力建设就会出现跟不上时代进步和不能满足人民群众需要的窘境。另一方面,执政能力建设是一项长期复杂的工程,只有起点没有终点。执政能力的建设任务一刻也不能停,稍有懈怠就会影响中国特色社会主义实践成果的巩固和提高。因此,必须一以贯之坚持下去,决不能因为现阶段取得的成绩而沾沾自喜,必须作好长期作战的准备。党的权力是人民赋予的,人民群众把权力交给中国共产党,是因为人民相信中国共产党有这个能力承担起这份责任和使命。因此,中国共产党一定要牢记初心和使命,始终坚定公仆意识,坚持为人民执好政、掌好权,着力解决好人民群众反映强烈的突出问题,坚持问政于民、问需于民、问计于民,充分发挥共产党人的执政本领,多干人民群众满意的好事实事。

2. 凸显共同富裕的优势

“大道之行也,天下为公”。中华民族历来都有追求“天下为公”的崇高社会理想。“天下为公”是一种美好的政治理想、一种理想中的大同社会。比“大同”低一个层次的是“小康”,介于“小康”和“大同”之间的是“共同富裕”。当前,我们已经完成了消除绝对贫困的艰巨任务,可以说,全面建成小康社会胜利在望,现在我们正将“共同富裕”提上发展的议事日程,这不仅是中国共产党“全心全意为人民服务”根本宗旨的应有之义,也是社会主义本质理论使然。人民对美好生活的向往永远都是我们中国共产党人的奋斗目标。早在改革开放之初,邓小平就鼓励一部分人先富起来,改变了“贫穷就是社会主义”的错误理念,经过改革开放 40 多年的发展,中国完成了 8 亿多人口的脱贫奇迹,占同期全球减贫人口总数的 70% 以上,党的十八大以后不到十年我们又有 1 亿多人口脱贫。这些都是中国社会主义宝贵的经验。但是现在我们还存在返贫的危险以及相对贫困的现象，所以，一方面，我们要继续做大财富蛋糕。当前中国社会的中产阶层只有 4 亿人左右，这在 14 亿多总人口中半数还不到，因此，这个比例是不高的，所以，做大蛋糕的关键是做大中产阶层，建设“橄榄型社会”。另一方面，我们要分好蛋糕，要保底，要保护弱势群体的利益。我们既不能搞贫穷社会主义，也不能搞“富而不公”的社会主义，如果是这样，那和资本主义有什么区别呢？公平正义是社会主义的显著特征，要让弱势群体感受到公平感和正义感，感受到社会主义制度“以人民为中心”的发展理念，尽可能广泛地夯实社会主义的执政基础和民心基础。

3. 破除利益固化的藩篱

如何保护弱势群体的利益，增强人民群众的公平感和幸福感，破除利益固化的藩篱是当务之急。实践成果能否公平地被人民群众所分享是影响中国特色社会主义话语权强弱的关键因素之一。改革开放 40 多年取得的中国特色社会主义的伟大成就归根结底是广大人民群众共同努力的结果，因此，中国特色社会主义的实践成果必须为广大人民群众所共同享有。如果大部分成果被少部分的利益群体长期占有，中国特色社会主义的话语权将大打折扣。在实行改革开放以来 40 多年的时间里，“我国社会生产力水平总体上显著提高，社会生产能力在很多方面进入世界前列，更加突出的问题是发展不平衡不充分，这已经成为满足人民日益增长的美好生活需要的主要制约因素”[①]。消除两极分化、达到共同富裕本应是社会主义的本质特征，但是社会主义初级阶段的特殊性决定了我国现在还不能马上实现共同富裕，发展的不平衡不充分将在相当长的一段时间内成为人民群众追求美好生活的主要制约因素。除了初级阶段这个根本原因以外，造成不平衡不充分的一个重要原因还源于利益固化的藩篱。既得利益群体的存在是全面深化改革

---

① 习近平：《决胜全面建成小康社会 夺取新时代中国特色社会主义伟大胜利——在中国共产党第十九次全国代表大会上的报告》，人民出版社，2017 年，第 11 页。

和实现社会公平正义的严重障碍。在实践中突破这个障碍是中国特色社会主义赢得人心的重要举措,但是改革也不能引起激烈的社会冲突和动荡。

当前,增量改革先行、存量改革跟进成为突破利益固化藩篱的关键一招。一方面,增量改革主要还是借助市场配置资源的决定性作用,尊重经济规律,从人民群众最关心、最现实、最迫切的问题入手,简政放权、释放人民群众的创造活力,扩大中等收入群体的比重,高度重视弱势群体的社会保障,增进普通老百姓的福祉,把改革红利这块蛋糕不断做大。另一方面,增量改革在推进到一定阶段后,必须推进存量改革。改革者必须要敢于啃硬骨头、敢于涉险滩,敢于同既得利益群体相抗衡,下定决心打破既得利益群体的强势格局。在推进增量改革的量变过程中逐渐取得存量改革的阶段性质变的成果,建立一个有利于广大人民群众根本利益的体制机制,尽最大努力让最广大人民群众享受到更多更公平的中国特色社会主义的实践成果,让人民群众在中国特色社会主义制度下公平享有人生出彩的机会,尽全力让人民群众相信党、相信党的理论,从而为提升中国特色社会主义在国内的话语权夯实民心基础。

(二)建设高素质干部队伍,为提升话语权提供中坚力量

党的各级领导干部是中国特色社会主义事业的主要依靠力量和中流砥柱,是提升中国特色社会主义话语权的中坚力量。为此,我们"要坚持党管干部原则,坚持德才兼备、以德为先,坚持五湖四海、任人唯贤,坚持事业为上、公道正派,把好干部标准落到实处"①。

1. 严把党员入口关,保证党员队伍的纯洁性

建设高素质的干部队伍,首先应严把源头关。中国共产党的力量和作用,既取决于党员数量,更取决于党员质量。党员的质量 × 党员的数量 = 党的强大战斗力 = 党组织的战斗堡垒作用 = 党的强大的执政能力 + 党的先进

---

① 习近平:《决胜全面建成小康社会 夺取新时代中国特色社会主义伟大胜利——在中国共产党第十九次全国代表大会上的报告》,人民出版社,2017 年,第 64 页。

性+党的纯洁性。但如果党员质量出现了问题(负值越大),那么党员数量越大(正值越大),相乘的结果只能是更大的负值。因此,要建设一支强有力的马克思主义执政党,党员质量是关键。中国共产党的党员质量是全面从严治党的基础和关键,是党员入党的首要关卡。这就要求党组织必须严把党员质量关,坚持把政治标准放在首位,坚持把政治上的成熟作为入党的第一标准,严防那些入党动机不纯的人混入党的组织。其次,严格入党程序。入党程序中的每个环节都必须严格贯彻落实,不能简化,更不能搞变通、走形式,严格确保发展的每一名党员都是人民群众中的先进分子;最后,严肃纪律是关键。前几年一些地方和单位出现了公开售卖入党名额的情况,这种不正之风在相当程度上弱化了党员队伍的纯洁性。加入党组织是一件非常严肃的事情,绝不能搞交易、开后门,绝不能庸俗化、搞不正之风,必须严格按照党组织的规定进行,杜绝权钱交易的行为。总之,我们一定要处理好政党规模膨胀与政党规模优化的关系,始终贯彻"控制总量、优化结构、提高质量、发挥作用"的党员发展总要求,不断从"规模建党"走向"质量兴党"。

2. 坚持"好干部五标准",把牢正确选人用人导向

全面从严治党的关键在于全面从严治吏。在全球化、信息化、大数据的今天,党员干部要面对的诱惑越来越复杂、要经受的考验越来越严峻,因此能否选出组织放心、群众满意、干部服气的,守得住清贫、耐得住寂寞、经得住考验的党员干部,是当前我们选人用人上的一大关键性问题。"坚持正确用人导向,真正让那些忠诚、干净、担当的干部得到褒奖和重用,让那些阳奉阴违、阿谀奉承、弄虚作假、不干实事、会跑会要的干部没有市场、受惩戒,倡导清清爽爽的同志关系,规规矩矩的上下级关系。"①2013 年 6 月,在全国组织工作会议上,习近平提出"新时期好干部"的五大标准,即信念坚定、为民服务、勤政务实、敢于担当、清正廉洁。可见,这五大标准更多的是侧重党员

---

① 《习近平在中共中央政治局第三十三次集体学习时强调:严肃党内政治生活净化党内政治生态 为全面从严治党打下重要政治基础》,《人民日报》,2016 年 6 月 30 日,第 1 版。

干部的政治素养、党性修养和道德涵养,其中忠诚、干净、担当是五大标准的核心要义。对党忠诚、没有二心,干净廉洁、守住底线,敢于担当、勤于履责,做到政治上清醒坚定、作风上清正廉洁、事业上奋发有为,做到"心中有党、心中有民、心中有责、心中有戒"。另外,我们在教育干部上还必须坚持"惩前毖后,治病救人"的原则,建立容错纠错机制,实现惩戒与教育相结合,弄清思想和团结同志相结合。这主要体现在当下我们灵活运用监督执纪的"四种形态"的具体实践操作中,我们的目的不是袒护干部、包庇干部,而是教育干部、挽救干部,真正体现我们党对党员干部的关心和爱护。

3. 建立健全考核评价体系,科学考核党员干部

党的干部队伍究竟建设得如何,效果怎么样,还需要我们用一套科学的考核评价体系来衡量。毕竟定量考核的标准要比定性评价更加客观、有效,也可以避免定性评价中可能出现的人情考核、寻租考核等影响党的建设的情况。关于党的建设的考核评价体系需要注意以下三点:

首先,评价指标要科学规范。针对不同地区、不同对象,区别设置评价指标。对于不同的党组织和党员干部特别是高级别的领导干部,区别设置有针对性的评价指标并且合理分配评价权重。

其次,在考核评价过程中应全面推进标准化建设,以党建标准化推进干部队伍建设。"标准决定质量,有什么样的标准就有什么样的质量,只有高标准才有高质量。标准决定质量,标准考验能力。"①标准化的考核评价体系、直观明了的考核结果,可以促使党建工作从定性走向定量,有助于改变以往模糊评价的尴尬现象,实现党务工作由"虚"转为"实",由"散"转为"序"的良好局面。标准化的干部考核机制有利于淘汰不作为、不担当、不敢为的所谓"佛系领导",激励真正有作为、敢担当的领导干部,激发领导干部的责任心、事业心,充分发挥领导干部在建设中国特色社会主义事业中中流砥柱的作用。

---

① 本报评论员:《高标准才有高质量》,《人民日报》,2014 年 3 月 25 日,第 1 版。

最后，我们还应充分利用“大数据”来参与党建评价考核，方便及时了解情况，也可以在更大范围内进行横向、纵向的比较研究，真正实现全面动态掌控。总之，我们应用具体化、定量化、标准化的方式进行党建工作的考核评价，确保人人有职责、工作有标准、办事有程序、绩效有考核、事后有评估，从而确保党建工作真正落到人头、落到实处，提高党建工作的科学化水平。

（三）巩固发展反腐败斗争压倒性胜利的态势，为提升话语权提供政治保障

部分党员干部身上腐败现象的存在较大程度地影响了中国共产党的形象及中国特色社会主义话语权的提升。中国特色社会主义进入新时代，反腐败斗争也必须体现出新气象、彰显新作为。

1. 坚持思想建党与制度治党的统一

党风廉政建设和反腐败斗争是一项长期、复杂、艰巨的政治任务，要“强化不敢腐的震慑，扎牢不能腐的笼子，增强不想腐的自觉”[①]，必须坚持思想建党和制度治党相统一，既要解决思想问题，也要解决制度问题，把坚定理想信念作为根本任务，把制度建设贯穿到党的各项建设之中，实现全社会的海晏河清、朗朗乾坤。“廉洁执政既要靠制度也要靠人，两者不存在因果关系或哪个先哪个后的先后排序考量。再好的反腐制度也要靠正直廉洁的人来执行。”[②]思想建党的关键是依靠文化自信坚定理想信念，筑牢拒腐防变的思想堤坝。习近平在党的十八届六中全会上强调：“党内政治生活、政治生态、政治文化是相辅相成的，政治文化是政治生活的灵魂，对政治生活具有潜移默化的影响。”[③]党内政治文化先进健康，政治生态就会风清气正，政治实践自然正大光明。因此，我们要高度重视并加强党内政治文化建设，积极

---

① 习近平：《决胜全面建成小康社会 夺取新时代中国特色社会主义伟大胜利——在中国共产党第十九次全国代表大会上的报告》，人民出版社，2017 年，第 67 页。

② 于运全主编：《中国共产党国际形象研究》，外文出版社，2014 年，第 88 页。

③ 《中国共产党第十八届中央委员会第六次全体会议公报》，新华网，http://news.xinhuanet.com/politics/2016-10/27/c_1119801528.htm，2016 年 10 月 27 日。

开动脑筋，培厚良好党内政治生态的土壤，使党内文化的气氛从宽松软走向严实硬，真正实现学思践悟、以文化人的目的。然而，高尚的思想情操和高度的政治觉悟不是人人都能具备的，关键时候还得靠制度的笼子来抓、来管。党的建设的顶层设计主要还是集中在制度层面。“从严治党，最根本的就是要使全党各级组织和全体党员、干部都按照党内政治生活准则和党的各项规定办事，使制度成为硬约束而不是橡皮筋”①，“坚持制度面前人人平等、执行制度没有例外，既不让制度缩水、更不让制度放水，做到不为压力所惧、不为外力所扰、不为阻力所困，讲原则不讲私情、讲制度不讲关系、讲规矩不讲面子，让制度真正成为硬杠杠”②，真正成为“带电的高压线”，从而提高党内法规制度的执行力，“把权力关进制度的笼子里，就是要依法设定权力、规范权力、制约权力、监督权力”③，真正营造不敢腐、不能腐的体制机制，从而扎紧权力运行的笼子。只有从思想和制度两个方面同时发力，加强党的先进性和纯洁性建设，才能更好地塑造忠诚、干净、担当的执政形象。在当前环境下，影响我们党的先进性和纯洁性建设的因素是复杂的，我们必须以反腐败永远在路上的坚韧和执着，以“越是艰险越向前”的英雄气概和“狭路相逢勇者胜”的斗争精神坚定不移抓下去，“强化不敢腐的震慑，扎牢不能腐的笼子，增强不想腐的自觉”④，为提升话语权提供坚强的政治保障。

2. 完善监督机制，推进反腐败工作规范化、法治化

话语主体的严于律己和对腐败诱因的隔断已经是消除腐败的有效途径之一，但严密的监督体系和完善的监督机制显得更为重要。因此，我们应积极设置有效的监督路径，提升话语主体的良好形象，这是提升中国特色社会

---

① 习近平：《在党的群众路线教育实践活动总结大会上的讲话》，《人民日报》，2014 年 10 月 9 日，第 2 版。

② 郭开朗：《抓好从严治吏这个看点》，《求是》，2015 年第 3 期。

③ 《习近平总书记在省部级主要领导干部学习贯彻十八届四中全会精神全面推进依法治国专题研讨班开班式上的讲话》，《人民日报》，2015 年 2 月 3 日，第 1 版。

④ 习近平：《决胜全面建成小康社会 夺取新时代中国特色社会主义伟大胜利——在中国共产党第十九次全国代表大会上的报告》，人民出版社，2017 年，第 67 页。

主义话语权的应有之义。正如习近平所言:“我们坚定不移反对腐败,使我们占据了国际道义制高点。”①

首先,要形成监督合力。反腐败工作九龙治水不行,必须把拳头攥起来,整合反腐败工作力量,解决反腐败力量分散的问题。我国现行监督体系门类众多,包括党内监督、人大监督、审计监督、舆论监督等,各种监督只有形成合力,才能最大限度地发挥发现问题的能力。党的十九大报告强调要“构建党统一指挥、全面覆盖、权威高效的监督体系”,只有建成全面覆盖、权威高效的监督体系,才可以纠正权力不作为、乱作为,才可以防止权力异化和腐化。历史告诉我们,有效的监督需要制度化、规范化、法治化。在我国,80%的公务员、95%以上的领导干部都是共产党员。② 手握权力,就必须接受监督。党内监督和国家监察监督具有高度的内在一致性和互补性。只有两者双轮驱动、协同发展,才能适应新时代形势发展的必然要求。因此,我们必须尽全力整合反腐败资源力量,加强党对反腐败工作的集中统一领导。把执纪和执法贯通起来,权力结构得到优化组合,反腐败力量、资源、手段得到整合、丰富和强化,形成新的反腐败体制,汇聚反腐败斗争强大合力。

其次,实现对所有行使公权力的公职人员监察全覆盖。国家公权力的运行必然要依靠一定的国家组织机构及其人员来行使,因此,我们必须对所有行使公权力的公职人员实行监察全覆盖,必须坚决贯彻落实监察体制改革的目标,构建集中统一、权威高效的中国特色国家监察体制,实现对所有行使公权力的公职人员监察全覆盖,更好地履行反腐败职责。2018 年 3 月 20 日,《中华人民共和国监察法》(以下简称《监察法》)获表决通过。国家监察法的出台,意味着反腐败实现了国家层级的立法支持,意味着改革成果的进一步固化和升华,在反腐败工作法治化的历史上具有里程碑的意义,体现

① 习近平:《在第十八届中央纪律检查委员会第六次全体会议上的讲话》,《人民日报》,2016 年 5 月 3 日,第 2 版。

② 参见《深化监察体制改革 推进试点工作之三 完善党和国家的自我监督》,《中国纪检监察报》,2017 年 7 月 10 日,第 1 版。

了全面从严治党、全面深化改革、全面依法治国的有机统一。《监察法》条文规定细致、重点明确，对监察机关的职能范围、监察程序、职责权限等重要内容均作了界定，列举了纳入监察范围的六大类公职人员，解决了行政监察外延不周的短板，实现了对公职人员监督的全覆盖，从法治层面保证公权力不“出轨”。《监察法》对实施监督的监察委员会工作人员，从自我监督、人大监督及部门之间制约监督等方面作了详细规定，贯彻了“打铁必须自身硬”的要求，严防“灯下黑”。另外，《监察法》还规定了“留置”，取消了“两规”措施，并进行了规范、严格、可操作性强的程序设计，解决了长期以来理论界所诟病的法治难题，体现了监督体系构建的法治思维。随着《监察法》的实施，如何将“纸面上的法律”转变为“行动中的法律”，是当前我们亟待研究和践行的重大问题。总之，我们要构建集中统一、权威高效的中国特色国家监察体制，更好地履行反腐败职责，坚持无禁区、全覆盖、零容忍，深入推进党风廉政建设和反腐败斗争，构建不敢腐、不能腐、不想腐的有效机制。

3. 学习借鉴国外政党治党经验

国外政党在管党治党方面的经验对我们中国共产党开展反腐败斗争具有借鉴意义。随着时代的变迁和世界形势的快速变化，国外一些政党日益重视对自身的规范和行动的塑造，尤其在加强理想信念、严格组织纪律、加大对违规违纪行为的惩治上下功夫，通过严格管党治党实现对国家的良治和对民众的有效引导，其经验教训值得我们认真加以研究总结。部分长期执政的国外政党在从严治党方面有着自己独特的经验和优势，其中包括新加坡人民行动党、老挝人民革命党、古巴共产党、统一俄罗斯党等。新加坡人民行动党在从严治吏方面在世界范围内都享有很好的口碑。行动党坚持“高薪养廉、厚禄养贤”的原则，对腐败坚持“零容忍”的态度，还专门成立公务委员会，用来公平、公正、公开地选拔公务员，致力于打造一支廉洁高效的公务员队伍。老挝人民革命党非常重视从思想上教育党员干部。注重用马克思主义理论和革命领袖的思想理论来武装党员干部的头脑，抵御外来非共产主义思想的侵蚀。统一俄罗斯党领导人普京多次强调，党应深入基层和群众中去，密切联系群众，了解群众疾苦，而不是成为高高在上的官僚党。古巴共产党领导人在遵守党纪党规上长期以来都是坚持率先垂范，其党纪党规几乎达到了苛刻的程度。我们应深入研究和总结国外政党在从严治党方面的经验，结合自身实际和时代特征，探索出一套适合中国共产党反腐败斗争的重要方略，进一步赢得民心，厚植党执政的政治基础。

二、优化话语内容，提升话语质量

话语质量的高低直接影响到话语权的强弱。中国特色社会主义这一政治话语的质量与话语内容息息相关。其中，智库建设、中国方案、议程设置能力是优化话语内容、提升话语质量的三大主要因素，只有充分重视这三方面的建设和发展，才有利于中国特色社会主义话语权的提质增效。

（一）加强智库建设，汇聚智力支撑

影响中国特色社会主义话语质量的最主要因素就是智库建设。智库是产生理论、输出政策的重要思想来源，是一国文化软实力和话语影响力在国际舞台上发挥重要作用的载体之一。我国的智库建设应着眼长远，构建智库联盟，培养高端人才，兼具国际视野，全方位提升研究成果的科学性和实用性。

1. 构建智库联盟，提升智库质量

面对当前理论落后于实践的尴尬局面，我们对中国特色的智库建设和发展必须要有一个宏观而长远的规划。当前我国智库建设和发展还处在起步阶段，高质量、国际化、现代化的高端智库紧缺现象严重。这就需要有关部门统筹谋划，构建、提升和完善中国智库的整体质量。

特别是要注意中央智库和地方智库的沟通与协调，把地方智库的优秀成果及时上报，为中央顶层设计服务。截至目前已经有 29 家高端智库入选国家高端智库建设试点名单，共有两批，其中第一批在 2015 年 12 月选出共 25 家，后因国家机构改革缩减为 24 家；第二批是在 2020 年 3 月份公布的共有 5 家。以上 29 家智库研究范围涵盖政治、经济、思想、外交、科技、军事、法

律、国际、区域、教育、财政等各个领域。虽然涵盖的范围比较广，但是不在北京的只有5家。这说明，地方智库的作用和优势还极有待我们探索和发挥。所以，我们要积极注意中央智库和地方智库的沟通与协调，首先，是地方党校，是非常重要的地方智库，应充分利用地方党校，更直接地了解社会、了解基层、了解群众的独特优势，形成调研报告和理论成果，特别是一些具有可复制、可推广的，优秀的调研报告，应上报中央智库，供党中央决策之用。其次，还需要充分发挥各种不同服务类型智库的各自优势，优化整合，实现各种不同类型智库之间的资源共享与交流合作。最后，要积极推动中国智库走出去。国内高端智库应进一步拓展国际视野，积极设立国外智库分支机构，加强与国外高端智库的密切联系，及时收集国外对中国特色社会主义的观点、态度等信息，以便我们更好地有针对性地展开相关工作，推动中国特色社会主义在国际舞台上走稳走好。但同时必须保证智库建设经费来源的正当性及规范智库人才职业操守等，从而实现提高智库质量、扩大智库规模的目的。只有这样才能建设一支具有中国特色的、能够提供长期性、战略性思想产品的高端智库联盟队伍，最终实现建设具有较大国际影响力和竞争力的高端智库的宏伟目标，真正形成具有中国特色的智库体系。

2. 建立旋转门机制，培养高端人才

中国智库要高度重视旋转门机制的建立。国外在这方面已经是非常普遍且运作成熟了。中国的旋转门机制可谓是打开了半扇门。目前，中国只有一部分退休官员有机会进入智库发挥余热，而智库的研究者鲜有机会进入政府部门，即使进入了政府部门，也会被各种行政级别、条条框框所束缚，自身的发展受到很大程度的限制。习近平对此曾表示，要在人才流动上打破体制界限，让人才能够在政府、企业、智库间实现有序顺畅流动。国外那种旋转门制度的优点，我们也可以借鉴。① 为此，中国的智库还需要建立起

① 参见《互联网领域怎样建立“旋转门”制度》，新华网，http://www.xinhuanet.com/talking/2016-05/04/c_1118801410.htm，2016年5月4日。

一套专门用于智库和政府间的人才进出机制，为党和国家输送高端人才。中国的高端智库不仅要允许高级别官员在退二线时可以进入智库发挥余热，智库的中青年人才也应该被允许进入政府部门、企事业单位，培养其丰富的社会经验，提高与不同行业人员打交道的能力、善于解决实际问题的能力，从而使其具备国际视野和战略思维的能力。为此，我们需要形成一套专门培养中青年智库人才的方案，包括交流、挂职、出国培训等多种形式，做到可进可出，进出自由、进出规范，并且形成长效机制，即智库人才进出政府部门和企事业单位应该成为常态，并且设置最低服务年限，将其纳入考虑职务晋升的重要条件。这是建设高端智库所必需，如果智库人才不能进入政府机关、企事业等相关单位熟悉业务内容，他就不能很好地实现理论转化为政策的能力，永远停留在空对空的层面上。另外，对于通过旋转门机制培养的人才，我们还要进行定期跟踪调查，根据服务期内的综合表现来设置未来具有针对性的培养方案，这不仅可以促进智库成果质量的提高，减少决策失误的可能性，也有利于进一步培养中青年智库人才，建设一支高质量的中国特色智库人才队伍。

另外，智库人才的培养还需要注意以下三个方面：第一，底线意识。智库工作者必须具备底线意识。不为利益所惑，不为一些世俗的利益，编造虚假数据，制造虚假报告。特别是一些智库工作者在网上搜集一些别人的调查研究成果，再套用几个看似高大上的洋公式，并配合最新的时政热点以博眼球，东拼西凑、改头换面一番，最终成了自己的研究成果。这样的报告，看似装潢华丽，实则经不起推敲。第二，问题意识。问题意识是智库能够长久发展的关键性所在。当前智库的发展方向出现偏颇。一些智库过分强调智媒融合，导致智库工作出现主次不分的现象。智库的使命在于提出问题，解决问题。缺乏问题意识的成果，只能是流于形式，经不起实践的推敲，经不起历史和人民的检验。优秀的智库成果，应该是对问题鞭辟入里，要敢于面对问题，敢于批评权贵，不要怕得罪人。第三，全球意识。中国的智库工作者必须站得高，看得远，要有全球视野和战略眼光，走出国门，建立国外分支机构，国外智库在这方面的做法已经比较成熟。

3. 坚持中国标准，借鉴他国经验

一方面建设中国特色的智库应坚持中国标准。中国的知识分子应该“以中国人的价值观和成功实践来重新审视西方界定的所有其他观念和标准，把被颠覆的东西颠倒过来，并在这个过程中逐步建立自己独立的政治话语和标准体系，把许多被中国经验证明的成功理念和标准推荐给世界”[①]。“中国社会科学工作者应该有勇气超越西方的主流指标体系，超越西方指标体系影响下产生的许多国际机构的各种指数”[②]，坚决摒弃那种“西方中心主义”的崇拜心理，坚持马克思主义的理论自信和理论自觉，在历史虚无主义、新自由主义、民主社会主义等西方错误思潮的挑战面前敢于发声，特别是在当前新自由主义陷入理论质疑和实践困境的情况下，我们更应该以高度的理论自信坚持和发展中国特色社会主义。另一方面，中国特色社会主义的发展和创新绝不排斥其他社会制度下的优秀文明成果，只要是有利于社会主义建设、有利于人类社会发展的理论经验都可以拿来为社会主义国家服务。西方发达国家对于现代化建设方面的研究起步比我们早，在总结经验和反思教训方面有着丰富的实证素材和理论成果，其中那些有价值的观点和方法同样值得我们学习。提升中国特色社会主义的话语权并不是要唯我独尊，搞理论的世界霸权，绝不可认为只有中国特色社会主义一家独好，资本主义国家优秀的治国理政经验同样可以拿来学习，为我所用。因此，新形势下，中国的智库建设必须摒弃意识形态的束缚，“以开放心态和世界眼光博采众长、兼收并蓄，吸收借鉴国外智库建设有益经验，取其所长、为我所用”[③]，从而进一步增强中国特色社会主义的开放性、包容性和科学性。

（二）发展中国方案，构建中国话语

建立一套具有中国特色的话语方案也是提升话语质量的重要环节。提

---

① 张维为：《中国震撼：一个“文明型国家”的崛起》，上海人民出版社，2011 年，第 245 页。
② 同上，第 25 页。
③ 《中共中央办公厅国务院办公厅关于加强中国特色新型智库建设的意见》，2015 年 1 月 20 日。

升中国特色社会主义话语权必须要有一套属于自己的哲学社会科学体系。“没有自己的哲学社会科学体系,就没有话语权。”①要加快构建中国话语和中国叙事体系,用中国理论阐释中国实践,用中国实践升华中国理论,打造融通中外的新概念、新范畴、新表述,更加充分、更加鲜明地展现中国故事及其背后的思想力量和精神力量。② 这么做的目的不是要构建一套与西方话语对立的话语体系,而是要努力构建一套具有中国文化底蕴、中国思维方式和中国实践支撑的,不同于西方制度的话语体系,“为人类对更好社会制度的探索提供中国方案”③。

1. 传承优秀文化

西方的洋教条里没有中国的历史,没有中华民族5000多年历史积淀传承下来的传统文化,没有中国共产党100年奋斗的革命文化,也没有中国共产党70年建设和发展的社会主义先进文化,如果用以逻辑思维和个体思维为主要特征的西方理论这张“皮”来套中国特色社会主义这个“里”,那实在是对中国特色社会主义的不负责任,失去内涵和精神的主义显然已经不是原来那个样子了。“任何话语体系,总是在一定的思想文化背景下形成、发展起来的。中华优秀传统文化、革命文化和社会主义先进文化是中国特色社会主义文化的重要组成部分,这些优秀文化同时也是中国特色社会主义的重要思想来源。首先,中国特色社会主义理论应传承和吸收中华优秀传统文化。中华优秀传统文化包含着中华民族最根本的精神基因,代表着中华民族独特的精神标识,是我们最深厚的软实力,也是推进话语体系建设取之不尽、用之不竭的宝贵源泉。”④“天人合一”“和合精神”“大道之行,天下

---

① 习近平:《在全国党校工作会议上的讲话》,《求是》,2016年第9期。

② 参见《习近平在中共中央政治局第三十次集体学习时强调加强和改进国际传播工作展示真实立体全面的中国》,中国政协网,http://www.cppcc.gov.cn/zxww/2021/06/02/ARTI1622594657617104.shtml,2021年6月2日。

③ 习近平:《在庆祝中国共产党成立95周年大会上的讲话》,人民出版社,2016年,第14页。

④ 雒树刚:《大力推进哲学社会科学话语体系建设》,《中国社会科学报》,2013年1月18日,第1版。

为公”“民贵君轻”“君子以自强不息”“仁者爱人”“君子以厚德载物”“崇德向善”“上善若水”“天道酬勤”等中华优秀传统文化在全世界赢得了广泛的认可,具有良好的声誉和评价。越是民族的,越是世界的。要想提升话语权,理论内涵和理论表述就必须体现中华民族特色,展现民族传统文化底蕴,力求理论阐述与民族智慧、民族精神、民族文化水乳交融,只有这样,才能在“充分彰显民族特色中构建我们自己的话语体系,堂堂正正地走向世界”①。其次,中国特色社会主义这套理论还应传承和吸收建党精神、红船精神、井冈山精神、苏区精神、长征精神、抗战精神、延安精神、西柏坡精神等革命文化的宝贵财富,让红色基因渗透进中国特色社会主义理论的血脉之中。最后,中国特色社会主义的构建和发展应始终围绕当前党和国家的工作中心,秉持社会主义核心价值观,展现以爱国主义为核心的民族精神和以改革创新为核心的时代精神,做到与时俱进。总之,中国特色社会主义这套理论无论是内容本质、逻辑结构还是表现形式,都必须深植中华文化沃土,传承中国革命文化,展现社会主义先进文化,充分吸纳中国人民自古以来就有的人文精神和价值理念,同时与时俱进、彰显时代特征,永葆中国特色社会主义话语体系的民族特色、革命精神、时代特征。只有这样,才能“加强对中国共产党的宣传阐释,帮助国外民众认识到中国共产党真正为中国人民谋幸福而奋斗,了解中国共产党为什么能、马克思主义为什么行、中国特色社会主义为什么好”②。

2. 坚持辩证思维

中华民族千百年来形成的思维逻辑以辩证和整体思维为主要特征,这与西方文明的个体思维截然不同。西方人更多地强调个体的作用,认为一

---

① 雒树刚:《大力推进哲学社会科学话语体系建设》,《中国社会科学报》,2013 年 1 月 18 日,第 1 版。

② 《习近平在中共中央政治局第三十次集体学习时强调加强和改进国际传播工作展示真实立体全面的中国》,中国政协网,http://www.cppcc.gov.cn/zxww/2021/06/02/ARTI1622594657617104.shtml,2021 年 6 月 2 日。

个事物要么对，要么错，无中间性，这也是西方国家无法容纳其他国家和民族选择与其不同道路的一个重要原因。相反，中国人更看重事物的和谐与折中，认为万事万物都在变化之中，没有永恒的对与错。“中庸之道”是中华民族典型的辩证思维的体现。在构建中国特色社会主义理论体系的过程中，应发挥中华民族辩证思维的优越性，更多地强调“美美与共、天下大同”等理念，倡导合作、发展、共享、共赢，“着力打造融通中外的新概念新范畴新表述，增强在国际上的话语权”，努力构造更多的类似“和谐世界”“人类命运共同体”“和平共处”“互利共赢”的理念与话语，“坚持共商、共建、共享，树立双赢、多赢、共赢的新理念，摒弃‘你输我赢、赢者通吃’的零和思维”[①]，打破近代以来西方思维、西方话语一统天下、唯我独尊的局面，这对提升中国特色社会主义话语权具有重要作用。马克思辩证唯物主义认为，万事万物都是运动发展变化的，都处于一个相互联系、相互依存的关系之中，中国特色社会主义理论的构建和发展在不忘初心的基础上也应该做到吸收外来、更应面向外来，凸显理论历史气息的同时，也应体现时代性、包容性，并彰显理论的远见性、洞察力，真正从理论与实际、历史与现实、国内与国际相结合的视阈来看待、构建、规划中国特色社会主义理论。和平与发展是当今世界的主题。通过探索合作共赢的发展之路，为世界提供更多的话语表达和解读方式，这是增强中国特色社会主义在世界舞台的亲和力和说服力的重要途径。

3. 扎根中国实践

话语权不仅是一个理论问题，归根结底更是一个实践性层面的问题。中国特色社会主义无论辞藻多华丽、体系多庞大、逻辑多缜密、内容多繁杂，如果不能解决实际问题，经不起实践的检验，那就是空洞的理论、无用的理论。“脱离实践基础和现实条件提出的问题和观点，只能是一种虚假、空洞的概念。中国的路需要中国人去走，中国的发展实践需要中国自己的发展

---

① 刘云山：《我们的文明观》，《当代世界》，2016 年第 11 期。

理论，不能指望西方给我们提供理论方案。"[①]闭门造车的理论最终只能是纸上谈兵。只有扎根于实践的主义，才能解决现实中的实际问题。中国特色社会主义这套理论随时代应运而生，是改革开放和社会主义现代化建设伟大实践的经验总结，未来中国特色社会主义理论的继续发展还必须根植于中国特色的改革开放和现代化建设的鲜活实践，从中国本土经验中提炼出的理论才能真实反映中国的问题，从中国现实出发规划的理论才能增强指导和解决中国问题的能力和本领。另外，要解决中国的现实问题，还需要一套扎根中国实践的理论来指导和引领，根据其他国家的实践总结出的理论不仅会水土不服，严重的还会出现带领中国特色社会主义走上邪路和歧途的危险，关于这一点，苏联解体和东欧剧变的历史教训足以让我们引以为鉴。只有扎根中国实践、扎根中国现实，才能构建出一套经得起历史、实践和人民检验的科学社会主义理论，中国特色社会主义才能真正实现既立足中国又面向世界，既总结历史又放眼未来。

(三)提高议程设置能力，维护话语形象

提升中国特色社会主义话语权的一个很重要的方面就是提高话语的议程设置能力。提高议程设置能力有助于优化话语内容、提升话语质量、维护话语形象、引导世界舆论，从而实现提升中国特色社会主义话语权的目的。

1. 主动设置议题，引导世界舆论

过去我们总是被动反驳，随着世界形势的发展，我们也要学会在国际事务中主动设置议题，主动阐述自己的观点，提高中国特色社会主义在国际事务中的论述能力，用我们具有中国特色的话语影响别人，产生吸引力和感召力。正如中国社会科学院研究员张德勇所言："我们如何从应付的守势，转化为议题的攻势也好，或者攻守平衡也好，我们应该设置出议题来，让别人来解答。而不是别人设置议题我们来解答。"[②]的确，随着我国综合国力的不

---

① 丰子义：《克服路径依赖 确立理论自信》，《人民日报》，2015 年 7 月 24 日，第 7 版。

② 张德勇：《中国要学会设置议题 不能只会去反驳》，环球网，http://opinion.huanqiu.com/plrd/2016-09/9404081.html，2016 年 9 月 5 日。

断提升，一方面，国际社会迫切期望了解中国特色社会主义成功的秘诀，了解中国共产党是如何开辟中国特色社会主义道路、理论、制度和文化的，了解中国共产党是如何构建、发展和提升中国特色社会主义的话语权的；另一方面，国际社会对中国特色社会主义还存在一些疑虑、困惑甚至误解，这都需要我们积极主动参与国际议题的设置、研究和发布，回应国际社会的关切，特别是对一些形形色色的负面议题，要增强政治敏锐性、鉴别力，及时做到反击污蔑、正本清源，减少被动表达、被动挨骂的可能性，减少可能会削弱中国特色社会主义国际话语权的负面能量。坚持"以我为主、于我有利"的原则，"引导国际社会更加客观全面地认识和理解当代中国，牢牢掌握中国发展进步的阐释权、话语权。同时，以更加积极的姿态主动参与国际重大议题的讨论和研究，争取国际事务的议程设置权和话语主导权"①。"中国共产党是为中国人民谋幸福的政党，也是为人类进步事业而奋斗的政党。中国共产党始终把为人类做出新的更大的贡献作为自己的使命。"②我国不仅应在有关中国问题方面设置议题，还应对事关人类生存发展、世界共同关注的重要领域予以关注，在这些领域我们都不能失语缺席，应怀有一种"天下为公、担当道义"的情怀，努力承担起一个社会主义大国应有的责任义务，这也是中国特色社会主义大国外交的重要体现。"构建人类命运共同体"就是最近几年中国特色社会主义大国外交在国际议题设置领域取得的重大成就，2017 年 2 月，联合国社会发展委员会首次将"构建人类命运共同体"理念载入联合国决议，这说明"构建人类命运共同体"已得到国际社会的普遍认可。未来，我们要提出更多的类似"构建人类命运共同体"的成功议题，在国际舞台发挥好社会主义大国应有的话语权，引导世界舆论朝着有利于提升中国特色社会主义话语权的方向发展。

---

① 崔玉英：《增强议题设置能力 向世界讲好中国故事》，《求是》，2014 年第 23 期。

② 习近平：《决胜全面建成小康社会 夺取新时代中国特色社会主义伟大胜利——在中国共产党第十九次全国代表大会上的报告》，人民出版社，2017 年，第 57 ~ 58 页。

2. 抢占发布时机，维护话语形象

“谁具有先人一步的快速反应能力，能够在第一时间内发布新闻和信息，积极主动引导，谁就能掌握国际舆论的主动权。对在中国发生的突发事件（或与中国密切相关的国际事件）进行及时、客观、充分的报道，有利于最大限度地压缩外媒对华负面报道的空间，维护中国特色社会主义形象。”①最近几年，关于“汶川地震”“北京奥运”“G20 峰会”“党的十九大”等重大事件，我国外交部门和新闻媒体都能在第一时间将真实情况进行公开报道，第一时间积极参与议程设置、发布议题，产生了“先入为主、先声夺人”的效果，做到了在关键时刻不失语，关键位置不缺位，展现了社会主义制度集中力量办大事的优越性。但是在一些涉及国际关系领域的敏感问题和国际冲突事件方面，我们往往因为忌讳影响双边关系，在议题发布方面做得还不够。未来，我们在处理双边关系中，应快速反应，在紧要关头及时澄清和纠正，不能仅仅停留于强烈谴责、严正交涉，不能因为仁厚而不作声，这样反而会遭遇恶意的中伤和抹黑。决不能让“出口转内销”的新闻占领舆论主导权，避免真理还在穿鞋的时候，谎言已经走遍了全世界，而应该抓准时机对真实情况进行公开报道，大大方方地在外交领域提升中国特色社会主义的话语权。另外，在反腐败领域，对待一些被曝光的“苍蝇”“老虎”和“狐狸”，我们决不能“犹抱琵琶半遮面”，应全面、及时、客观地通过媒体向全社会进行公开报道，防止西方媒体故意捏造事实唱衰中国，不要担心这会影响中国共产党的形象，相反，反腐败领域力度的加强，反而会增强中国共产党的权威和集中统一领导，树立人民群众对中国特色社会主义的信心，从而实现提升中国特色社会主义话语权的目的。

3. 提高议题关注度，巧妙提升话语权

议题设置出来，发布出去不等于提升话语权的任务就完美完成了。议题发布出去效果怎么样，国内外的社会舆论对我们提出的议题反应如何，是

① 陈正良：《软实力发展视域下的中国国际话语权研究》，人民出版社，2016 年，第 429 页。

否认可，是否有不一样的声音，认可的声音响还是反对的声音响，反对的声音是否有一定道理，这些都是需要我们认真思考和研究的问题。对于议题发布之后产生的效果我们要随时跟进，针对不同的情况做出相应的改进措施。“重点在议题传播的对象、传播平台、传播方式等方面，确保议题对外传播取得最佳舆论引导和传播效果。”①一般来看，对国内而言，传播对象的主体主要是广大人民群众，对国际社会而言，传播对象的主体主要是国际受众。但是在这里还是需要注意一个关键的问题，那就是无论是广大人民群众还是国际受众，都有一个主要矛盾和主要方面的问题，广大人民群众中社会精英、一些有影响力的人物是议题传播的主要对象，国际受众中华人华侨和国际政要学者是议题传播的主要对象，因为他们本身在各自社会阶层中拥有较为丰富的人力资源、社会资源和政治资源等各种社交关系，能够通过这些关系产生影响力。至于议题的传播平台，可以主要借助学术、媒体、党际三个方面的平台优势进行议题的传播，从理论、外宣、政党三个不同的领域提升中国特色社会主义话语权。另外，在传播方式上，我们还应注意一些话语传播和话语对象争取的技巧，坚持在舆论场上扩大“红色地带”、争取“灰色地带”、挤压“黑色地带”，通过讲好中国故事的方式，提升中国特色社会主义话语权。

三、搭建话语平台，传播中国声音

话语权的提升离不开话语平台的传播。拓展传播渠道、创新传播手段，提升传播能力，传播中国声音。依托学术、媒体、政党等传播平台，全方位、多领域地介绍中国特色社会主义理论与实践，为世界更好地了解中国、纠正对中国的偏见提供丰富的场域和契机。

（一）加强国际交流，为提升话语权搭建学术平台

学术层面的国际交流与合作有助于提升中国特色社会主义话语权在海

---

① 崔玉英：《增强议题设置能力 向世界讲好中国故事》，《求是》，2014 年第 23 期。

内外的影响力。利用论坛、期刊层面的交流与交往，编译发行有关中国特色社会主义的书籍，帮助海外学者客观全面地了解中国特色社会主义，形成正确的研究观和价值观，具有重要推动作用。

1. 开展国际层面的论坛对话

近几十年特别是近五年，我国改革开放所取得的历史性成就与西方资本主义国家经济复苏乏力、“黑天鹅”“灰犀牛”事件频频爆发形成鲜明对比，促使更多的国外学者开始把目光投向中国，投向当今世界最大社会主义国家的新发展新成就。在这些关注热点中，有关中国道路、中国模式、21 世纪马克思主义等相关话题的学术交流活动也开始频繁起来，这促使海内外学者对中国特色社会主义的了解不断加深，促使中国特色社会主义在更大范围内提升话语权。的确，学术层面的交流有助于不同国家的专家学者进行学习和研究，对比社会主义理论与资本主义理论之间及与其他各种非马克思主义思潮之间的差异性，由此及彼、由表及里，看清各种社会思潮的特征和本质，特别是举办一些国际性的大型学术论坛，通过邀请国外著名的专家学者，特别是右翼学者亲身接触、感受中国改革开放的震撼成就，通过中国特色社会主义实践与资本主义国家的实践进行对比，从而实现从根本上理解、相信中国特色社会主义理论的优越性和科学性。世界社会主义论坛就是一个典型的实例。自从 2010 年开始举办的世界社会主义论坛，截至目前，已经连续举办了十一届，该论坛旨在批判资本主义社会，唱响社会主义和马克思主义的声音，提升中国特色社会主义作为中国化的马克思主义在国际学界的地位和影响力。类似的还有中越马克思主义论坛、世界马克思主义论坛、二十国集团智库会议、“中国发展和世界意义”国际智库研讨会等这些国际性的“学术论坛和交流活动作为传播马克思主义和中国特色社会主义的舆论平台，对于提升中国特色社会主义在国际上的话语权具有非常重要的作用”。

2. 推动期刊层面的理论交流

中国学者在研究 21 世纪的马克思主义方面可谓是走在世界学术的前

沿，关于这方面的认识，正在不断得到学术界更广泛的认可。但是类似“中国威胁论”“中国责任论”等声音不绝于耳，严重影响了中国特色社会主义在国际舞台上的话语权。当前我们要做的是，应尽可能减少误解和分歧，促使国外学者正确了解中国特色社会主义是科学社会主义的普遍性与中国实际的特殊性相结合的中国化的马克思主义理论。一方面，可以利用创刊于英国伦敦的、专门研究中国问题的老牌杂志《中国季刊》，以及共产党和工人党国际会议创办的年刊《国际共产主义评论》介绍中国特色社会主义的理论与实践，提升中国特色社会主义在各国共产党之间的熟悉度和影响力；另一方面，也可以把中国共产党自己的机关刊物《求是》《红旗文稿》《当代世界》《对外传播》等翻译成多国语种，作为推动中国特色社会主义走出去的一个信息窗口，分门别类地对中国特色社会主义进行介绍，包括这套理论形成的历史背景、历史进程、主要内容、理论的历史观、方法论、世界观，以及当前时代下理论的丰富和发展特别是习近平新时代中国特色社会主义思想等内容，也可以就党的指导思想、党的性质、党的运行机制体制、当今资本主义的新变化、社会主义实现形式等问题进行阐述分析，纠正近几十年来国外学者在研究中国特色社会主义理论方面存在的误区和偏见，尽最大努力促使海外学者形成正确的研究观和价值观。另外，一些致力于对外传播的国家级期刊特别是权威期刊应该就每年中国在海内外的形象进行调查并形成研究报告，就中国企业、中国城市的国际形象、中国文化在海外的受欢迎程度、“一带一路”的沿线故事，以及中国主流媒体对外传播的手段、绩效等相关方面的内容在理论层面进行研究和分析，通过这些具体事例的交流和沟通，形象生动、潜移默化地实现提升中国特色社会主义话语权的目的。

3. 翻译并出版相关文献和著作

在全球范围内翻译并出版有关宣介中国特色社会主义、中国共产党历史的文献和书籍，有助于扩大中国特色社会主义在海内外的影响力。党的十八大以来，《习近平谈治国理政》系列书籍在海外广泛传播引并起了强烈反响，购书群体不仅包括国内外政要和学者，也包括许多普通民众，这说明中国特色社会主义在海外获得了较高的认可度。中国特色社会主义相关书籍在海外受到热烈欢迎,这也可以从另一个层面大大提高国内广大群众对自己国家政治话语的认同度和自豪感。截至2016年1月,《习近平谈治国理政》(第一卷)一书已发行到100多个国家和地区,全球发行537万册,创下了改革开放以来中国国家领导人著作海内外发行的最高纪录。截至2018年2月2日,《习近平谈治国理政》(第二卷)在全球发行超过1300万册。《习近平谈治国理政》(第三卷)中英文版出版发行以来,受到国际社会广泛关注。中国外文局积极利用国内国际两个市场、两种资源,克服全球疫情国际物流困难,推动习近平总书记著作进入海外主流书店、华文书店以及网上销售平台,已覆盖欧洲、美洲、非洲、亚洲等70余个国家和地区。该系列书籍全面呈现了党的十八大以来习近平关于治国理政的重大战略思想、重大理论观点、重大工作部署,精彩呈现了新时代中国特色社会主义的重大理论和实践等相关话题,是全党全社会了解学习习近平新时代中国特色社会主义思想的最权威读本,为国际社会更加全面客观地了解和认识中国及中国共产党提供了一把金钥匙。未来,我国应努力拓展这方面的工作,无论是在相关文献的种类、数量、发行国家的范围方面还是在翻译文字的类别方面,都应更上一个台阶。通过文献和书籍在海外传播中国特色社会主义的方式,有助于世界上其他国家进一步了解中国、读懂中国,全面客观地看待改革开放前30年和改革开放后30年的今昔对比,理解中国治国理政的一系列路线、方针、政策,特别是关于"和谐世界""中国梦""一带一路""人类命运共同体"等新思想新观点新论断的理解,有助于加深世界各国对于中国特色社会主义的感悟和认同,有助于了解中国特色社会主义发展的理念和思路不仅是符合中国人民利益的,同时也是符合世界各国人民共同利益的。

(二)加强媒体传播,为提升话语权拓展外宣渠道

对外宣传中国特色社会主义是党和国家一项具有全局性、战略性的工作。在当今全球化、信息化、大数据的多元时代背景下,要想提升中国特色社会主义的话语权不得不重视媒体传播的作用。在提升话语权的过程中,

新闻媒体最紧要的就是坚持马克思主义新闻观这个政治站位，坚持正确的舆论导向，另外还应充分利用互联网的优势，提升理论宣传的亲和力感召力，打造一支具有较强外宣能力的旗舰媒体，从而把21世纪的中国化马克思主义推向全世界。

1. 坚持马克思主义的新闻观

在提升中国特色社会主义话语权过程中，外宣工作承担着传播中国特色社会主义政治话语、塑造中国特色社会主义良好形象、服务党和国家对外战略的基本任务。然而，政治话语的对外宣传很多时候掌握在媒体人手中。因此，新闻媒体价值观的正确与否直接决定了话语权的强弱程度。早在2016年2月19日，习近平在视察三家主流媒体的讲话中就敦促他们要扩大在世界舞台的影响力，“讲好中国故事”，并强调了“舆论的正确导向”和“正面宣传为主”。新闻媒体在提升中国特色社会主义话语权的过程中，首要的职责就是要坚定正确的政治立场，“牢牢坚持党性原则，牢牢坚持马克思主义新闻观，牢牢坚持正确舆论导向，牢牢坚持正面宣传为主。党的新闻舆论媒体的所有工作，都要体现党的意志、反映党的主张，维护党中央权威、维护党的团结，做到爱党、护党、为党；都要增强看齐意识，在思想上政治上行动上同党中央保持高度一致”①，这是媒体在提升中国特色社会主义话语权过程中的根本政治保证。旗帜决定方向，方向决定道路，道路决定命运。苏联解体就是前车之鉴。戈尔巴乔夫以改革为名义，大搞所谓的“新闻自由”“自主办报”，完全摆脱苏共和主管部门的束缚，到苏联解体前，苏共掌握的报刊仅占1.5%。② 可见，执政党对新闻媒体的管理权、领导权和控制权直接关系到政治话语权力的强弱，关系到党和国家的生死存亡。

当前社会思潮纷繁复杂，各种利益矛盾重叠交织，敌对势力对于我国意识形态领域的侵略从未有过松懈，特别是近几年泛起的历史虚无主义、新自

---

① 习近平：《习近平谈治国理政》（第二卷），外文出版社，2017年，第332页。

② 参见李慎明：《苏联亡党亡国20年祭——俄罗斯人在诉说》，社会科学文献出版社，2013年，第54～55页。

由主义以极端民粹主义思潮严重影响了一些媒体在舆论宣传中的立场和态度,国内部分民众对中国特色社会主义产生了一些负面情绪,特别是要防止一些境外媒体利用“90”后和“00”后们政治意识淡薄、可塑性强的特点,潜移默化地传播反马克思主义、反共产主义的虚假新闻。因此,党的新闻媒体要一以贯之以马克思主义的新闻观为指导思想,始终注意提升自己的政治素质,时刻提醒自己是党的意识形态的传播者,在一些大是大非问题面前要勇于承担起澄清谬误、明辨是非的担当和职责,同时对一些社会重大问题保持高度的政治敏锐性,特别是在一些有关党的大政方针和中央重大会议的精神、涉及中国特色社会主义重大理论和党的执政形象方面的报道和传播方面,有关新闻媒体机构和人员更要坚持马克思主义的新闻观,为提升中国特色社会主义话语权保驾护航。另外,新闻机构必须以推动社会进步和民主政治的健康发展、承担社会责任作为自由的前提。一旦新闻机构忽略了社会责任,政府可以对其进行控制和规范。新闻传播作为一种社会公器,对社会提供的信息必须是确实和重要的,必须呈现出事件的真实情况,从事媒体工作的人员必须坚持新闻自律的原则,坚持社会责任论的规范,弘扬向上、向善的正能量,从而帮助社会公众做出理智且正确的选择。我国的新闻媒体和从事与媒体相关工作的人员都必须坚持社会责任论的原则,坚持新闻人应有的道德底线和职业准则,报道和宣传真实的新闻事件,弘扬社会主义核心价值观,不可因为个人私利而做出违背新闻职业操守的行径。

2. 发挥互联网的舆论宣传作用

中国特色社会主义这套政治话语如何讲得让人爱听,产生感染力,即言之有效,在这方面,我们可以充分发挥新媒体的独特优势。新媒体区别于传统媒体具有传播速度快、获取信息便捷、覆盖范围广等优势,因此利用新媒体在传播中国特色社会主义理论与实践等内容方面具有比较优势。“互联网+”时代,理论的传播也应该与时俱进,由一味注重单调枯燥的政治宣传言说方式转向注重学理和大众相统一的人性化的言说方式,由不适应普通民众的言说方式转向具有接地气的言说方式,由一味注重宏大叙事的言说方式转向注重可感知的言说方式，摒弃以往权力傲慢式的口吻，赋予理论传播以创新性、灵动性和对话性。当前互联网已经成为舆论斗争的主战场。“要深入开展网上舆论斗争，严密防范和抑制网上攻击渗透行为，分析网上斗争的特点和规律，运用正确战略战术，组织力量对错误思想观点进行批驳，牢牢掌握网络舆论战场上的主动权。”①因此，我们要大力借助新媒体的优势进行中国特色社会主义的海外传播，可以借助专门的网络平台，运用“两微一端”（微博、微信、新闻客户端）、推特、脸书等创新性的传播手段，宣传、介绍马克思主义理论、中国特色社会主义理论、中国特色社会主义实践、中国特色社会主义道路、中国特色社会主义制度、中国特色社会主义文化等相关内容，拍摄讲解关于中国特色社会主义的宣传片，形象生动、深入浅出地阐述“两个一百年”奋斗目标、“中国梦”“中国特色社会主义理论体系”“一带一路”“人类命运共同体”等富有中国特色的理论、路线、方针和政策，“精心构建对外话语体系，发挥好新兴媒体作用，增强对外话语的创造力、感召力、公信力，讲好中国故事，传播好中国声音，阐释好中国特色”②，同时注意通俗易懂、融汇中西，“把我们想讲的和国外受众想听的结合起来，努力争取国际话语权”③，这不仅可以使世界上更多的人了解中国、了解中国特色社会主义，还可以提升中国特色社会主义在全世界的亲和力，避免可能产生的反感情绪。

3. 打造具有国际影响力的外宣旗舰媒体

作为中央级别的媒体，主动承担起传播我国主流意识形态、党的理论路线方针政策，是义不容辞的职责和使命。但是在这个全球化、信息化、大数据、云计算的多元叠加的新时代背景下，如何整合中央媒体和地方媒体的资

---

① 中共中央宣传部：《习近平总书记系列重要讲话读本》，学习出版社、人民出版社，2016 年，第 205 页。

② 习近平：《习近平谈治国理政》，外文出版社，2014 年，第 162 页。

③ 中共中央宣传部：《习近平总书记系列重要讲话读本》，学习出版社、人民出版社，2016 年，第 210 页。

源、整合传统媒体和新兴媒体的优势、整合不同类别媒体的信息资源是当前建设一支强大的旗舰式媒体的主攻方向。

当前，以融媒体为主要特征的旗舰式媒体是未来新闻媒体行业发展的最主要趋势之一。推动传统媒体和新兴媒体从相加到相融，推进媒体深度融合是一项战略任务、一项系统工程。早在2017年1月11日刘奇葆同志在《人民日报》上发表的署名文章中就提道："'中央厨房'是标配、是龙头工程，一定要建好用好。"[①]只有推进媒体深度融合，在新闻舆论的传播阵地、生产能力、传播内容、传播技术等方面实现引领新闻传播创新，才能巩固壮大主流舆论阵地，牢牢掌握舆论主导权。新闻媒体特别是三大主流媒体应积极主动运用融媒体这个新平台，搭建一个支撑优质内容生产的公共平台，聚拢各方资源，网罗世界各地新闻热点、集合各地方新闻资源和素材、及时监测舆情信息，实现"全媒体报道，全天候推送，全球化传播"，在国内外形成具有强大传播力、公信力、影响力的旗舰式媒体集团。另外，一支强大的旗舰式媒体除了拥有"中央厨房"这样的融媒体以外，还应该拥有涉及各种类别的、拥有多语种、向世界主要国家发行的期刊、报纸等传统业务资源，这是一个合格的旗舰式媒体所必备的条件。总之，不同层面、不同地区、不同门类的媒体应该各司其职，发挥自身优势和特长，协同推进、形成合力，"加强国际传播能力建设，增强国际话语权，集中讲好中国故事，同时优化战略布局，着力打造具有较强国际影响的外宣旗舰媒体"[②]，"要全面提升国际传播效能，建强适应新时代国际传播需要的专门人才队伍。要加强国际传播的理论研究，掌握国际传播的规律，构建对外话语体系，提高传播艺术。要采用贴近不同区域、不同国家、不同群体受众的精准传播方式，推进中国故事和中国声音的全球化表达、区域化表达、分众化表达，增强国际传播的亲和力和实效性。要广交朋友、团结和争取大多数，不断扩大知华友华的国际舆论

---

① 刘奇葆：《推进媒体深度融合 打造新型主流媒体》，《人民日报》，2017年1月11日，第6版。

② 习近平：《习近平谈治国理政》（第二卷），外文出版社，2017年，第333页。

朋友圈。要讲究舆论斗争的策略和艺术,提升重大问题对外发声能力”①。认真做好连接中外、沟通世界的工作,共同把21世纪中国化的马克思主义推向全世界。

(三)加强党际合作,为提升话语权营造党际平台

党际层面的交流与合作也是提升中国特色社会主义话语权的主要平台之一。中国共产党应充分利用党际交往这个平台,与其他国家共产党、社会党及右翼政党就社会主义建设、发展中国家如何实现现代化、治国理政的经验、执政党能力建设和先进性、纯洁性建设等问题展开交流与合作,增进共识、减少分歧,互相借鉴学习,从而推动人类命运共同体的构建。

1. 开展与他国共产党的深入交流与合作

世界各国的共产党都应该是为人民谋幸福的政党,也是为人类进步事业而奋斗的政党,虽然追求这份伟大事业的过程是艰辛的,但是曲折的道路并没有阻挡住中国共产党人的脚步,中国共产党始终以永不懈怠的精神状态和一往无前的奋斗姿态致力于社会主义事业的建设,并且对此孜孜不倦、乐此不疲。自从苏联解体、东欧剧变以来,世界社会主义运动就长期处于低潮,除个别国家的共产党参与共同执政以外,大部分资本主义国家共产党在本国政治舞台上基本处于分散和边缘的状态,在议会选举和群众基础等方面的影响和作用还不如社会党、社会民主党以及工党的表现,即使是以前发展势头良好的如俄共,近年来也由于理论和策略未能及时作出调整出现了衰败的迹象。另外,各国共产党之间及各共产党内部之间也矛盾重重。要想改变当前世界范畴内共产党总体不利的局面,就必须加强世界各国共产党之间的交流与合作。中国共产党在社会主义建设方面所取得的伟大成就是当前世界社会主义运动史上最大的亮点。中国共产党在社会主义建设方面有着许多的经验与教训,中国共产党在社会主义建设方面的经验比其他

---

① 《习近平在中共中央政治局第三十次集体学习时强调加强和改进国际传播工作展示真实立体全面的中国》,中国政协网,http://www.cppcc.gov.cn/zxww/2021/06/02/ARTI1622594657617104.shtml,2021 年6 月2 日。

国家共产党要来得多、来得丰富一些。通过高层之间的党际往来，积极开展与其他国家共产党之间的交流与切磋，共同探讨关于社会主义建设领域的理论和实践问题，就社会主义建设过程中遇到的困难和挑战进行交流、探讨，相互学习借鉴在建设社会主义过程中总结的经验和教训，建立和形成就中国共产党与其他国家共产党之间在政策理论、参观互访等方面的长效交流机制，这不仅可以增进各国共产党之间的友谊，还可以提升各国共产党的执政能力，提升中国特色社会主义在各国共产党之间的吸引力，“为人类对更好社会制度的探索提供中国方案”①。

2. 加强与社会党之间的交流

“当今在资本主义世界社会党约有 150 个，约 4500 万党员，而各国共产党虽有 130 多个，但是只有大约 700 万党员，而且大多是势单力薄的小党。共产党如果不善于与社会党建立统一战线，联合斗争，只是单枪匹马、孤军奋战，那是更难通往社会主义的。”②自从 1982 年以来，中国共产党与社会党开启了正式交往的历史，社会党国际也开始充分肯定我国改革开放所取得的伟大成就。多年来，西方国家的社会民主党在社会治理和社会管理方面有着丰富的经验，这是非常值得我们中国共产党学习和研究的。社会党国际所倡导的社会民主主义基本价值观念包括自由、公正、团结互助。其中社会党国际认为，个人享受自由权力的前提是个人对社会的责任，社会的上层人士对社会弱者的责任、当代对后代的责任，那种任意操控资本、破坏性利用自然资源的自由绝非是真正的自由。公正不仅是分配和结果的公正，还应加强机会公正和起步条件的公正，以保障个人有更好的自我发展的条件和基础。反对社会把风险转移到个人身上，特别是对于那些处在社会底层的贫困苦难人群应给予同情和帮助，并认为对于贫困人口的现状，社会是需要承担责任的。这些有益的思想对于我们加强和改进民生问题，解决人民

① 习近平：《在庆祝中国共产党成立 95 周年大会上的讲话》，人民出版社，2016 年，第 14 页。

② 高放：《当今国际共运有哪些新特征》，《北京日报》，2016 年 4 月 25 日，第 15 版。

日益增长的美好生活需要与不平衡不充分的发展之间的矛盾，减少脱贫人口，全面建成小康社会具有促进作用。另外，社会党国际是最早提出全球治理理念的政党组织，关于全球治理的最基础、最基本的概念、全球治理的核心要素等宝贵的理论，展现了当前世界各国致力于全球治理的美好初衷，为全球治理实践提供了坚实的理论基础。可是社会党国际只是提出了美好的设想，对于具体如何治理却没有做出更多的成就。然而，中国共产党近几年在全球治理方面成效卓著，未来，中国共产党应与社会党之间就全球治理领域做出进一步的交流与合作，以期在全球治理领域传达马克思主义的立场、观点和方法，就构建人类命运共同体、共同建设美好世界的目标做出新的贡献。

3. 开展与右翼政党的对话与交流

"中国共产党始终以开放的心态，尊重差异性和多样性，欢迎与世界一切愿意与我党交往的政党，不管是左翼政党、中性政党还是右翼政党，只要坚持党际交往的四项原则，都愿意进行接触合作。"①我们坚决不用西方的理论来套中国特色社会主义理论，但是这不等于说我们要排除一切西方有益的经验，不该引进的，我们一律坚决予以抵制；但是对于该学习和借鉴的，我们一概不会排斥。欧美主流政党多是老牌的执政党，有着近百年的历史和执政经验，在社会治理、经济发展、危机管理等方面有着成熟的经验和做法，对执政规律有着良好的驾驭能力，既有成功的经验，也有失败的教训。这些对执政时间较短的中国共产党来说，无疑有着诸多可以借鉴的成功经验。在这方面，中国共产党应积极学习与参考，一方面可以向世界展示中国共产党开放、包容、大度的执政形象，另一方面可以求同存异、合作共赢，不断丰富和完善中国特色社会主义理论体系，从而提高执政能力和执政效能。另外，针对右翼政党对我们党和国家存在的一些偏见和错误认识，随着中国在国际舞台上综合实力的增强和国际地位的提升，出现了不少关于"中国威胁

---

① 刘朋:《中国共产党政党外交的基本经验》,《中国社会科学报》,2014 年6 月25 日,第3 版。

论”的声音,中国共产党可以搭建平台和渠道积极主动向它们介绍中国特色社会主义理论在实践层面所取得的实际成效,这既包括改革开放以来所取得的伟大成就,也应包括新民主主义革命、社会主义革命和社会主义初期建设这几段时期所取得的历史成就,当然我们也要客观地介绍建设路上遇到的挫折和困难,当前中国社会不平衡不充分的发展这一实际情况,因为实事求是地介绍自己也是我们中国特色社会主义“四个自信”的重要表现。我们要让世界知道中国特色社会主义理论是在总结经验和吸取教训基础之上的理论,是继承、坚持和发展创新的理论,从而彰显出中国特色社会主义所具有的继往开来的品格。这也有助于改变右翼政党对我们党的政治话语认识上所固有的“实用主义”的错误印象,尽可能减少分歧和误解,谋求可能的共识和理解,从而提升中国特色社会主义话语权。

另外,一些支持和拥护中国特色社会主义和中国共产党的民间组织和社会精英人士也是我们提升中国特色社会主义话语权的重要依靠力量。总之,只有发挥全党、全社会各个领域的力量,形成一股宣传、阐述、交流的合力,才能实现最大限度地提升话语权的目的,真正认真贯彻落实习近平关于树立大宣传工作理念的目的。

四、展示话语权力,贡献中国力量

全球治理是中国基于硬实力的基础并结合软实力的力量在世界舞台展示话语权力的生动实践。我们应从全球治理的视角积极推动中国特色社会主义参与全球话语体系的构建,为全球治理朝着更加公正合理的方向发展贡献中国智慧、推介中国方案,让中国正能量话语影响世界,为提升中国特色社会主义话语权奠定参与基础、提高建设能力。

(一)建立价值共识,为提升话语权建立价值前提

如何在世界各个国家和民族拥有特殊文化和社会习惯的基础上达成具有普遍意义的全球治理的价值共识,是当前推动全球治理健康发展的基本价值前提。康德曾说:“道德作为我们应该据之以行动的无条件的命令法则

的总体”[①]。的确,只有建立起一套具有广泛代表性和包容性的全球治理的价值共识,才能得到世界人民的认可和拥护。

1. 坚持“共商共建共享”的价值理念

“共商共建共享”的治理理念就是中国与世界就全球治理达成的最大公约数。有效的全球治理理念是在享有平等分配权力的前提下,提倡扩大意识形态多样性,从而达成关于全球治理理念的最大公约数。“中国若要在世界上真正成为有地位、受尊敬的大国,与世界的‘共识’是很重要且必要的。中国必须通过与世界的价值关系来影响世界。”[②]“作为一个新兴大国,中国并不谋求挑战美国在全球治理中的主导地位,也不谋求在现有全球治理体系之外建立对抗性或替代性的国际机制,而是遵守现有全球规则,愿意按照自身能力,在现有体系中承担相应的大国责任。”[③]在参与全球治理中,中国通过“共商共建共享”的理念,建立与世界的沟通和联系,“树立双赢、多赢、共赢的新理念,摒弃‘你输我赢、赢者通吃’的零和思维”[④],致力于消除不同意识形态之间的对立状态,因此,中国是全球治理正能量的参与者、建设者、改革者,中国所提倡的全球治理理念是一种非霸权的良性的软力量。“什么样的国际秩序和全球治理体系对世界好、对世界各国人民好,要由各国人民商量,不能由一家说了算,不能由少数人说了算。”[⑤]中国在参与全球治理过程中必须积极弘扬“共商共建共享”的治理理念,尊重不同文明和文化,鼓励对话与合作,增进人类福祉与进步,充分展现开放包容的大国姿态。“一带一路”的核心要义就是坚持“共商共建共享”的治理理念。“中国推进‘一带一路’建设,不是要扩大势力范围,不是要改变现有国际秩序,不是为了维护某个或某一小部分国家的利益,而是为了推动沿线国家乃至世界各国互利

---

① [德]伊曼努尔·康德:《永久和平论》,何兆武译,上海人民出版社,2005年,第42页。

② 庞中英:《全球治理与世界秩序》,北京大学出版社,2012年,第64页。

③ 张君荣:《中国参与全球治理的三大意义》,中国社会科学网,http://ex.cssn.cn/zx/bwyc/201702/t20170201_3400786.shtml,2017年2月1日。

④ 刘云山:《我们的文明观》,《当代世界》,2016年第11期。

⑤ 习近平:《在庆祝中国共产党成立95周年大会上的讲话》,人民出版社,2016年,第20页。

共赢、共同发展而提出的重大倡议。”①

首先,共商是前提。共商即商量着办事,尊重双方各自利益和关切,争取利益最大公约数,“我们提出‘一带一路’倡议、建立以合作共赢为核心的新型国际关系、坚持正确义利观、构建人类命运共同体等理念和举措,顺应时代潮流,符合各国利益,增加了我国同各国利益汇合点”②。其次,共建是手段。各方各尽所能,各施所长,绝不是按照中国模式、中国特色社会主义主义的那一套来建设,要发挥各自优势和潜能,只有各美其美、美人之美才能实现美美与共、天下大同。最后,共享是目的。“共享,就是让建设成果更多更公平惠及沿线各国人民,打造利益共同体和命运共同体”③,共同分享中国参与全球治理的成果和红利。总之,提升话语权决不能唯我独尊,必须坚持“共商共建共享”的理念,坚持具体问题具体分析,这才是能为世界所接受的科学的价值观,才是中国特色社会主义大国应有的姿态。

2. 遵循“正确义利观”的价值准则

坚持“正确义利观”是任何一个国家参与全球治理所必须遵循的基本价值准则。自古以来,中华民族就有“以义为先、义利并举”的优良传统。孔子强调,“君子义以为上”;墨子提出“义,利也”;孟子主张,“生亦我所欲也,义亦我所欲也,二者不可得兼,舍生而取义者也”等。这些观点,既突出以义为先,又注重义利平衡。可以说,重义轻利、先义后利、取利有道,是中华民族千百年来一以贯之的道德准则和行为规范。只想获取利益,不想承担责任或尽可能地少承担责任,这是当前某些西方发达国家的惯性思维。中国一直致力于做一个负责任的大国,自觉承担起为推动构建更好的国际发展环

① 王家瑞:《共商共建共享是“一带一路”建设的核心要义》,人民网,http://finance.people.com.cn/n/2015/0921/c1004-27612905.html,2015年9月21日。

② 《中共中央政治局10月12日下午就全球治理格局和全球治理体制进行第二十七次集体学习》,新华网,http://news.xinhuanet.com/politics/2015-10/13/c_1116812159.htm,2015年10月13日。

③ 王家瑞:《共商共建共享是“一带一路”建设的核心要义》,人民网,http://finance.people.com.cn/n/2015/0921/c1004-27612905.html,2015年9月21日。

境和国际新秩序为己任的神圣使命。自从2008年金融危机以来，西方国家内部经济和社会矛盾日益严重，再加上近几年的难民潮加剧了西方国家内部人民的不满情绪，民粹主义思潮抬头趋势显著，极右翼政治势力肆意做大，整个西方特别是美国和欧洲国家更加关注本国国内事务，这种政治态度的变化延伸到国际外交领域就是国家利己主义的表现。在对外贸易方面，以美国为首的发达国家总是故意设置各种贸易壁垒，对发展中国家实施反倾销措施，严重损害发展中国家的利益；在全球治理公共产品短缺的问题面前，某些西方国家斤斤计较产品提供的成本问题，追求“先利后义”甚至走向“有利无义”的功利主义极端。

与之不同的是，中国始终秉持“先义后利”“义利兼顾”的传统，积极承担起公共产品供给的神圣职责，欢迎其他国家特别是发展中国家来搭“便车”，共同分享全球治理的成果，其实，这也是中华优秀传统文化、革命文化和社会主义先进文化在国际层面和外交领域的具体实践。中国在参与全球治理的过程中，倡导每个国家都应该承担与自身实力地位相称的义务和责任，在不牺牲他国利益的前提下合理享受属于自身的权益。中国不仅倡导其他国家这样做，自己更是以身作则、率先垂范。据统计，2013—2019年，中国与沿线国家货物贸易累计总额超过了7.8万亿美元，对沿线国家直接投资超过1100亿美元，新签承包工程合同额接近8000亿美元，一大批重大项目和产业园区相继落地见效，有力促进互利共赢、共同发展。共建“一带一路”的影响力、感召力在不断提升。2013—2019年，“一带一路”沿线国家对华直接投资超过500亿美元，设立企业超过2.2万家。2019年，“一带一路”沿线国家在华实际投入外资金额84.2亿美元，同比增长30.6%，占同期中国实际吸收外资总额的6.1%。其中，在“一带一路”沿线国家建设的合作区累计投资350亿美元，上缴东道国税费超过30亿美元，为当地创造就业岗位33万个。尽管受新冠肺炎疫情影响，2020年上半年，中国与“一带一路”相关国家的经贸合作仍取得了骄人的成绩。越来越多的国家和国际组织加入共商共建共享的朋友圈，截至2020年5月，中国政府已先后与138个国家、30个国际组织签署200份共建“一带一路”合作文件。

中国在参与全球治理的过程中，首先想到的不是一味地向别国和别国人民索取利益，而是先要问一问自己，我们能为别国和别国人民做什么，能给别国和别国人民带去什么利益，你对别人有价值，你才能从彼此合作中收获自己应该享有的正当权益。正如习近平所言“坚持正确义利观，永远做发展中国家的可靠朋友和真诚伙伴”①，“做到义利兼顾，要讲信义、重情义、扬正义、树道义”②！中国特色社会主义话语权正是在弘扬和践行“正确义利观”的过程中展示中国魅力、唱响中国声音的！

3. 构建“人类命运共同体”的价值目标

“大道之行也，天下为公”。中国参与全球治理的价值目标就是要构建“人类命运共同体”。早在2012年，党的十八大政治报告就首次正式提出要构建“人类命运共同体”；2017年2月，“人类命运共同体”被正式写入联合国决议案。这充分说明：经过多年的实践证明，“人类命运共同体”作为全球治理的新方案，正日益被国际社会所接受。“在人类命运共同体外交理念的指导下，中国通过一系列外交举措落实这一主张，展现中国的大国责任，同时也希望这一理念能为世界所接受、产生浸润性影响，引领世界治理新方向。”③当今世界各国相互依存、相互联系、相互合作的程度空前加深，没有一个国家可以独善其身，世界各国越来越呈现出一荣俱荣、一损俱损的局面。人类已经成为你中有我、我中有你的命运共同体，利益高度融合，彼此相互依存。然而，当今全球化进程正遭遇前所未有的挫折，“逆全球化”趋势日益显著。最明显的就是英国脱欧成功、特朗普宣布退出“TPP”（跨太平洋伙伴关系协议）、意大利宪法公投遭否决、奥朗德竞选放弃连任等一系列政治事件接二连三地出现，这与“人类命运共同体”所倡导的理念全然背道而驰。

---

① 《和平共处五项原则发表60周年纪念大会在北京举行》，《人民日报》，2014年6月29日，第1版。

② 《中央外事工作会议在京举行》，《人民日报》，2014年11月30日，第1版。

③ 薛力：《人类命运共同体：世界治理新方案》，《党建》，2017年第4期。

中国特色社会主义话语权追求的是“合作共赢”，这与西方话语霸权所追求的“单极世界”恰恰相反。我们主张在全球治理中运用马克思主义的立场、观点和方法解决全球性问题，从全球治理的视角积极推动中国特色社会主义参与全球话语体系的构建，引领全球治理新格局，不是要把中国自身的理论与实践强加于人，而是“完全有信心为人类对更好社会制度的探索提供中国方案”①。在这里，提供中国方案不等同于推广中国模式。我们不是要在全球治理中硬把中国特色社会主义推广出去，让其他国家强制接受，我们的最终目的是为了构建“人类命运共同体”。在追求本国利益时兼顾他国合理关切，在谋求本国发展中促进各国共同发展，消除“我们”与“他们”之间的鸿沟，建立更加平等均衡的新型全球发展伙伴关系，同舟共济，权责共担，增进人类共同利益。中国特色社会主义作为一股推动全球善治的关键性力量，正在逐渐走出被治理、被资本异化、为资本服务的无序失衡的治理状态，为逐渐走向“人类命运共同体”而不懈努力！

（二）创新完善全球治理体系，为提升话语权营造健康环境

创新完善全球治理体系，推动国际秩序朝着更加公正合理方向发展，中国正成为一支推动实现平衡的力量。“中国将积极参与全球治理体系建设，努力为完善全球治理贡献中国智慧，同世界各国人民一道，推动国际秩序和全球治理体系朝着更加公正合理方向发展”②，为提升中国特色社会主义话语权营造健康环境。

1. 坚持“做加法、不做减法”的原则

西方一些研究国际关系的专家习惯性地认为，中国作为新兴强国会试图打破现有国际秩序，加之人口占全世界的五分之一，中国的崛起势必会对生态环境、人口压力、社会矛盾、传染性疾病等全球性问题带来更加严峻的挑战，进而对全球治理构成威胁。然而事实却恰恰相反。与西方的空间主

---

① 习近平：《在庆祝中国共产党成立95周年大会上的讲话》，人民出版社，2016年，第14页。

② 同上，第20页。

义、个体本位、内外两分、外在导向不同的是，中国在参与全球治理的过程中更加注重时空融合、集体本位、内外一致、以内为本的价值取向。中国无意于挑战现有美国主导的国际制度，当前的南南合作、“一带一路”、金砖集团、G20峰会、亚投行等都是对现有国际制度的一种有益补充，“这种改革并不是推倒重来，也不是另起炉灶，而是创新完善”[①]，是对现有的国际秩序形成的良性挑战。中国始终秉持“做加法、不做减法”的原则，积极对全球治理做增量改革。一方面，积极改革现有国际制度中仍然存在的不公平、不民主等现象；另一方面，积极对全球治理做增量改革。这个原则有利于为全球治理提供更多的观念产品和精神产品，向国际社会贡献处理当代国际关系的中国智慧，推介治国理政的中国经验，增添完善全球治理的中国力量，同时也为广大发展中国家探索适合本国国情的发展道路提供可资借鉴的中国方案。

2. 致力于制度创新

当前，由西方发达国家主导的全球治理日益失灵，制度盲点的存在、有效制度的缺失及制度性公共产品的匮乏等问题日益凸显，世界都盼望在全球治理的制度规则上有更多创新。中国一直致力于做一个负责任的大国，自觉承担起为推动构建更好的国际发展环境和国际新秩序为己任的神圣使命。当前，全球治理的制度创新主要集中在以下三个方面：首先，从顶层设计入手，对全球治理的制度设计进行宏观规划和统筹谋略，对当前全球治理存在的制度困境，中国要有清晰的认识，以便制定具有针对性且有可行性的国际制度，同时，推动不同领域之间的制度互动，提升不同制度之间的契合度，助推各制度之间的协同合作；其次，设计和开发符合当下需要又能够促进公平、正义、有序发展的制度性公共产品，特别是要注意照顾到发展中国家的利益，改变长期以来发达国家主导的局面，提高以中国为代表的发展中

---

① 《习近平接受〈华尔街日报〉采访》，新华网，http://news.xinhuanet.com/2015-09/22/c_1116642032.htm，2015年9月22日。

国家在全球治理过程中的话语权。目前,除了我们熟悉的“亚投行”“一带一路”“金砖国家新开发银行”等制度性公共产品以外,由华东政法大学政治学研究院开发的“国家治理指数”截至目前也已经走到了第4个年头。这是以中国的标尺衡量世界的发展,对全球192个主要国家的国家治理状况进行评估的一套科学公正且严谨的评价指标体系,它一改以往“唯西方为标尺”的理念和行为,彰显了我国学术话语的自信,提升了我国在相关国际制度、国际规则制定领域的话语权,更为全球大部分发展中国家提供了一套可资借鉴的制度性公共产品。另外,还应积极探索建立更多灵活多样且高效的基层治理制度,多管齐下,实现在制度层面推动全球治理实效性的目的。制度层面的创新有利于加快现有不公平的全球治理体系的改革,提升中国在国际规则制定中的决策权,使中国不仅是全球治理的参与者,更是全球治理的建设者、维护者和引领者。为促进国际制度朝着更加公平、民主、有序、包容的方向发展提供中国智慧、推介中国方案,这不仅符合世界各国的普遍需求,同时也是抵制西方话语霸权的内在要求和必然选择。

3. 利用国际公共产品提高议题设置的能力

中国应积极通过提供国际公共产品的方式,提升利用规则、制定规则的意识和能力,从而提升中国在全球治理的舞台上进行国际议题设置的能力,让话语权掌握在自己手中,而不是等到西方提出国际议题(议程)之后才去被动应对。亚投行的创设就是中国主动提供国际公共产品的重要尝试,有助于为人类社会应对全球性问题提供更多的国际公共产品。在现有全球金融机构中,由于个别既得利益国家的阻碍,中国无法真正行使其影响力和话语权,亚投行的创设正是对现有不平等国际秩序进行的一项制度革新,代表了未来全球金融治理的发展方向。亚投行的创设不仅有助于提升中国特色社会主义在周边国家的话语权,促进亚洲国家基础设施投资建设,还可以倒逼全球金融治理体系的改革,促使全球金融体系更加开放和透明。中国应在积极参与全球治理的过程中,充分利用亚投行、“一带一路”等国际公共产品“加强议程设置、机制创设、国际协调等方面的能力”①。

（三）推动中国特色社会主义“走出去”，为提升话语权贡献中国智慧

中国特色社会主义伟大事业的成功促使过去积贫积弱的中国变得越发从容和自信，因此必须推动中国特色社会主义“走出去”，促使其产生全球性影响，为提升话语权贡献中国智慧。

1. 增强推动“走出去”的意识

当今中国已经具备了提升话语权的充分条件和可能。因此，我们应该并且完全有信心积极推动中国特色社会主义“走出去”。推动中国特色社会主义“走出去”，首要的是必须增强推动“走出去”的意识。中国特色社会主义“走出去”是一项重大工程，需要党政机关、社会团体、新闻媒体、企事业单位等多方的共同努力才能完成。当前我们“走出去”的意识还不是特别强烈，这就需要党政机关的高度重视，相关单位和社会团体的积极配合。“走出去”不是一个口号，它不是敲锣打鼓就能完成的，空喊口号，没有行动，这是没有意识的表现，如何从思想上真正建立起“走出去”的意识，归根结底还得把“走出去”落实到具体的实际工作中。党政机关的相关部门侧重于做好“走出去”的顶层设计工作，新闻媒体主要负责“走出去”的对外传播工作，社会团体和企事业单位主要承担“走出去”的具体工作。同时，注意在落实“走出去”的工作中，结合不同主体的具体实际情况，发挥各自优势和特长，做好不同主体之间优化组合的工作，实现提升“走出去”工作效果的最大化。

2. 坚持马克思主义的立场、观点和方法

在当前“逆全球化”思潮上扬、保护主义大肆抬头的大背景下，中国将积极参与全球治理，始终围绕坚持马克思主义的立场、观点和方法这个基本原则，推动中国特色社会主义“走出去”，让世界各国尽可能地公平分享全球治理的红利，构建“人类命运共同体”。从全球治理的视角积极推动中国特色社会主义“走出去”，充分利用马克思主义的立场、观点和方法参与全球重大事件和普

---

① 凌胜利：《亚投行：中国提供国际公共产品的重要尝试》，《当代世界》，2016 年第 10 期。

遍关切问题的解决机制，把中国特色社会主义这套理论解释清楚、传播到位，大大方方表明中国立场、堂堂正正传播中国价值。无论是在处理与发达国家还是与发展中国家的关系上，中国与他们始终都是互利互惠的关系。中国“走出去”战略在非洲取得的成功就是最好的证明。中国在援助拉美、非洲等发展中国家时，与西方国家和一些国际机构的做法截然不同。中国在与非洲的对外贸易合作中，不附加任何政治和经济条件，充分尊重非洲国家的主权和领土完整。一方面，非洲丰富的自然资源为中国解决了原材料紧缺的问题；另一方面，中国在非洲的巨额投资也为非洲解决了大量的就业问题，帮助非洲消除贫困、发展经济，同时，广大的非洲消费者也从中国商品在非洲的普及中获益颇多。从全球治理的视角推动中国特色社会主义“走出去”，必须坚持马克思主义的立场、观点和方法，把中国特色社会主义这套理论中所蕴含的“和谐世界”“创新、协调、绿色、开放、共享”“人类命运共同体”“中国梦也是世界梦”等观点和理念运用到全球治理中去，使其产生的全球性影响不仅利于中国，也利于世界。正如习近平所指出的那样：“中国的发展绝不以牺牲别国利益为代价，我们绝不做损人利己、以邻为壑的事情。我们将从世界和平与发展的大义出发，贡献处理当代国际关系的中国智慧，贡献完善全球治理的中国方案，为人类社会应对21世纪的各种挑战做出自己的贡献。”①在全球话语体系中提升中国特色社会主义话语权，目的不仅仅是要打破西方话语主导天下的格局，更是要发展体现多元、多样原则的全球话语格局，以建设更加公正、合理、有序的世界秩序，推动更多的发展中国家共同享受全球治理的成果，这也是马克思主义立场、观点和方法的应有之义。

3.提供成功经验探索共赢之路

“近年来，中国在全球治理领域表现愈发抢眼，不论是倡导成立亚投行、创设金砖银行，还是主办APEC会议（亚太经合组织领导人非正式会议）、

---

① 《习近平在德国科尔伯基金会的演讲（全文）》，人民网，http://politics.people.com.cn/n/2014/0329/c1024-24772018-2.html，2014年3月29日。

G20 峰会等,都是中国崛起带来国际话语权上升的有力注脚。事实证明,中国不是国际秩序和规则的颠覆者、破坏者,而是建设者、完善者。”[①]这种建设力与完善力具体地来看主要表现为:中国积极参与全球治理,为推动全球治理体系朝着更加公正、民主、合理、有效的方向发展提供更多的物质性、制度性和观念性的公共产品;中国通过争做全球治理的建设者、改革者、完善者,从而增强利用规则、制定规则的意识和能力,为发展中国家和新兴经济行为体争取应有的利益,进而展现中国自信,为全球治理贡献中国智慧、提供中国方案、探索共赢之路,这也是崛起中的中国和面向全球化的中国所应有的大国担当。中国特色社会主义“走出去”产生的全球影响力赢得了世界范围的广泛好评。“中国特色社会主义对世界的贡献带来的是世界对社会主义的信心更足,世界上越来越多的学者和智库开始研究中国的成功之道,试图破解中国成功的密码。”[②]英国著名学者马丁·雅克在其畅销书《大国雄心》(*When China rules the word*)中这样描述正在崛起中的中国:“国际货币基金组织和世界银行固守其西方意识形态理念,坚持贸易自由化、私有化和减少政府干预,而中国的要求则远没有那么严格、教条。不仅如此,西方经常在援助中附加很多关于民主和人权的政治条件,中国则不同意在援助中附加任何政治和经济条件,各国应自主选择本国的发展方向。这与中国强调对主权的尊重是相一致的。”[③]国家电网作为中国企业走出去的典型,始终坚持“共商共建共享”的治理理念,积极参与“一带一路”建设,可谓是中国参与全球治理的生动实践。国家电网公司在参与“一带一路”建设中,严格守法经营,尊重当地文化、宗教和习俗,坚持本地化发展,积极聘用当地员工,不仅解决了“一带一路”沿线国家电力紧张的问题,而且还积极参与当地的教育、

① 福建省中国特色社会主义理论体系研究中心:《中国崛起为世界发展提供更大空间》,《求是》,2017 年第 6 期。

② 任理轩:《中国特色社会主义的世界贡献》,《人民日报》,2016 年 5 月 19 日,第 7 版。

③ [英]马丁·雅克:《大国雄心》,孙豫宁、张莉、刘曲译,中信出版集团,2016 年,第 306 ~ 307 页。

文化、医疗等公共服务事业，资助沿线国家的受困地区，参与公益事业，融入当地社会，得到了当地政府和人民包括联合国的一致认可和好评。一方面，国家电网对"一带一路"沿线国家投资建设的所有项目运营稳健，全部盈利，实现利润910亿元；另一方面，国家电网在沿线国家的投资改善了当地的电力短缺，解决当地就业问题，带动当地经济发展，也给世界能源转型贡献了中国力量。未来，国家电网将致力于以技术、标准、装备、建设全链条"走出去"的成功经验，为推动"一带一路"建设、造福沿线各国民众做出应有贡献。中国特色社会主义话语权就是通过以自身的成功经验为世界提供解决问题的方案来探索共赢发展之路，为世界提供更多的表达话语和解读方式，从而提高中国特色社会主义的全球影响力。正如习近平总书记所言："我国日益走近世界舞台中央，有能力也有责任在全球事务中发挥更大作用，同各国一道为解决全人类问题做出更大贡献。要高举人类命运共同体大旗，依托我国发展的生动实践，立足五千多年中华文明，全面阐述我国的发展观、文明观、安全观、人权观、生态观、国际秩序观和全球治理观。要倡导多边主义，反对单边主义、霸权主义，引导国际社会共同塑造更加公正合理的国际新秩序，建设新型国际关系。"①

---

① 《习近平在中共中央政治局第三十次集体学习时强调加强和改进国际传播工作展示真实立体全面的中国》，中国政协网，http://www.cppcc.gov.cn/zxww/2021/06/02/ARTI1622594657617104.shtml，2021年6月2日。

参考文献

中文著作(含译著)

[1]《马克思恩格斯全集》(第6卷),人民出版社,1979年。

[2]《马克思恩格斯文集》(第二卷),人民出版社,2009年。

[3]《马克思恩格斯文集》(第一卷),人民出版社,2009年。

[4]《马克思恩格斯选集》(第四卷),人民出版社,1995年。

[5]《马克思恩格斯选集》(第一卷),人民出版社,1995年。

[6]《列宁全集》(第14卷),人民出版社,1988年。

[7]《列宁全集》(第36卷),人民出版社,1985年。

[8]《列宁全集》(第6卷),人民出版社,1986年。

[9]《列宁选集》(第四卷),人民出版社,1995年。

[10]《列宁选集》(第一卷),人民出版社,1995年。

[11]《列宁专题文集 论无产阶级政党》,人民出版社,2009年。

[12]《毛泽东选集》(第三卷),人民出版社,1991年。

[13]《毛泽东选集》(第五卷),人民出版社,1977年。

[14]《毛泽东选集》(第二卷),人民出版社,1991年。

[15]《毛泽东早期文稿》,湖南出版社,1990年。

[16]《毛泽东著作选读》(下册),人民出版社,1986年。

[17]《邓小平文选》(第二卷),人民出版社,1994年。

[18]《邓小平文选》(第三卷),人民出版社,1993年。

[19]《江泽民文选》(第一卷),人民出版社,2006年。

[20]胡锦涛:《在人民日报社考察工作时的讲话》,人民出版社,2008年。

[21]胡锦涛:《坚定不移沿着中国特色社会主义道路前进 为全面建成小康社会而奋斗——在中国共产党第十八次代表大会上的讲话》,人民出版社,2012年。

[22]习近平:《决胜全面建成小康社会 夺取新时代中国特色社会主义伟大胜利——在中国共产党第十九次全国代表大会上的报告》,人民出版社,2017年。

[23]习近平:《习近平谈治国理政》(第一卷),外文出版社,2018年。

[24]习近平:《习近平谈治国理政》(第二卷),外文出版社,2017年。

[25]习近平:《习近平谈治国理政》(第三卷),外文出版社,2020年。

[26][以色列]爱德华·萨义德:《东方学》,王宇根译,生活·读书·新知三联书店,2007年。

[27][以色列]爱德华·萨义德:《萨义德自选集》,谢少波、韩刚等译,中国社会科学出版社,1999年。

[28]安祥仁:《中国共产党意识形态理论的当代历史发展》,中国社会科学出版社,2015年。

[29][加拿大]贝淡宁:《贤能政治》,吴万伟译,中信出版社,2016年。

[30]曹普:《当代中国改革开放史》,人民出版社,2016年。

[31]曹天予:《权力与理性——世界中的马克思主义与自由主义》,华东师范大学出版社,2016年。

[32]曹卫东:《曹卫东讲哈贝马斯》,北京大学出版社,2005年。

[33]陈正良:《软实力发展战略视域下的中国国际话语权研究》,人民出版社,2016年。

[34][俄]尼·伊·雷日科夫:《大国悲剧:苏联解体的前因后果》,徐昌翰译,新华出版社,2008年。

[35][俄]皮霍亚:《苏联政权史》,徐锦栋等译,东方出版社,2006 年。

[36]范敬宜、李斌:《马克思主义新闻观十五讲》,清华大学出版社,2007 年。

[37][美]费正清:《伟大的中国革命》,刘尊棋译,世界知识出版社,2000 年。

[38][美]傅高义:《邓小平时代》,冯克利译,生活·读书·新知三联书店,2013 年。

[39]韩庆祥、张健、张艳涛:《中国特色社会主义基本原理——中国话语体系研究》,高等教育出版社,2015 年。

[40]何亚非:《全球治理的中国方案》,五洲传播出版社,2019 年。

[41][美]亨利·基辛格:《论中国》,胡利平等译,中信出版社,2012 年。

[42][美]亨利·基辛格:《世界秩序》,胡利平等译,中信出版社,2015 年。

[43]侯惠勤:《马克思的意识形态批判与当代中国》,中国社会科学出版社,2010 年。

[44]黄宗良:《从苏联模式到中国道路》,北京大学出版社,2014 年。

[45]季正矩:《崩坍的山岳——苏联共产党兴衰成败经验教训研究》,湖南师范大学出版社,2015 年。

[46]靳诺:《全球治理的中国担当》,中国人民大学出版社,2017 年。

[47]孔寒冰、项佐涛:《社会主义制度从一国到多国的演进》,北京师范大学出版社,2018 年。

[48][美]李侃如:《治理中国:从革命到改革》,胡国成、赵梅译,中国社会科学出版社,2010 年。

[49]李慎明主编:《苏联亡党亡国 20 年祭——俄罗斯人在诉说》,社会科学文献出版社,2013 年。

[50][匈]卢卡奇:《历史和阶级意识》,王伟光译,华夏出版社,1989 年。

[51][美]罗伯特·库恩:《他改变了中国——江泽民传》,谈峥、于海江

等译,上海译文出版社,2005 年。

[52][英]马丁·雅克:《大国雄心:一个永不褪色的大国梦》,孙豫宁等译,中信出版集团,2016 年。

[53][法]米歇尔·福柯:《规训与惩罚》,刘北成、杨远婴译,生活·读书·新知·三联书店,1999 年。

[54][法]米歇尔·福柯:《性的历史 参见权力的眼睛——福柯访谈录》,严锋译,上海人民出版社,1997 年。

[55][法]许宝强、袁伟编:《语言与翻译的政治·话语的秩序》,中央编译出版社,2001 年。

[56][法]米歇尔·福柯:《知识考古学》,谢强、马月译,生活·读书·新知三联书店,2003 年。

[57]潘西华:《葛兰西文化领导权思想研究》,社会科学文献出版社,2012 年。

[58]庞中英:《全球治理与世界秩序》,北京大学出版社,2012 年。

[59]蒲国良主编:《世界社会主义运动概论》,中国人民大学出版社,2006 年。

[60]任志峰:《当代中国社会主义意识形态主导型研究》,中国书籍出版社,2015 年。

[61][瑞士]菲利普·萨拉森:《福柯》,李红艳译,中国人民大学出版社,2010 年。

[62]绍华泽:《马克思主义新闻观及其在当代中国的运用和发展》,人民出版社,2009 年。

[63]申文杰:《马克思主义意识形态话语权理论阐释与实践探索》,人民出版社,2017 年。

[64]沈开木:《现代汉语话语语言学》,商务印书馆,1996 年。

[65][英]斯图亚特·霍尔:《表征:文化表象与意指实践》,徐亮、陆兴华译,商务印书馆,2003 年。

[66]汪民安:《福柯的界限》,南京大学出版社,2008 年。

[67]王永贵:《意识形态领域新变化与坚持马克思主义指导地位研究》,人民出版社,2015 年。

[68]王志柯:《福柯》,湖南教育出版社,1999 年。

[69]吴贤军:《中国国际话语权构建:理论、现状和路径》,复旦大学出版社,2017 年。

[70][美]休伯特·德雷福斯、保罗·拉比诺、福柯:《傅柯:超越结构主义与诠释学》,钱俊译,桂冠图书股份有限公司,2005 年。

[71]杨昕:《中国共产党意识形态话语权研究》,社会科学文献出版社,2015 年。

[72][德]伊曼努尔·康德:《永久和平论》,何兆武译,上海人民出版社,2005 年。

[73][意]安东尼奥·葛兰西:《葛兰西文选》,中央编译局国际共运史研究所编译,人民出版社,1992 年。

[74][意]安东尼奥·葛兰西:《现代君主论》,上海世纪出版集团,2006 年。

[75][意]安东尼奥·葛兰西:《狱中札记》,葆煦译,人民出版社,1983 年。

[76][意]乔万尼·阿里吉:《亚当·斯密在北京:21 世纪的谱系》,路爱国等译,社会科学文献出版社,2009 年。

[77][德]尤尔根·哈贝马斯:《交往行为理论》,曹卫东译,重庆出版社,1994 年。

[78]于运全主编:《中国共产党国际形象研究》,外文出版社,2014 年。

[79]俞吾金:《意识形态论》,人民出版社,2009 年。

[80][美]约瑟夫·奈:《美国注定领导世界?》,何小东、盖玉云译,军事译文出版社,1992 年。

[81][美]约瑟夫·奈:《软力量——世界政坛成功之道》,吴晓辉、钱程

译,东方出版社,2005 年。

[82][美]战略与国际研究中心彼得森国际经济研究所:《美国智库眼中的中国崛起》,曹洪洋译,中国发展出版社,2010 年。

[83]张焕萍:《兴盛与挑战——美国话语权研究》,中国广播影视出版社,2015 年。

[84]张树华:《俄罗斯之路 30 年》,中国社会科学出版社,2018 年。

[85]张维为:《中国震撼:一个“文明型国家”的崛起》,上海人民出版社,2011 年。

[86]赵智奎:《中国特色社会主义》,北京时代华文书局,2014 年。

[87][新加坡]郑永年:《江泽民的遗产:在守成和改革之间》,美国八方文化企业公司,2002 年。

[88][新加坡]郑永年:《再塑意识形态》,东方出版社,2016 年。

[89][新加坡]郑永年:《中国模式——经验与挑战》,中信出版集团,2016 年。

[90]中共中央党史研究室:《中国共产党的九十年》,中共党史出版社,2011 年。

[91]中共中央党史研究室:《中国共产党历史》,中共党史出版社,2016 年。

[92]中共中央文献研究室:《十六大以来重要文献选编》,中央文献出版社,2008 年。

[93]中共中央宣传部:《习近平总书记系列重要讲话读本》,学习出版社、人民出版社,2016 年。

[94]中国百科大辞典编委会编:《中国百科大词典》,华夏出版社,1990 年。

中文期刊

[1]陈金龙:《论中国特色社会主义话语权的构建》,《思想理论教育》,2015 年第 3 期。

[2]陈正良等:《国际话语权本质析论——兼论中国在提升国际话语权上的应有作为》,《浙江社会科学》,2014 年第 7 期。

[3]陈正良等:《国际话语权视阈下的中国国际议程设置能力提升研究》,《中国矿业大学学报(社会科学版)》,2014 年第 3 期。

[4]崔玉英:《增强议题设置能力 向世界讲好中国故事》,《求是》,2014 年第 23 期。

[5]戴木才:《中国特色社会主义是改革开放以来党的全部理论和实践的主题》,《红旗文稿》,2017 年第 15 期。

[6]范晓:《语言、言语和话语》,《汉语学习》,1994 年第 4 期。

[7]福建省中国特色社会主义理论体系研究中心:《中国崛起为世界发展提供更大空间》,《求是》,2017 年第 6 期。

[8]郭开朗:《抓好从严治吏这个看点》,《求是》,2015 年第 3 期。

[9]韩庆祥:《全球化背景下"中国话语体系"建设与"中国话语权"》,《中共中央党校学报》,2014 年第 5 期。

[10]黄宗良等:《热话题与冷思考——关于"社会主义改革 60 年:从苏联模式到中国道路"的对话》,《当代世界与社会主义》,2016 年第 1 期。

[11]江时学:《进一步加强中国对外话语体系建设》,《当代世界》,2016 年第 12 期。

[12]梁凯音:《中国拓展国际话语权的思考》,《中共中央党校学报》,2009 年第 3 期。

[13]刘笑盈:《再论一流媒体与中国的话语权时代》,《现代传播》,2010 年第 2 期。

[14]刘云山:《我们的文明观》,《当代世界》,2016 年第 11 期。

[15]凌胜利:《亚投行:中国提供国际公共产品的重要尝试》,《当代世界》,2016 年第 10 期。

[16]毛跃:《论社会主义核心价值观的国际话语权》,《浙江社会科学》,2013 年第 7 期。

[17]孟鑫等:《提升中国特色社会主义世界话语权的现实路径》,《当代世界》,2016 年第 10 期。

[18]人民论坛特别策划组:《2016 国内外重大思潮》,《人民论坛》,2017 年第 1 期。

[19]王怀超:《当代世界社会主义的发展态势》,《当代世界与社会主义》,2014 年第 5 期。

[20]王向明:《意识形态工作怎样更有亲和力——如何应对全球话语体系中的“三种论调”》,《人民论坛》,2016 年第 11 期。

[21]王义桅:《“一带一路”的国际话语权探析》,《探索》,2016 年第 2 期。

[22]巫云仙:《西方学者对中国“入世”十年的观察和研究述评》,《中共党史研究》,2012 年第 8 期。

[23]习近平:《在全国党校工作会议上的讲话》,《求是》,2016 年第 9 期。

[24]许徐琪等:《提升中国特色社会主义世界话语权的现实路径——基于全球治理的思考》,《毛泽东邓小平理论研究》,2017 年第 3 期。

[25]许徐琪:《关于提升中国特色社会主义世界话语权的几个关键性问题》,《上海社会主义学院学报》,2017 年第 2 期。

[26]徐秀军:《逆全球化思潮下中国全球治理观的对外传播》,《对外传播》,2017 年第 3 期。

[27]辛向阳:《中国特色社会主义政治制度的五大优势》,《党建》,2012 年第 5 期。

[28]薛力:《人类命运共同体:世界治理新方案》,《党建》,2017 年第 4 期。

[29]张国祚:《关于“话语权”的几点思考》,《求是》,2009 年第 9 期。

[30]张宇燕:《全球治理的中国视角》,《世界经济与政治》,2016 年第 9 期。

[31]张志洲:《提升学术话语权与中国的话语体系构建》,《红旗文稿》,2012 年第 13 期。

[32]张志洲:《中国国际话语权的困局和出路》,《绿叶》,2009 年第 5 期。

[33]赵一凡:《葛兰西:西马之战略(下卷)》,《中国图书评论》,2007 年第 2 期。

[34]周银珍:《意识形态视阈下中国国际话语权顶层设计》,《江汉大学学报》(社会科学版),2015 年第 3 期。

后　记

今年是我本命年，出版人生中第一本书，还是很有意义的。权且叫它虎虎生威之书吧。这本书是我在博士论文的基础上修改完成的，其实好几次，我都想放弃话语权的研究，觉得自己各方面都可能不能胜任。但是最终几经周折，还是下定决心，完成它。

在当前百年未有之大变局的时代，话语权这一话题引来了无数人的关注。再加上疫情蔓延全球之际，中国特色社会主义的优越性尤为凸显。但令人吊诡的是，针对中国特色社会主义的非议也是甚嚣尘上。就这样，一时间关于政治话语的权力研究热络起来了。毕竟，大国之间的竞争，归根结底还在于政治话语之间的竞争。

其实，话语权的研究是一个有趣的话题，它不像历史研究，研究前人，研究古事。话语权是动态的，不断变化的，需要一直关注相关领域的话题，并提出自己的观点。这是一个费事的活，也费眼睛。我眼睛向来不好，除了高度近视以外还有角膜炎。但是，据说，体弱多病的人寿命长。因为什么呢？因为平时注意养生呀！

支撑我完成它的因素有很多，我思考了很久，最重要的可能是兴趣，有了兴趣就有了激情。当然，我这个年纪谈激情，已经有点让人笑话了，但是可能我天生单纯，又富于幻想，所以，对我而言，激情在学术研究中是极其重要的。

这本书是一本入门书，读者可以通过这本书了解中国特色社会主义话语权的大概，但是如果想要作深入了解，估计还得等几年，后续我还会再出版一本相关的书籍。主要是从世界历史的角度来谈一谈政治话语。

好吧，说到这里，我得感谢帮助写作和出版此书的人们，他们是石仲泉、李伟、孟鑫、王继凯，天津人民出版社的编辑林雨同志，当然还有我的父母。

2022 年 1 月 15 日于随梦塘府